군인도 잘 모르는 군대이야기

김경연 지음

추천글

01

대위(진) 문우

　사람은 다 똑같이 힘들어한다. 어린아이에게도 어려움이 있고, 어른에게도 고충이 있고, 이등병에게도 슬픔이 있고, 사단장에게도 괴로움이 있다. 결국 사람은 똑같다. 똑같은 세상을 어떻게 이겨내야 할까? 궁금하다면 이 책을 읽어보길 권한다.

　저자와의 첫 만남은 매우 적막한 분위기였다. 누구나 그 속 사정을 들어보면 수긍할 만큼, 부대에 큰 어려움이 있었기 때문이다. 하지만 어려운 상황에서도 슬픔마저 해학으로 승화시키는 저자의 유머가 어두웠던 분위기를 밝게 바꾸는 전환점이 되었다.

　처음엔 저자와 시를 쓰며 서로의 생각을 나누었었는데, 웬걸 언제부턴가는 글을 쓴다고 하더니 마침내 인생을 농축시킨 책을 출간하겠다고 한다. 덕분에 저자의 자라온 환경부터 어떤 어른으로 익어왔는지, 이 사람을 조금 더 헤아릴 수 있을 것 같다. 저자를 안 것은 몇 해 되지 않지만 그동안 나눈 이야기와 글을 보면, '정말 사람 냄새나는 사람이구나!'라고 생각이 든다. 특히 가족에 대한 사랑은 그 어떤 떡보다 쫀득해서 떡이 서로 달라붙어 떨어지지 않듯, 가족 사랑이 마음에 달라붙어 떨어지지 않을지도 모른다.

　군인에 대해, 그리고 군인이 하는 일에 대해 환상을 갖고 있는 사람이 이 책을 읽으면 산산조각 날지도 모른다. 세상을 아프게 투영하기 때문이다. 그도 그럴 것이 사실 저자도 군인이기 이전에 한 인간이고 인격체이기 때문이다.

그래서 이 책을 읽는 독자들에게 바란다. 저자라는 인간이 희로애락을 느끼는 과정, 감정의 변화를 쫓아가 보길 말이다. 또 여러 상황에서 그런 선택을 한 저자를 비웃어도 보고, 감정이입도 해보고, 독자라면 어떻게 행동했을지 그림을 그려보길 바란다. 앞서 사람은 다 똑같다고 이야기했다. 하지만 똑같은 세상 속에서 더 빛나는 가치, 고귀한 가치를 생각해 보고 자신만의 가치를 정립하고 싶은 여러분들에게 단언한다. 저자는 여러분들에게 인생이라는 많은 질문을 던질 것이고, 여러분들은 이 책의 마지막 페이지에서 더 많이 성숙해져 있을 것이다.

추 천 글

대위의 아내

　생도 시절부터 위관장교(소위, 중위, 대위)까지 6년 연애, 4년 결혼생활을 통해 남편의 직업을 간접적으로 체험한 군인의 아내로서 군인의 삶에 익숙해졌고, 많이 알고 있다고 생각을 했다. 하지만 이 책을 통해서 내가 모르고 있던 군의 모습과 군인의 이야기를 알게 되어 신선한 충격을 받았다. 또한 저자의 글을 통해 20여 년 뒤 남편의 모습을 미리 체험하는 시간 여행으로 많은 생각과 미래설계를 할 수 있었다. 이 책은 군에 대해 잘 아는 독자, 모르는 독자 어느 누구나 쉽게 접근할 수 있다는 장점이 있다. 군인, 군인의 가족, 군인을 희망하는 독자는 미래 삶에 대한 메시지를 얻을 수 있고, 군에 대해 잘 모르는 독자는 미지의 세계처럼 느껴지는 군의 모습과 군인의 생각을 느껴볼 수 있는 좋은 기회이다.

　선선한 가을, 독서의 계절에 추천하고 싶은 책이다.

| 차 례 |

프롤로그   8

1부, 군인도 잘 모르는 군대 이야기

총을 잃어도 유머는 잃지 말아야   14
발맞추어 걷자   21
불시 순찰   25
군대 축구는 스포츠가 아니다   30
언제나 부담되는 체력검정   34
개념 있다! 개념 없다!   39
죄 없는 자가 먼저 돌로 쳐라   45
상하동욕자승(上下同欲者勝)   49
단결(團結)   54
어영부영하다 사라질라…   58
규정대로 할 것   63
미꾸라지 한 마리가 물을 흐린다   68
당나라 군대! 무슨 뜻인지 알고 말하자   73
쥐새끼 사냥   79
경례, 악수   82
아침 상황보고   91
축구에서 센스보다 중요한 것   97
동생이 꺼내 준 군인정신   101
눈 오는 날의 회상   108
정들자 헤어지는 일상의 반복   111

2부, 군대도 사람 사는 세상

긴장이 풀리면 면역력이 떨어진다	116
다시 찾은 양양(襄陽) 산하	119
멀리서 찾아 온 붕우(朋友)	123
결핍을 통해 보는 세상	126
전우	129
두목의 향	132
전우와 함께한 서울 출장	137
누군가의 로또가 된다는 것	141
계급장은 내 인격이 아니다	145
세상 모든 것에는 때가 있다	149
산 사람은 살아야 하고 죽은 사람은 얼른 보내주고	154
진급 발표를 앞두고	164
군복 입고 31번째 추석	171
이제 또 떠날 시간	175
늘 미안했던 동생과의 헤어짐	179
떠나기 전 마지막 양양장터	184
사람은 빈틈이 있어야	188
정들었던 님을 보내며	193

| 차 례 |

3부, 사람 살아가는 이야기

가족이란	198
아버지의 고향	203
학교 밖 아련한 어린 시절	206
사주팔자에 없는 착한 아들	210
못 가진 슬픔을 일찍 알아버린 아이	216
소위로 왔던 곳을 대령이 되어 다시 오고	221
선생님	229
오징어회 한 접시	233
익숙함과의 이별, 새로운 만남	236
언제나 귀찮은 이사	239
마음의 봄, 춘래불사춘(春來不似春)	244
백수생활 체험	247

4부 본질에 충실한 삶이란

지체와 정체	252
잔소리	254
오늘이 인생에서 가장 늦은 날	266
참새는 항상 바쁘다	271

물건에도 정을 준다	274
정신지체 정상인?	277
모든 학생의 공통점	284
왜 회의를 하는가	289
군인에게 진급이란	297
정리정돈	303
에필로그	305

프롤로그

　누구보다도 군복을 좋아하지만 언제나 벗을 각오를 하고 살아온 현역 군인이 쓴 글입니다. 때로는 웃기고 때로는 슬프기도 하지만, 어찌 저런 일이 있나 싶은 황당함도 있을 것입니다. 넘어지고 아파하는 영혼을 만날 수도 있을 것입니다. 소신을 지키려는 무모함, 자기 것과 남의 것을 구별 못하는 이들을 골려먹는 개구쟁이도 만날 수 있습니다.

　직업, 삶에 대한 회의감이 몰려올 때면 조금씩 메모를 했습니다. 그러나 이런 것들로 인해 벌거벗은 치부를 세상에 들키게 되지 않을까 하는 걱정도 했습니다. 쓰고 지우고를 반복했습니다. 그러는 동안 분노와 억울함, 갈등과 유혹 등을 이겨내게 되었으며, 내면은 책임감과 휴머니즘, 겸손함과 감사함으로 충만해짐을 경험했습니다.

　용기를 내어 친구에게 글을 보내기 시작하면서 조언을 받았습니다. '앞으로는 써 놓은 것들을 부끄럽다고 폄하해 버리지 말고 모아두는 것이 어떠냐?' 자신도 인간적인 공감을 했다며 '한 개인만이 간직하는 것은 낭비'라고 그 이유를 몇 가지 들어 주었습니다.

　첫째, 군인이 되고 싶은 이들에게 포장되지 않은 생생한 자신의 미래 모습을 보여줄 수 있고, 둘째, 이제 막 군 생활을 시작하는 후배들에게 간접 경험을 통해 시행착오를 최소화할 수 있는 지혜를, 셋째, 군에 자녀나 애인 등 지인을 군대에 보낸 이들에게는 사랑하는 그들이 말하지 않거나 숨길 수밖에 없었던 번민들에 대해 이해할 수 있는 기회를 줄 수 있을 거라 했습니다.

출간의 직접적인 자극을 준 것은 그의 마지막 말이었습니다. '지금까지 군대 관련 에세이, 전쟁 이야기, 회고록, 자서전 등은 현장과는 거리가 있는 내용이 대부분이어서 아쉬움이 많았다. 군 생활하는 동안 겪었던 현실과 이상 사이에서 느낀 어려움을 책 곳곳에서 만나면서 군대와 군인에 대해 깊이 이해하는 계기가 되었다.'고 했습니다.

그의 격려와 과찬 속에 글쓰기에 대한 자신감을 갖게 되었습니다. 누군가에게 작은 도움이 되고 좀 더 좋은 세상을 만드는 데 보탬이 되는 글이기를 기도합니다.

P.S.
혹, 저자의 불완전한 뉴런과 시냅스, 시간에 가려진 기억의 허구(The fiction of me 로 사실과 다름이 있다면 언제라도 알려 주세요. 수정하겠습니다.

군인도 잘 모르는
군대이야기

김경연 지음

1부

군인도 잘 모르는
군대 이야기

총을 잃어도 유머는 잃지 말아야

올 연말이면 지난 1년간 몸담았던 이곳을 떠나게 된다. 육군 소위로 청운의 꿈을 안고 첫 부임지로 와서 대위가 되어 떠난 후 20여 년 만에 대령이 되어 다시 온 곳이다. 마침 그 사단에서 연말 주요 지휘관 회의가 있어 상급부대 참모로 부대를 찾았다.

동해안의 기상 특성인지 눈, 비, 우박까지 섞여 내리는 7번 도로 해안 길을 가는데 오늘따라 낯익은 지명이 눈에 들어왔다. '구성리!' 그러면서 바로 '구성리 삼거리'까지 연이어 입에서 나왔다. 그것도 왠지 모르게 슬프게 밀려오는 겨울바다의 파도에 눈을 떼지 않고 가는 길이었다. 엉터리 시를 읽으며…

겨울바다의 추억

겨울바다에 가보았나
푸른 바다를 뒤로하고
하얀 머리카락 수평선 너머로
질주하는 파도의 경주를 보았나

파란 하늘을 보았나
구름 한 점 없는 바다색 하늘
창공의 파도를 타고 나는 하얀 갈매기

마치 파도의 하얀 포말처럼

쉼 없는 꿈 향한 달음박질은
무얼 쫓아가는지
마음 속 꿈 찾아
모래밭에 쓰러져도

어디선가 들려오는 철썩이는 소리
낮게 깔린 큰 부딪힘은 들리나
심연 속 아우성은
소년의 침묵 속에 간데없고

갈매기 소리만 간간이 들리네
겨울 바닷가 푸른 파도 위
하얗게 날아 사라지는 소년의 꿈

예전 추억이 떠올랐다. 그곳은 중대장으로서 연대 전술훈련 평가를 받으면서 중대원이 총을 잠시(?) 잃어버렸던 곳이다. 그때의 기억이 밤바다 오징어 배의 불빛처럼 뚜렷하게 떠오르기 시작했다. 1주간 밤낮으로 훈련한 마지막 날 안개인지 해무인지 잔뜩 끼었다가 그치기 시작하는 새벽이었다. 밤새 비는 오다 그치기를 반복하는 전형적인 동해안 바닷가 태백산맥 자락의 날씨였다. 온몸에서는 며칠 묵은 땀이 밤새 맞은 비와 섞여 정체불명의 냄새가 났다. 하지만 이제 곧 해가 뜨면 우리의 임무가 끝난다는 희망으로 피로하기보다는 시간이 빨리 가기만을 바라고 있었다.

BMNT(Begin Morning Nautical Twilight 해상 박명초 海上薄明初)에 공격을 시작하기 위해서 대기하고 있었다. 그 뒤로 2,000여 명의 병력과 전차, 장갑차, 불도저 등의 장비, 산 뒤로는 헬기까지 대기하고 있었다. 신호 키트를 하늘 높이 쏘아 올리면 이를 신호로 적 방어진지를 공격하기 위해 모든 준비를 마친 상태였다. 발사 연습을 하고 있는데 맨 후미에 있어야 할 소대장이 삐쭉거리며 다가왔다.

'그래, 군 생활하려면 이런 훈련에서 적진지를 돌파하는 모습을 선두에서 한 번쯤은 봐 둬야지!'
부하에게 이런 중요한 역할을 하는 모습을 뽐내려 했는지도 모르겠다.
"중대장님, ㅇㅇ이가 총을 잃어버렸습니다."
"뭐라고? 총을 잃어버려?"
"……"
"그게 무슨 말이야?"
짧고도 긴 침묵이 흘렀다.
"언제 알았어?"
"방금 전에 알았습니다. 판쵸우의 벗다가 어깨에 걸친 총이 없어진 걸 알았답니다."
조용한 적막이 흐른다. 무장공비가 나타나면 진돗개 '하나'가 발령되고 대 침투 작전을 시작한다. 아군이 총을 들고 탈영해도 그 상황은 그대로 적용되는 것이다. 중대장은 생각한다. 총을 분실한 것을 보고할 것인가? 말 것인가? 보고를 하게 되면 훈련은 현 시간부로 종료되고 모든 부대는 그 총을 찾기 위해 대 침투 작전으로 전환해야 한다. 그러다 찾는다 하더라도 육본, BH까지 상황 보고가 될 것이고 언론을 통해 온 국민이 알게 되고 그 책임을 면치 못할 것이다. 물론 이런 사태를 예방하기 위해 10분간 휴식을 하다가 이동하기 전에는 인원 장비 이상 유무를 확인하게 했다. 먼저 사람 숫자를 확인한 후, 각 개인이 자신의 총을 3번 두드리고 '이상무'라고 복창하게 했다. 다음은 방독면, 대검 등 순으로 만져서 확인하게 하고 보고를 받았다. 그러나 이렇게 했다고 하더라도 지휘관의 책임으로부터 자유로울 수 없는 것이다. 그렇다면 어떻게 할 것인가? 현 상황을 파악하는 것이 중요했다.

"그 총을 언제 마지막으로 보았냐?"
"잘 기억나지 않습니다."
"소대장, 너는 니 통신병인데 바로 옆에서 뭐 했어?"
"……"

난감한 상황이었다. 훈련이지만 야간에는 담배를 피우지 않았다. 지금은 적진 바로 앞이고 아직 어두운 새벽이었지만 자연스레 입에서는 담배를 물고 긴 한숨이 나왔다.

갓 자정을 넘기고 ○○포대 앞에서 오락가락하는 비 때문에 판쵸우의를 입었다 벗었다 하던 때가 의심스러웠다. 그러나 그곳부터 시작해서 잃어버린 것을 인식한 여기까지 거꾸로 찾아오려 해도 거기까지 갈 방법이 막막했다. 너무 먼 거리였다. 족히 두 시간 이상을 뛰다시피 가야 하는데… 머릿속에는 이런저런 생각이 떠올랐다 사라지기를 반복했다.

군인에게 총은 '제2의 생명'이다.

사관학교 시절 처음으로 총을 지급받으면서 들었던 이야기, 부대에서 총이 없어졌는데 전역한 이후에도 경찰들이 주기적으로 찾아와 그때 상황을 물어 보더라는 이야기, 총을 찾기 위해 재래식 화장실을 다 퍼냈다는 이야기가 모두 떠올랐다. 모든 훈련병부터 장교, 부사관은 입대하면서 듣는 소리가 또 있다. '총은 몸에서 절대 떨어지면 안 된다. 잘 때도 껴안고 자야 한다. 화장실 갈 때도 가져가야 한다.' 그런데 그런 총을 잃어버렸다. 연달아 담배 서너 개비를 피웠다.

'여기까지 오는 동안 훈련 준비를 위해 연대장님, 다른 대대장님들, 전 중대장들을 포함해 연대 내 분대장급 이상 모든 간부들을 모아 놓고 시범식 교육을 하고 훈련 중에는 첨병 중대장으로서 연대의 가장 선두에서 각종 상황조치를 진두에서 지휘했다. 마치 옛날 전장에서 말 타고 칼 들고 싸울 때 맨 앞에서 뛰어나가 적장의 목을 치는 그런 선봉장 같은 역할이었는데… 이제 역적 같은 존재가 되게 생겼다. 소령, 중령 평가관들도 전투지휘를 잘한다고 칭찬을 했는데…'

뒤따라오던 소대장과 통신병은 죽을 상으로 숨소리도 못 내고 따라다니기만 했다. 어찌나 안쓰러웠던지 건드리면 바로 울어버릴 것 같은 상태였다. 그들을 보니 안 되어 보였다. 그동안 훈련한답시고 고생시켰던 일들이 떠올랐다. 수통에 물 다 안 채웠다, 전술적 이동 간 10분간 휴식시간에 은폐 엄폐 안 했다, 복명복창 안 했다는 등의 이유로 얼차려도 많이 주었다. 오기 싫은 군대 억지로 와서 중대장 잘못 만나 빡센 군 생활했다는 전역 병사의 이야기도 새롭게 다가오고…

별별 생각이 다 났다 사라졌다를 반복했다. 그러던 중 '부하들의 작은 잘못은 엄하게 꾸짖어도 큰일에는 보호해 주어야 한다.'는 어디선가 본 글귀가 떠올랐다. 그러고 보니 그들은 얼마나 걱정이 많이 될까? 위로와 격려가 필요한 시점이기도 했다. 상황을 전반적으로 돌아보니 해결할 생각은 하지 않고 걱정만 하고 있었다. 이럴 때 냉철하게 상황 판단을 해야 한다. 이성을 찾자! 소대장에게 물었다.

"너 어릴 때 꿈이 뭐였냐?"

"……"

직속상관이 묻는데 답이 없다.

"나는 대위였다. 국민학교 졸업식 때 군복 입고 와 상도 주고, 3학년 때인가? 같은 반 아이아버지가 공군 대위였는데 PX 물건을 갖다 주니 선생님이 정말 잘 해주더라! 예비군 중대장에게 돈 주면 군대도 방위로 빠지고… 총 잃어 대위로 전역해도 문제없는데 너는 어떻게 하냐? 나는 그래도 지휘관이라도 해 봤는데"

위로하려 했던 이런 우스개 농담이 이성을 불러들였는지 갑자기 머릿속을 스치는 게 있었다.

전속부관 시절 알았던 부사관이 토우 중대로 가서 훈련에 참가하고 있었다는 사실! 부대 후미로 찾으러 갔다. 반갑게 맞아주었지만 여기 왜 왔지 하는 의아한 표정으로 묻는다.

"부관님 얼굴이 안 좋으신데 뭔 일 있으십니까?"

그 이유를 말할까 말까 잠시 고민하다가 말문을 열었다.

그는 곧장 지프차를 끌고 나가서 7번 도로를 우회해서 분실했던 '총님'을 모시고 돌아왔다. 민간인이 ㅇㅇ부대 위병소로 총을 들고 신고하러 가는 것을 붙잡아 찾아왔다는 것이다.

위병에게 총이 건네졌다면?

견장을 뗄 뻔한 에피소드가 된 것이다.

살아가면서 감당치 못할 어려운 상황이 급습할 때는 감정을 누르고 이성을 찾아야 한다. 어떤 상황에 처하더라도 유머와 해학을 잃어서는 안 된다. 마음을 비우며 웃는 순간 다른 행복이 채워지기 시작한다.

발맞추어 걷자

언제부터인지 모르겠지만 사람들을 유심히 보는 버릇이 생기기 시작했다. 부대에서나 길거리, 아파트 분리수거장 등에서도 그들의 걸음, 표정 등을 자세히 살피게 되었다. 이러다 몇 가지 공통점을 발견하게 되었다. 혼자 걷는 사람은 무엇인가 다음 할 일을 위해 움직이는데 둘 이상이 같이 하는 경우는 무슨 말을 하는지 모르지만 대화도 하고 웃기도 하며 함께 걷는 모습이 좋아 보인다.

예전 민간 아파트에 살 때, 저녁식사 후 아파트 분리수거장에 갈 때면 동네 아저씨들과 자주 마주쳤다. 낮에는 그럴싸한 분들, 깔끔한 슈트에 중후한 멋이 풍기던 사람들인데 음식물 통을 들고 와 버리고 한쪽 어두운 귀퉁이에서 담배 하나씩을 물고 있다. 저기서는 또 한 명이 반바지에 슬리퍼를 끌고 오면서 눈인사를 한다.
"서장님! 안녕하세요."
"예, 강 사장님! 사업은 잘 되시죠!"
경찰 서장이나 회사 사장님 같으면 낮에는 부하 직원들 앞에서 권위도 있고 반듯하셨을 분들인데 여기서의 모습은 그저 집에서 나온 음식물 쓰레기를 버리는 것에 적합한(?) 걸음걸이를 한다. 딱히 정해진 것은 없지만 그 특유의 터벅터벅 걷는 걸음이다. 어떤 분은 빈손으로 온다. 약간 촐랑거리는 듯한 잰걸음이랄까? 누구에게 들키고 싶지 않은 모습으로 팔도 가볍게 코도 만지며 뒷머리도 살짝 긁으며 눈이 마주치자 겸연쩍은 표정이다. 벤치 옆에 있는 빈 통을 가지러 온 것이다. 가까이 보니 교수님이시다.

"아, 깜빡하고 두고 갔네요. 치매 증상이 있나 봐요. 하하하"

여하간 예전 동네 빨래터 여인들 모습이 오버랩 된다. 다양한 직업을 가지고 있지만 우리의 공통점 중 하나는 저녁식사 후 음식물 쓰레기를 버리는 것이다. 식사 후에는 혼자 산책을 즐기곤 했다. 소화도 시킬 겸, 사색도 하며 즐겨듣는 음악을 들으며 걸었다. 도심 가운데 하천을 따라 걷기 좋게 길이 있어 많은 사람들이 걷는다. 한참 공부하다가 피로에 쌓여 집으로 가는 학생, 등에 둘러맨 가방, 무엇인가에 짓눌린 무거운 걸음이다. 어떤 중년 아주머니는 조금 나온 배를 약간 앞으로 밀어내며 팔을 앞뒤로 크게 흔들며 씩씩하게 걷는다. 팔만 크게 휘저을 뿐 짧은 다리는 종종걸음처럼 보인다. 중년의 부부로 보이는 이들은 대부분 떨어져 걷는다. 각자도생하는 것처럼 적당히 떨어져 걷는다. 강아지들도 주인 따라 열심히 걷는다. 목줄이 거추장스러운 듯 앞뒤를 오가며 그나마 주어진 자유의 거리를 폴짝폴짝 뛰며 꼬리를 즐겁게 흔들며 주인과 보조를 맞춰 걷는다.

이런 다양한 걷는 모습 중 가장 편안해 보이는 모습은 노부부가 손을 꼭 잡고 천천히 발맞춰 걷는 것이다. 보는 이의 마음도 여유를 느끼게 한다. 나이 드신 분들이 손잡고 걷는 것을 볼 때면 가슴 한편이 뭉클해지는 그 무언가가 있는 것 같다. 누구에게는 바쁜 하루, 누군가에게는 피로한 하루 등 저마다 하루를 보내고 저녁 무렵 시원한 바람과 함께 걷는 것은 여러모로 마음 근육을 튼튼히 해 주는 것 같다.

주말, 휴일 거리는 연인들로 가득 찬다. 유심히 관찰하다 보면 걷는 모습에서 둘 사이의 관계가 보인다. 특히, 발맞추어 천천히 걷는 이들은 무척 행복해 보인다. 손도 잡고 활짝 웃으며 재잘거리기도 한다. 어디를 가는지 모르겠지만 둘은 더할 나위 없이 행복해 보인다. 목적지는 중요해 보이지 않는다. 그저 둘이 가는 것, 함께하는 것이 목적인 듯 보인다. 보는 사람에게도 해피바이러스가 전해진다.

반대로 그렇지 않은 경우는 좀 떨어져 빠른 속도로 걷는다. 말도 없고 앞만 보고 걷는다. 정확히 표현하면 방향을 제외하고는 같이 가는 게 아닌 것 같다. 목적지는 같은 것 같은데…

둘이 걷는 것! 발맞추어 걷는 것! 이런 모습은 비록 군대라 할지라도 아름답게 보인다. 병사 둘이 보조를 맞추어 어디론가 걷는 것은 멋과 힘도 느껴진다. 흔히들 군대에서 부대가 단체로 걷는 것을 행군이라 한다. 이는 적보다 상대적으로 유리한 시간과 장소에 도착하기 위해 함께 이동하는 것이다. 이를 전술적으로는 기동이라 부른다. 단순히 목적 없이 움직여 장소만 다른 곳으로 가는 이동과는 차이가 있다.

군대의 행군 수단은 차량, 열차 등도 포함되나 역시 행군하면 걷는 것이 대표적인데 이러한 행군하면 떠오르는 것이 로마 군대이다. 그들은 mile(마일, 약 1.6km)를 거리의 단위로 만들었다. 1,000더블페이스를 하면 대략 1mile이 된다.(1더블페이스 5.5 피트=1.6m, 1ft=30.5cm)

'모든 길은 로마로 통한다!'(All roads lead to Rome)
그들은 원하는 시간과 장소로 군대를 보낼 수 있었다. 가끔 영화에서 보았던 그들이 팔랑스 대형을 갖춰 발맞추어 나가는 힘찬 발걸음, 이를 통해 세계 최강의 제국과 문화를 건설했다. 국가로서는 가치 있는 일을 한 셈이다.

우리 삶에도 기동과 이동의 차이가 있을 것이다. 태어나서 그냥 죽음을 향해 가는 이동, 무엇인가 목적을 가지고 가는 기동! 둘의 공통점은 흘러가는 시간 속에서 어디론가 가고는 있다는 것이다. 기왕 가는 것 가치가 있고 의미 있게 행복하게 간다면 더욱 좋을 것이다. 이럴 땐 아무 생각(?)이 없던 시절이 그립다. 천진난만하게 어린 그 시절로 돌아갈 수 있다면 얼마나 좋을까? 아니면 영혼이라도 그때로 돌아갈 수 있을까?

어린이 행진곡(1948, 길묘순 작사, 정세문 작곡)

발맞추어 나가자 앞으로 가자
어깨동무하고 가자 앞으로 가자
우리들은 씩씩한 어린이라네
금수강산 이어받을 새싹이라
하나 둘 셋 넷 앞으로 가자
두 주먹을 굳게 쥐고 앞으로 가자
우리들은 용감한 어린이라네
자유 대한 길이 빛낼 새싹이라네

제목만 어린이 행진곡이다. 어린이 대신에 군인, 친구, 가족, 연인이라는 단어로 바꾸어 불러도 전혀 손색이 없을 듯하다. 어린이와 같은 영혼으로 누군가와 함께 발맞추어 가치 있는 것을 위해 행복하게 걷고 싶다.

불시 순찰

최근 글쓰기를 추천한 친구가 있다. 가끔 지난 시간을 돌아보며 긁적인 글을 보내 주고 평을 받기도 한다. 물론 글쓰기를 해보라 했으니 쓰인 것에 대한 감상평을 바라는 것이 큰 욕심은 아닐 것이다. 그런 친구가 얼마 전부터 우리가 첫 만났던 시절(소위-이등병) 전방에서 순찰하던 것을 써보라 한다. 왜 하필 순찰을 주제로 추천할까? 그가 아는 순찰은 어떤 것일까?

순찰의 사전적 의미는 '여러 곳을 돌아다니며 사정을 살핌'이다. 사실 순찰은 하는 사람이나 맞이하는 사람이나 힘들긴 마찬가지이다. 그 전방에서의 순찰은 언제나 후반 야가 책임 시간이었다. 자정부터 해 뜨는 시간까지였다. 이 시간대에 사람은 자야하고 특히 인간에게 하루 중 가장 힘든 시간대, 지구상 거의 모든 전쟁의 시작이 된 시간대, 해 뜨기 바로 전에는 피로가 극에 달한다. 이제 곧 해가 뜬다는 생각 때문인지 경계가 소홀해지고 약해지는 시간대이다. 해 뜨기 전이 가장 어둡다는 말은 그냥 생긴 말은 아니다. 그래서인지 후반 야 시간대는 특히 순찰이 강조되었다. 당시 전방 철책은 젊은 병사들이 밤새 무거운 장비를 들고 험준한 경사의 지형에 둘러싸여 수많은 계단을 오르내리며 밤을 새웠다.

책임지역은 약 1km인데 약 50m 정도를 제외하고는 모두가 계단이었다. 정확히 기억나지는 않지만 1,500여 개 정도였던 것 같다. 중앙 지역에 약 30m 정도의 계곡 위로 작은 수문 지역이 가장 긴 평지였다. 나머지 지역도 거의 비슷한 지형이었다. 이런 곳은 초소에서 경계를 하는 병사들이나 순찰을 하는 소대장들이나 힘들기는 마찬가지이다. 이런 이유 때문인지 중대장, 대대장님, 대대 참모들도 순찰을 자주 나왔다. 다들 전방 철책 너머를 잘 지켜보고 있는지, 이들을 잘 감독하는지, 순찰은 제대로 하고 있는지 확인하는 것이 목적이었다. 상급부대 순찰도 맞아야 하고 책임지역, 부하들을 순찰도 해야 하는 입장인 것이다. 낮에는 낡은 시설을 보수하고 부식도 옮겨야 하는 작업들이 끝이 없었다. 비라도 오면 포장되지 않은 전술 보급로를 차가 다니기 좋게 관리하기 위해 쫄딱 비 맞은 몰골로 굴러떨어진 바위와 돌들을 치우느라 쉴 새가 없었다.

그리고 어두워지면 야간 경계 작전에 투입되어 밤을 새우는 일상의 반복이었다. 이러니 초소에서 졸거나 좀 과해서 자는 경우도 비일비재(?) 했다. 긴장감이 없으면 졸음을 이겨내기란 쉽지 않은 것이 사람이다. 긴 경계 작전 시간 동안 아무 일 없던 어제처럼 오늘도 이어지는 상황에서 이를 유지하기 위한 방법은 없을까?.

자발적인 의지 없이는 어렵다고 판단했다. 일상의 지루함이 있듯, 늘 그랬듯이 오늘도 이상 없을 거란 안일함을 이기기 위한 무엇인가가 필요했다. 이 무엇인가를 찾는 것은 쉽지 않았다. 당시나 지금이나 비슷하겠지만 순찰자와 경계병의 쫓고 쫓기는 게임은 여기서 시작된다. 그래서인지 순찰을 기습적으로 하는 경우가 많았다. 나중에 안 사실이지만 순찰자들은 몰래 가서 졸고 있는 것을 발견해서 혼내 준 것을 무용담으로 안주를 삼기도 했다. 반면 경계병들은 간첩은 안 온다, 그러나 '순찰자는 반드시 온다. 후방은 뚫리면 안 된다.'라면서 전방 경계근무를 했다고 한다. 이런 엉터리 같은 상황은 문제가 있다. 순찰을 나가기 전 상황병들에게 순찰 시간 등 계획을 알려주고 전파하라 했다. 껌이나 사탕 등을 챙겨 주면서 이야기도 하면서 친해지려 했다. 그러나 선의라고 해서 반드시 원하는 목적을 얻을 수는 없듯이 근무지에서 조는 경우가 발견되기도 했다. 선임은 초소 안에서, 후임은 밖에서…

　이럴 때는 통신병과 그들이 깰 때까지 대신 경계를 했다. 그 후부터는 초소 가까이 가면 돌을 던져 경고를 했다. 소리 듣고 깨거나 수하 준비를 잘 하라는 의미였다. 사실 부하들이 제대로 하고 있지 않은 모습을 보고 싶지는 않았다. 중대장 때는 지프차를 타고 주로 순찰했다. 물론 해가 질 때쯤 순찰계획을 하달했다. 중대원들은 전방의 바다보다는 야심한 시각 어둠을 가르는 차량 불빛에 더 주목했다. 안타까웠다. 경계근무 투입 전 조금만 신경 쓰면 복장, 장비 등을 잘 챙겨서 지도받을 일이 없을 것인데…

　그로부터 약 10여 년 후 계급과 장소만 달랐을 뿐 비슷한 일이 세월을 건너 띄어 생겼다. 대대장 때는 상급부대와 한 울타리를 공유했다. 물론 순찰도 잦았다. 당직 근무자들이 책상에 엎드려 자다가 지적받는 일이 생기기도 했다. 여기에 합당한 조치로 당직 근무자 교육과 함께 야간 막사 출입 시스템을 개선했다. 내부로 들어오려면 벨을 눌러 지휘통제실에서 나가 열어주게 했다.

　최근에도 비슷한 일이 있었다. 후방이라 경계근무는 아니지만 지휘통제실을 운용하며 출동 대기 태세를 갖추고 유지하는 것은 동일한 임무였다. 어쩌다 보니 새벽에 잠이 깨어 부대로 좀 이른 시간에 출근했다. 그냥 사무실로 직행하면 될 것인데 지휘통제실로 가 보았다. 몇 명이 동시에 엎드려 자고 있었다. 얼마나 곤히 자는지 코도 골면서…

　한참을 기다리다가 어깨를 주무르며 깨우자 토끼 눈이 되어 쳐다본다. 일어나느라 뒤로 넘어진 의자가 바닥에 떨어지는 소리에 다들 눈을 부비며 쳐다보고는 입을 벌린 채 경례도 못한다. '좀 심하다. 일찍 출근해 놀라게 했다고 경례도 안 하니? 다음부터는 미리 알려 주고 올게. 미안해'라며 밤새 수고했다며 끝까지 잘하자고 했다.

이후 출입문에 또 벨을 설치하는 등 출입 시스템을 개선하고 당직 근무 후 충분한 휴식 보장을 위해 예하 대대까지 지시하여 근무시간이 끝나면 1시간 내로 숙소로 가서 근무 취침 준비 인증샷을 직접 보내게 했다. 대대장들에게는 결산 시간에 오늘 당직 근무자의 내일 근무 취침을 위한 추가 조치도 했다. 내일 과업을 조정해서 업무 부담 없이 편하게 휴식할 수 있게 하라는 것이었다. 하지만 다음 날 충분히 휴식이 보장된다 해서 밤새 긴장감을 유지하며 뜬 눈으로 버티는 것이 얼마나 힘든 일인지 안다. 오죽하면 '대기, 정신교육'과 함께 군대에서 없어져야 할 것 세 가지에 포함되었겠는가? 또한 이른 시간에 출근할 때는 CCTV가 잘 보이는 야외 휴게장소에서 잠시 대기했다가 사무실로 들어왔다. 불시 순찰은 원래 체질이 아니다. 본의 아니게 한 번씩 할 때마다 보아서는 안 되는 상황에 직면하기 때문이다.

요즘은 당직사령, 지휘 통제실장이라는 야간근무를 간혹 한다. 다른 이들처럼 같이 고생하는 근무자들을 괴롭히는 순찰은 지금도 좋아 보이지 않는다. 미리 알려주고 준비하라는 경고를 준 후 가본다. 간혹 시간대가 맞으면 입구를 지키는 헌병 교대자를 순찰차량으로 태워주기도 한다. 더운 날씨에 수고하는 젊은이들이 애처로워 보인다. 말로만 부하를 '자식처럼 대하라! 동생처럼 대하라'며 쇼하고 싶지 않다. 그저 전우로서 우리를 지켜주는 수고에 작게나마 감사함을 기회가 될 때 표현할 뿐이다. '목불인견'이란 말이 생각난다. '눈앞에(目) 참을 수 없는(不忍) 모습이 보인다(見).' 앞으로는 이런 모습을 보고 싶지가 않은데… 앞으로 몇 번을 더 보아야 하는가?

적과 싸우기도 버거운데 아군끼리 믿지 못해 다투는 것은 바람직하지 않다고 생각한다. 다만 믿는 것과 확인하는 것은 다른 것이기에 순찰 계획도 미리 알려주어 서로 난처한 상황만은 피하고 싶다.

군대 축구는 스포츠가 아니다

군대에서 축구란 무엇일까?
전투이다.
우리나라 여성들이 대화 중에 제일 싫어하는 이야기 주제가 세 가지 있다고 한다. 남자들의 군대 이야기와 축구 이야기, 그리고 군대에서 축구 한 이야기, 이 보다 더 싫어하는 것은 군대에서 비 오는 날 축구 한 이야기라 한다. 흔히들 군대 축구를 군대스리가라 부르기도 한다. 군복 입은 후 가장 많이 한 스포츠를 말하라면 당연히 축구이다. 그러고 보니 군대스리가에서 뛰기 시작한 지도 벌써 30년이 훌쩍 넘었다.

이러한 경력을 가지다 보니 많은 에피소드, 지역별 리그의 특성들 또한 쉽게 발견할 수 있다. 먼저 경기장은 대부분이 맨 흙이며 라인이 불분명해서 경기장 특성에 맞게 로컬 룰을 적용한다. 일부지만 지휘관이 장군인 큰 부대의 경우 천연 잔디 연병장도 있다. 선수들 복장은 계절별로 차이는 있지만 여름철에는 디지털 반바지에 상의는 알몸 또는 러닝셔츠 팀으로 구분된다. 가장 저렴하면서도 팀이 확실히 구분되는 장점도 있다. 대부분 숫자가 적은 관중은 십중팔구 연병장을 내려볼 수 있는 사열대에 앉아 관람하며 경기가 시작된다. 이들 대부분은 응원단, 물 당번, 후보 선수 역할까지 일인 다역을 겸한다.

여기에 일부는 양쪽 골대 뒤에서 볼보이나 선심을 보는 경우도 있다.
예전에는 목이 터져라 응원을 하였으나 최근에는 문화가 바뀌어 조용히 관람하다가 골이 들어가거나 멋진 슛이 나올 때 환호와 함성이 들리는 정도이다.

그러나 예나 지금이나 변하지 않은 것은 기본적으로 승리에 대한 갈망이다. 전쟁에서 이겨야 산다는 것을 자연스레 체득한 산물이라 짐작된다. 이러한 경기는 휴일을 제외하고는 그날 그날 일정에 따라 번개로 하는 경우가 많다. 소부대급은 소대장 등 지시자에 의해 주로 매치가 정해지는데 그 순간부터 전투 모드로 분위기가 전환된다. 작전이 수립되고 상대팀의 요주의 선수에 대한 전담 마크맨이 임명된다. 이들은 경기 내내 정말 확실히 막는다. 공이 있든 없든 끝까지 따라다니는 특징도 있다. 간혹 머리와 몸이 따로 노는 사람이 마크한다면 공격수는 조심하고 그들을 피해야 한다. 다치기 쉽기 때문이다. 태어나 처음으로 군대 와서 축구라는 걸 해 본다는 친구들은 마치 무면허 운전기사와 같다. 좌우 움직임 대신에 거의 직진만 하고 브레이크도 고장 난 상태로 공을 찬다. 발이 제멋대로이니...

이후 나머지 포지션을 짜는데 주로 계급 순으로 공격진부터 채워지고 수비 쪽으로 갈수록 계급이 낮아지는 경향이 있다. 그중 가장 비선호 포지션은 골키퍼로 가장 막내 계급이 거의 반자발적으로 전담한다. 전술적인 면에서 숏패스를 해서는 안 된다. 일명 뻥 축구! 어찌어찌해서 골문 앞에 가면 FIFA 용어로 혼전 중 얼떨결에 대부분의 골이 들어간다. 정도의 차이는 있지만 약간의 오프사이드, 몸싸움은 모른 척 넘어가는 경우가 많다.

특히, 같은 중대 내에서 지휘체계와 무관하게 팀이 편성되는 경우, 군번 홀짝, 희망자 등이 할 때는 친선 경기 성격이 강하다. 재미를 목적으로 하는 진정한 스포츠 경기인 것이다. 그러나 지휘체계가 다르면 달라진다. 소대 : 소대, 중대 : 중대일 때는 반드시 이겨야 하는 전투적 성격으로 변한다. 이 경우는 심판을 안 하는 것이 상책이다. 이런 게임에는 승패를 결정짓는 군대만의 특징이 있다. 소대장이나 중대장이 선수로 뛴다면 그렇지 않은 상대팀에 대해 거의 100% 이긴다고 보면 된다.

주된 승인은 기량 차이가 아니라 계급과 심리적 압박이다. 상대팀은 전승에 대한 열망과 필드 내에서 지휘하는 중대장과 중대원들이 혼연일체가 된 전투력을 감당하기가 거의 불가능하다. 리더가 이기기 위해 솔선수범하며 진두지휘하는 팀이 그렇지 않은 팀을 이기지 못하는 것을 본 적이 없다. 그래서일까? 중대장 시절에 전반 45분을 뛰고도 휴식 없이 골 진영만 바꾸어 바로 후반전을 했다. 간혹 후반까지 승부가 나지 않으면 10분간 휴식 후 연장전으로 돌입했다. 경기 시간이 길어질수록 우리 팀이 우세해졌다. 그 이유는 진두지휘!

휴식 시간은 군대 축구의 진면목을 보여준다. 양쪽 골대 뒤에서 있던 볼보이, 응원단이 뛰어와 시원한 음료, 물을 서빙하고 선수들에게 담배도 하나씩 주며 분발을 재촉한다.

중대장, 주장으로서 단 한마디만 했다. '승패에 부담 갖지 마라! 책임만 지면 된다!' 그도 그럴 것이 경기 결과에 따라 하루가 어떻게 끝날지 정해지기 때문이다. 이기는 팀은 '보람찬 하루 일을 끝마치고서 두 다리 쭈욱 펴면 고향의 안방! 얼싸 좋다 김일병! 신나는 어깨춤, 우리는 한 가족 팔도 사나이' 군가를 부르며 선임병들과 농담도 하는 등 저녁 식사 후 즐거운 시간을 가질 수 있었다. 생활관이 진짜 안방이 되는 것이다. 반대로 지게 되면 조용히 침묵 속에 군가도 없이 식당으로 걸어간다. 마치 2차 세계대전 때 스탈린그라드 전투에서 포로가 되어 시베리아의 어딘가에 있는 포로수용소를 향해 무작정 걷는 독일군, 포로들처럼… 침묵 속에 고개를 떨어뜨리고 걸어가야 한다.

나중에 들은 이야기지만 '부담 갖지 말라'는 말이 제일 무서웠다고 한다. 다른 중대가 있으니 에둘러 표현한 것임을 이심전심으로 다들 눈치챈 듯하다. 군대 축구의 승패를 결정짓는 핵심 요소는 역시 정신력! 승리에 대한 간절함이 강한 쪽이 이긴다!

군인이 축구를 체력단련이라 생각하거나 스포츠 종목 중 하나로 생각하고 경기에 임하면 십중팔구 문화적 충격을 받을 것이다. 군대 문화가 어떤 것인지 온몸으로 느끼게 될 것이다. 이는 마치 전투를 서바이벌 게임으로 착각하는 것과 같다.

군대에서 축구는 전투다! 군인이 전투에서 승리하지 못하면?

언제나 부담되는 체력검정

정신력! 체력!

군인이 최우선적으로 갖추어야 할 것은 무엇일까? 정신력과 체력이다. 이 말에 그 누구도 토를 달지 못할 것이다. 좀 생각 있는 척하는 사람일지라도 안보관, 사생관, 창의성, 도덕성, 전문성 등을 추가할 정도이다. 큰 범주로 보아 정신력 분야이다. 이 역시 신분, 계급, 직책 등 하는 일에 따라 달라지는 것이다. 상하고하를 막론하고 군인 전체에게 공통적으로 중요시되는 것은 체력일 것이다. 그래서인지 장교, 부사관 등 군의 간부가 되려면 기초 체력 측정은 빠지지 않는다. 이는 현대 군에서만 적용되는 것은 아니다.

조선시대에도 무관이 되려면 무과 시험을 통과해야 했다. 그때도 기초체력 측정이 빠질 수 없었다. 주(走), 력(力)이라는 과목이 있었는데, 물시계를 이용해 달리는 능력을 측정하는 주(走), 모래 약 100kg 정도를 들어 올릴 수 있는지를 측정하는 시험을 보았다. 현재 군에서도 체력단련에 큰 관심을 가지고 있다. 병사의 경우, 입대 후 가장 먼저 부대나 각 개인이 체력 향상에 관심을 집중한다. 체력이 뒷받침되어야 병영생활에 대한 자신감을 가지고 각종 전투기술 등의 숙달과 향상을 도모할 수 있기 때문이다. 또한 이러한 체력증진을 위해 일일 1시간 이상, 주 1회 4시간 이상의 전투체육시간을 일과에 반영하여 여건을 보장하고 있다.

이를 체계화해서 검정이란 제도로 군에 적용한 시기는 1964년부터이다. 83년까지는 40세 이하까지만 하다 이후 96년까지 전 장병이, 97년부터 군무원까지 확대되었다. 물론 종목별 기준은 현역과 군무원, 남성과 여성으로 나뉘어 적용한다. 간부들의 경우, 84~89년까지 연 2회, 이후 연 1회로 고정되다 17년부터 2급 이하자는 후반기에 추가 검정을 받도록 부분 확대되었다. 종목은 초기에는 필수 3가지(100m 달리기, 턱걸이, 제자리멀리뛰기), 선택 2가지(2km, 수류탄 던지기, 허리 굽히기, 팔굽혀펴기, 공 던지기) 등이었다. 이후 변화를 거듭하다 97년부터 지금의 3가지, 3km 달리기, 윗몸일으키기, 팔굽혀펴기로 굳어졌다.

이러한 종목 등의 변화에도 줄곧 유지된 것은 그 결과의 영향이다. 현재는 진급, 장기 복무 등 각종 선발의 기초자료로 활용한다. 또한 병사들과 직접 대면 접촉을 하는 초급간부들의 리더십 발휘를 위해서는 절대적이라 할 것이다. 그래서인지 영관장교가 될 때까지는 당연히 최상위 등급인 특급을 받아야 하는 것으로 여겨진다. 실제 그 결과는 대위급 이하 장교들에게는 절대적인 요소로 작용한다. 그래서일까? 매년 봄철이면 병영에서 흔하게 볼 수 있는 장면이 있다. 오후 일일 체력단련 시간이 되면 연병장에서 삼삼오오 뛰어다닌다. 마치 시험 앞두고 벼락공부하는 게으른 학생의 모습이다. 이들에게 어느 민간인의 말을 대신 전해 주고 싶다.

'건강한 신체에 건강한 정신이 깃든다는 말을 전에는 흘려들었는데 지금 생각하면 매우 정확한 표현인 것 같아. 건강을 잃으면 정신이 피폐해진다는 것을 정확히 알고 있지. 건강은 건강할 때 지켜야지 한 번 무너진 건강은 다시 회복하기 어렵다는 것을 알고 있는 나로서는 강제로라도

이런 체력 검정을 통해서 건강을 챙기는 네 직업이 부러워'

우리가 얼마나 부럽고 게으르게 보일까? 생업으로 운동할 시간이 없어 밤늦은 시간에 마을 인근 운동장, 고수부지 등에서 걷거나 뛰거나 하는 사람들이 얼마나 많은지…

당연히 주어진 것에 감사할 줄 알아야 할 것이다. 간부 체력검정은 주로 4~6월 사이에 집중적으로 시행된다. 윗몸 일으키기, 팔굽혀펴기, 3km 뜀걸음 등 3가지 종목을 하는데, 그중 가장 부담을 가지는 것이 3km 뜀걸음이다. 기초체력이라면 나름 자신 있어 했던 게 엊그제 같은데, 이제는 3km 뜀걸음도 부담스럽다. 최근에는 '뛰다가 죽을 수도 있겠구나!' 하는 생각이 들기도 했다. 대대장으로서 병사들과 동일한 기준(12분 30초)으로 뜀걸음을 포함해서 전체를 특급 받았던 기억도 가물거릴 정도이다. 그래도 나름 관록이 있다고 측정을 앞두고 오십에 접어든 또래들과 농담도 즐긴다.

하기야 우리는 합격만 하면 되고 간혹 어느 누가 무리해서 불상사가 있었다는 소식도 해마다 들었기 때문일 것이다. 또한 이 결과에 초연할 수 있기 때문일 것이다. 믿는 구석이 있으면 여유가 있다는 말이 왜 생겼는지 이해가 된다. 반면 아직 어리게 보이는 젊은 친구들은 잔뜩 긴장을 하는 눈치다. 결과에 따라 장기니 진급이니 하는 것들에 영향을 준다는 것을 알고 있기 때문일 것이다. 들리는 이야기로는 이곳은 예전에 측정이 상당히 문란했다 한다. 대리 측정, 기록 위조 등 비도덕적 행위로 징계를 받는 경우도 있었다고 한다. 측정 과정도 해이해서 팔을 제대로 안 굽혀도 되고 윗몸 일으키기도 어깨를 바닥에 완전히 밀착하지 않고, 팔도 풀며 까닥까닥해도 되었다나…

특히, 3km는 약 500m 남짓이 내리막 코스였다고 한다. 올해는 이곳 코스와 측정이 까다롭다고 소문이 나서 다른 곳을 찾는다는 소문도 들린다. 나라를 지키는 군인들이 이러면 안 되는 것이다. 국가방위의 가장 기초가 되는 장병들의 체력, 그것도 간부들의 체력에 대한 의식이 이 정도면 큰일이다. 이런 모습은 과거의 역사가 증명한다. 조선이 그 명을 다해가던 1890년 평안도 지역의 아이진(阿耳鎭)에 주둔하고 있던 군인들의 활쏘기와 조총 사격 결과가 좋은 예이다. 《아이진시사방득중성책(阿耳鎭試射放得中成冊)》에는 중대장급인 기총(旗摠), 소대장급인 대장(隊長) 등 장교가 포함된 총 102명이 모두 불합격이었다고 한다. 당시 군인의 활쏘기와 조총 사격 능력과 지금 체력에 대한 간부들의 안일한 태도를 연관 지으면 과도한 비약일까?

단지 사람이면 누구나 그러는 것처럼 편하게 노력을 최소화하면서 최대의 성과를 기대하는 것을 바라는 본성에서 이유를 찾는 것이 좋을 것 같다. 그냥 체력단련에 대한 요즘 병영 분위기를 좋은 표현으로 '경제관념이 투철하다' 또는 다르게 표현해 '도둑놈 심보'라고 에둘러 말하고 싶다. 여기서 자유로운 사람은 없을 것이다. 그래도 아직은 자존심이 있는데, 오늘 젊은 여성들과 강제로 조 편성되는 수모를 당했다. 젊은 남성 친구들과 편성되어 보조를 맞출 자신도 솔직히 없었다. 같이 뛰게 될 여성들에게 이리저리 물어서 목표 기록에 근사치인 한 명을 알아내었다. 페이스메이커 삼아 달려야겠다는 안일한 생각을 한 것이다. 근데 웬걸, 출발지에서부터 따라가다 500m도 못 가 포기하고 오버페이스 후유증으로 힘만 들었다. 최초로 여성들에게 추월당하기까지 했다. 이 무슨 망신인가! 물론 좀 더 무리해서라도 더 속도를 낼 수 있었다. 시간도 더 줄일 수 있었지만 심장 등에 무리가 갈까? 무릎관절이 약해지면 안 되는데…

뛰는 중 온갖 이유를 찾으며 빨리 이 시간이 끝나길 바라며 전력을 다하지 않았다. 그런데도 후유증으로 하루 종일 집중력이 떨어짐을 느꼈다. 그러고 보니 언제부터인가 몸에도 불편함을 알리는 정비 신호가 감지된다. 음식을 씹을 때 치통으로 주기적인 잇몸 치료를 받고, 팔꿈치 통증은 아직도 남아있다. 눈은 어떤가? 문서를 볼 때 안경 없이는 불편하다. 체력단련보다 건강관리가 신경 쓰이기 시작한다. 평소 조금씩 어지러운 증상이 있었는데, 올봄 건강검진 때 빈혈기가 있다는 소견까지 받았다. 누군가는 기계도 한 오십 년 사용하면 수리하면서 일부 부품 교체도 해야 한다며 놀린다. 맞는 말이다. 그전에는 식사만 잘하면 건강은 문제가 없다고 생각했다.

그럼 지금은? 눈에 좋다는 알약, 임산부가 먹는 빈혈 약, 장날이면 제일 먼저 눈이 가는 것이 건강 약재이다. 몸이 알아서 반응하고, 머리와 입이 스스로 음식, 약을 선택하는 것 같다. 회식 메뉴도 삼겹살 등 돼지고기, 육류 등은 피하려 한다. 한때는 동료들과의 회식 기본 메뉴들이 이제는 서서히 멀어지는 상태이다. 집에서의 식사도 나물 등 담백한 것을 선호한다. 어머니도 눈치채신 듯 그런 반찬을 내놓으신다.

모든 것이 푸르고 생명력이 넘치는 계절이다. 길가의 이름 모를 풀 한 포기, 얼마 전까지만 해도 연녹색이던 나뭇잎들도 신록의 절정을 보여준다. 가끔씩 주변으로 눈을 돌리면 부럽다. 그들을 사람으로 비유하면 20대 정도 될까? 영원히 지금 같을 것이라 생각하면 안 된다고 전해 주고 싶다. 몸은 하드웨어이니 성능 개량은 어렵겠지만 관리라도 잘해서 현 상태를 최대한 길게 유지해야겠다는 결심을 해 본다. 그러면 남은 정신은 어떻게 해야 하나?

개념 있다! 개념 없다!

'개념 없다'라고 말하는 당신은 개념 있는가? 정확히 뜻은 알고 하는 말인가? 개념이란 단어는 '좋다, 안 좋다'라고 하지 않는다. '있다, 없다'라고 한다. 왜일까? 자칫 무심결에 습관적으로 입 밖으로 나오는 순간, 내뱉어지는 순간, 그동안 쌓은 권위, 신망 등이 순식간에 무너지고 비웃음거리가 될 수 있다. 개념이란 단어는 조심해서 제대로 사용해야 한다. 문장에서 주어와 서술어는 호응이 잘 되어야 한다. '있다, 없다'와 '좋다, 안 좋다'는 특히 명확한 구분이 필요하다. 개인이 느끼고 판단할 수 있는 것에는 '좋다, 안 좋다'라 하고, 다수가 공감하거나 동의하는 것에는 '있다, 없다'를 선택해 사용하는 것이 옳은 것이다. 단, 사물이 아닌 추상적 문장에 국한되어야 한다. 한 예로 우리는 '그 사람 매너 좋다거나 안 좋다'라고 표현한다. 매너는 본인이 느낀 바를 판단하는 것이고, 반면 에티켓은 '있다, 없다'라고 한다. 어떤 특정 장소에서 누구나 지키고 준수해야 하는 것이기 때문이다. 이처럼 매너와 유사한 의미를 내포하고 있다. 그러나 서술어가 다르게 쓰이는 이유는 '개인의 생각이냐? 다수의 공감이냐? 주관적이냐? 객관적이냐?' 하는 잣대로 보면 쉽게 구분되어진다.

이와 같이 '개념 없다'는 말은 개인이 함부로 해서는 안 되는 말이다. 엉뚱한 말을 하거나 시간과 장소에 맞지 않거나 어울리지 않는 행동을 하면 흔히 '개념 없다'고 한다. 이것은 문장으로는 맞는 표현이나 개인의 생각과 다르거나 마음에 들지 않는다 하여 '개념이 있다 혹은 없다'라고 하면 안 되는 것이다. '있다, 없다'는 개인의 주관적 기준이 아니라, 다수에 의해 상식적으로 납득되어질 때 말할 수 있는 영역이기 때문인 것이다. 사전에서 개념(槪念)은 '어떤 사물이나 현상에 대한 일반적인 지식, 구체적인 사회적 사실들에서 귀납하여 일반화한 추상적인 사람들의 생각'으로 정의한다. 개인이 아닌 집단의 생각인 것이다.

좀 풀어서 쉽게 표현하면 '우리 주위의 대상에서 공통된 것, 일반적인 것을 개괄(槪括) 함으로써 생겨난 관념'이라 할 수 있을 것이다. 개념을 연구하는 철학가들조차도 이런 언어, 말의 애매함 때문에 명확하고 증명 가능한 논리적인 언어체계를 구축하는 데 어려움을 겪었다. 가능한 정확하게 생각을 표현하기 위해 보다 분명한 개념 정리가 필요했고 그러다보니 이해하기 어려운 묘한 단어들이 난무한 것이라고 해도 과언이 아니다. 확실한 것은 개념은 말로 표현된다는 것이다. 물론 그것을 표현하거나 느끼는 것도 인간이 가진 다섯 가지 감각으로는 불가하고 추상적인 육감의 범위에서나 가능한 것이다. 이 정도 지식만 있어도 '개념 있다, 없다'를 쉽게 말할 수 없고 사용하는 데 조심할 것이다. 자, 이래도 개념이 없다고 함부로 욕할 텐가?

그러나 주변에서 '개념 없다'라는 말을 자주 또는 즐겨 쓰는 사람들을 종종 본다. 그들의 공통점은 어렵지 않게 찾을 수 있다.

첫째, 타인에게 그런 말을 쉽게 말할 수 있는 위치에 있다는 것이다. '개념 없다'라는 말은 아랫사람이 윗사람에게 쉽게 할 수 없는 표현이다. 이런 경우가 발생한다면 조직에서는 거의 하극상으로 여긴다. 실제 그런 일은 현실에서 발생하지 않는다. 드라마, 소설, 영화 등 허구의 세계, 불쌍한 대중들의 희망사항일 뿐이다. 반대의 경우는 자주 볼 수 있다. 조직을 대표하는 위치, 자신의 생각이 조직의 방향을 결정할 수 있는 사람들에 의해 많이 행하여진다. '모두의 생각도 그럴 거다, 이 친구들은 개념이 없어!'라고 하는 등 교만에 빠진 경우이다. 사람이 높은 위치에 있으면 인격, 지식 등 모든 면에서 부하보다 높을 거라는 허황된 착각에 기반한 것이다.

둘째, 어떤 특정 분야에서 장기간에 걸친 경험을 가지고 있다. 학교, 군대, 연구소, 기업체 등에서 자주 들을 수도 있다. 나이 지긋한 노년(?)의 교수와 어린 제자 교수, 조교 등에게 발견된다. 듣는 이 모두는 앞에서는 고개를 조아린다. 길어지는 잔소리를 경계하기 때문이다. 군대도 개념을 많이 찾는다. 계급이 높을수록 나이도 대부분 많고 본인들이 아랫사람보다 많이 안다고 굳게 믿는다. 이상 두 집단의 공통점은 상하 수직 사회이다. 윗사람에게 권한이 집중되었다는 공통점이 있다.

셋째, 자신의 생각이 옳다는 고집, 아집, 독선 등에 사로잡혀있는 꼰대이다. 꼰대란 무엇인가? 호칭이다. 왜 그리 부를까? 그들에게 옳고 그름의 판단은 서열에서 우위에 있는 사람의 몫이다. 대개 나이, 경력, 직급 등에 기초한 상급자와 부하, 선배와 후배, 정규직과 비정규직 등으로 나뉜다. 지하철에서 나이 비슷한 노인들끼리 나이 따지면서 싸우는 걸 볼 수 있다. 꼰대이다.

그들의 특징 몇 가지를 알아보자!
우선은 말이 통하지 않는다. 본인이 무슨 말을 하는지도 정확히 설명을 못하면서 아랫사람이 말귀를 못 알아듣는다거나 의도 파악을 못한다고 한다. 논리나, 과학적 근거가 있다면 꼰대가 아니다. 하지만 그네들의 답은 거의 이렇다. '다들 그렇게 생각한다. 남들도 그렇게 생각한다' 등 편견, 선입견을 근거로 댄다. 용기 내어 그것이 아니라면 과거에 옳았다는 것을 근거로 댄다. 물론 현재에도 옳은 것이라면 문제가 없지만 시대가 바뀌었다는 이야기를 하면 아예 대화를 거부하거나 고함, 욕설을 하거나 샤우팅 하며 상대를 쫓아내려고 든다. 온몸으로 아집, 고집 등에 사로잡힌 꼰대임을 증명한다.

넷째, 주위에 객관성 있는 조언을 해 주는 사람이 없는 고독한 환경에 처해 있거나 스스로 갇혀있다. 주변에는 충성심(?) 있는 눈치가 빠른 사람들로 채워진다. 기분을 맞춰주는 사람, 장점만 이야기해서 듣기 좋은 사람만 남게 된다. 자신에게 진정 도움이 되는 사람은 없어진다. 말이 통하지 않으니 하지 않고 굳이 자발적으로 찾아오지 않는다. 쓸쓸해진다. 주변에 사람이 없다. 아부형이나 충견형도 사람 보는 눈은 있다. 이해관계에서 벗어나기 무섭게 기다렸다는 듯이 그를 떠나간다. 그래서 더욱 불쌍하다는 것이다.

다섯째, 불쌍한 영혼이다. 자신은 개념이 있으니 배워서 바꿀 필요성이 없다고 쉽게 착각한다. 사실은 반대이다. 오랜 기간에 걸쳐 쌓아온 그들이 믿는 가치관과 항상 옳다는 그릇된 믿음에 갇힌 것이다. 부하는 상사에게 절대복종해야 하고, 아랫사람은 절대 상사를 기분 나쁘게 해서는 안 되며 심기를 불편하게 해서는 안 된다는 것이다.

자기 시대의 가치관이 현시대에선 통하지 않는다는 상대적 박탈감,

스스로에 대한 자존감이 낮아서 상대방에게 권위적으로 행동하지 않으면 자신의 말에 귀를 기울여주지 않을 것이라는 두려움을 갖고 있는 가여운 인간이다. 심지어 아랫사람에게 잘 알려 주지도 않는다. 자신에게 정보를 집중시켜 성과를 스스로에게 집중시키려 이용하기까지 한다. 상급자, 조직을 위한다고 말은 하지만 자신의 안일만 생각하는 사람이다. 구제가 안되는 불쌍한 영혼이다.

여섯째, 이기적인 사람이다. 다만 잘 숨기거나 티가 안 나게 하는 테크닉만을 가지고 있을 뿐이다. 이들은 특정한 조직이나 직업, 연령을 떠나 어디서든 존재한다. 생각과 판단, 행동의 기준이 자기 자신이나 혹은 자신이 속한 조직의 이익이 우선이다. 자신의 욕망과 욕심을 채우기 위해 타인을 이용함은 물론 심지어 타인에게 폐를 끼치기도 한다. 이기적인 사람은 타인과 공감 능력이 부족하고 배려심이 없으므로 주변으로부터 고립되거나 비난을 받기도 한다. 자신의 이기심을 포장하지 못하고 드러내는 경우는 차라리 낫다.

주변인이 이들의 무개념을 알아챔으로써 관계를 맺지 않기 때문이다. 문제는 이기심을 잘 포장하거나 숨기는 사람이다. 이들은 타인에게 잘 베풀고 배려하는 것처럼 행동하나 결국 자신의 이기심을 채우기 위한 의도가 내재되어 있다. 주변인이 경계하지 않도록 무장해제시킨 후 자신이 원하는 목적을 달성하기 위한 방향으로 유도한다. 목적을 달성한 후 이용 가치가 없어지면 버린다. 그로 인해 타인이 받은 상처나 피해에 공감하지 못하고 그것이 문제인지조차 알지 못한다.

이처럼 '개념 없다'는 말을 자주 쓰는 사람들의 공통점은 자기중심적이거나, 자신이 옳다고 생각하고, 타인을 이해하지 못하거나 혹은 하지 않으려는 성향을 가지고 있다. 그들 또한 개념이 없기 때문은 아닐까?

따라서 개념이 있다, 없다, 무식하다 등 타인의 지적 수준을 평하는 것은 안 하는 것이 좋다. '국민은 개돼지다'라는 말이 사회적 이슈가 된 적이 있다. 지금도 자주 거론되는 표현이다. 그러나 그들 중 스스로를 반성하는 사람은 얼마나 될까?

함부로 타인을 평가하는 마음이 생기는 순간 스스로 반성부터 해야 한다. 인내하기 힘들어 한계에 부딪힐 때는 '생각이 다르네.' 정도로 조심스럽게 말하는 것이 좋다. 안 하면 더욱 좋은 것이고!

침묵의 소리 없는 아우성, 고함은 마음속에서 메아리치게 하자! 심호흡 크게 한 후 온화한 태도, 존중하는 눈빛, 애정 어린 미소로 고개만 끄덕이면 된다.

불쌍하고 가엾은 영혼을 보며…

죄 없는 자가 먼저 돌로 쳐라

범죄자들이 가장 좋아하는 성경 구절이란다.

그들은 이 성경 구절을 인용하면서, "너는 죄가 없느냐, 왜 내게 이러느냐"고 오히려 큰소리도 친다고 한다. 마치 '방귀 뀐 놈이 큰소리친다.'라는 우리 속담을 자연스레 떠오르게 한다. 방귀를 뀌고서 이를 감추기 위해 남에게 전과하는 것이다. 거기에 더해 남에게 버럭 성까지 내는 사람도 있다. 여기에 머무르지 않고 "예수님도 죄를 묻지 않는데, 왜 나를 갖고 왈가왈부냐"고 분통까지 터트린다. 심지어 또 다른 구절까지 인용을 한다.

"나도 너를 정죄하지 아니 한다."(요한 8:11)

'얼마나 억울하고 어떤 잘못을 했을까?' 궁금해진다. 물론 그 사람은 또 어떤 사람일까?

성경에서 언급된 그 사람은 간음한 여자이다. 종교인들이 간음한 여자만 데려와 예수에게 죄를 물으라 한 것이다. 남자에 대한 언급은 없다. 같이 데려오지 않았다. 남자는 왜 없을까? 센 사람인가?

어부들 사이에 구전되는 격언이 문득 떠오른다.

'크고 센 녀석들은 그물을 찢거나 뚫고 도망간다.'

언제인가 법을 집행하느라 평생을 바친 분이 하신 말씀이다. 그 당시

종교인들은 힘이 있는 기득권 세력, 권력자들이다. 오늘을 살아가는 현대에도 힘 있는 사람들은 어부가 말하는 큰 물고기인가? 여자는 예수님이라도 만나 살아남았다. 힘 없고 백 없는 사람들은? 누구를 만나야 하는가? 유전무죄 무전유죄?

돈이나 권력, 힘 있는 사람들은 누군가 아랫사람을 벌할 때 신중해야 한다. 특히, 조직사회에서는 말해 무엇하겠는가!

본인 잘못을 감추기 위한 것이거나 상급자로서 적절한 조치를 안 했다는 비판이 두려워 사전에 이를 차단하고자 '꼬리 자르기'를 하면 더욱 안 될 것이다. 그들은 지금 누리고 있는 권위에 상처받지 않고 혹 비슷한 상황이 발생했을 때 형평성 있는 조치를 해달라는 등의 요구에 대해 미리 경계하는 것은 당연하다. 아랫사람을 벌하는 것이 쉽지 않고 신중해야 할 이유는 수 없이 많다.

어느 정도 이해가 된다. 크고 작든 간에 수뇌부는 조직을 위한 고민을 안고 살아야 할 위치에 있는 것은 자명해 보인다. 업무 시간이 정해진 하부 구성원들과 달리 그들은 24시간이 일하는 시간이다. 조직의 본질적 목표 달성과 이를 위한 내부 단속, 환경 조성, 사기나 의욕 고취 등…

당연하면서도 아주 상식적인, 바람직한 리더의 모습이다.

그러나 일부 리더는 그들의 본질적 책무를 등한시한 채 그 지위를 자기 스스로를 위한 수단과 방법으로 악용한다. 파리처럼 더러운 것을 좋아해 찾아다니니 밑에서는 악담이라는 냄새가 많아진다. 이쯤에 우화 한 편이 떠오른다.

불쌍한 똥파리

으음~~ 맛있어!
똥은 언제 먹어도 항상 맛있어!
오늘도 똥파리는 이 똥 저 똥을 먹으면서 즐거워합니다.

엄마! 어휴 더러워. 저기 똥이야.
어머! 어제 똥을 다 치웠는데.
내 이놈의 자식을…
그렇게 아무렇게나 똥을 싸 놓지 말라고 말했건만.

오늘도 똥파리는 똥을 열심히 맛있게 먹으면서 혼자 즐거워합니다. 그걸 보는 사람들이 저를 얼마나 경멸의 눈초리로 보는 줄도 모르면서…

심지어 이런 해학적인 우화의 대상이 될 수도 있으니 말이다. 경계해야 한다. 파리는 모른다. 어디선가 파리채를 들고 지켜보는 어린아이의 맑은 영혼이 있다는 것을.

그런 파리 조직에는 내부, 하부에서 말이 많다.
'똥 묻은 개가 흙 묻은 개 나무란다.'

이런 말이라도 돌아서는 안 될 것이다. 조직의 특성상 하부로 갈수록 여건은 불리해진다. 이런 환경을 개선해서 '해야 할 것만 제대로 잘할 수 있는 분위기와 문화'를 누가 조성해야 하는가?

'우리 레벨에서 이 정도는 해도 문제없어!'
'예전에는 더 했어, 조직을 운영하려면 어쩔 수 없지'
'결정권자의 의도를 사전에 파악해야지'

이렇듯 '알아서 기어라'고 노골적으로 충견을 요구하는 리더도 볼 수 있다. 더러운 것을 찾아다니다 잠시 짬을 내 읽기를 권한다.

'왜 너는 형제의 눈 속에 있는 티는 보면서 네 눈 속에 있는 들보는 보지 못하느냐?'(누가 6:41)

시대가 변하고 사람들의 의식과 문화가 변하면서 우리도 변해야 한다. 자신들이 살아온 과거부터 보아온 관습, 폐습 등은 그 당시에는 법이요, 도덕이었다. 지금은 말도 안 되는 것이 과거에는 맞았다. 어느 영화 제목처럼 '그때는 맞았고 지금은 틀리다'. 현재 맞는다고 굳게 믿는 것이 또 미래에는 어쩌면 내일은 어떤 평가를 받을지 모른다. 인간의 한계인 것이다. 우리는 신이 아니다. 함부로 정죄해서는 안 된다. 약하고 힘없는 이들에게 '원칙과 명분'을 내세우며 거룩한 척하지 않는지, 생존하기 위해 발버둥 치는 이들을 멸시하며 사는 건 아닌지, 돌아본다. 이런 세상 어떻게 사는 것이 잘 사는 것인지 모르겠다.

나는 어떠한가? 얄팍한 지식과 권력으로 허상을 쫓고 있지는 않는지… 누가 만든 세상인가! 누가 죄를 정의하는가? 죄의 기준도 시대와 문화에 따라 다르다. 인간이 만든 것이다. 벌을 주는 본질이 무엇인가? 곰곰이 생각해 보아야 한다.

사람이 사람을 정죄하고 벌주는 것은 아니다!

상하동욕자승(上下同欲者勝)

상하동욕자승(上下同欲者勝)하는 조직은 승리한다!

손자병법 모공 편에 나오는 말이며 해석하면 '윗사람과 아랫사람이 같은 걸 바란다면 이긴다.'는 뜻이다. 요즘 말로 풀어보면, '구성원 모두가 비전을 공유한다 또는 같은 비전을 가지면 승리한다.'는 의미 정도일 것이다. 그럼 누가 비전을 제시해야 하는가? 권한만큼이나 책임도 크게 주어진다. 구성원이 있는 조직 특성상 리더에 의해 조직의 운명이 결정된다는 것은 누구나 알고 있는 사실이다. 아무리 개인적 역량이 뛰어나다 해도 구성원, 즉 부하들과 공감하지 못하면 몸 없는 머리일 뿐, 할 수 있는 게 없다. 사람의 모든 행동은 뇌의 결정이 수많은 신경에 의해 주고받는 쌍방향 의사소통을 통해 실제 행동으로 움직여 나타나는 것이다.

반면 뇌에서 결정하지 않거나 못하는 것들도 있다. 무의식적으로 일어나는 조건반사적 행위들이다. 주로 이것은 생존과 직결된 것으로 생리활동, 외부 자극에 의한 신체반응 등이다.

이러한 과학적 사실을 군대에도 똑같이 적용해 보면 어떨까? 머리 즉, 두뇌는 리더이자, 지휘관이고 몸, 손, 발은 그 부하 장병들일 것이다. 이들이 한 사람처럼 움직여야 주어진 임무를 완수할 수 있다. 지극히 당연한 말이다. 머리 따로 몸 따로 움직이면 어떻게 되겠는가? 병원에 가야한다. 정신과 또는 신경과 등에 가야 한다. 예전 같았으면 굿을 하든지 했을 것이다.

군인, 부대가 상하동욕자승(上下同欲者勝)한다면 병원에 가거나 굿을 하는 일은 없을 것이다. 몸이 머리와 분리되어 본능적으로 움직인다면 전투를 어떻게 할 것인가? 생명을 잃을 수 있는 상황이니 안전한 곳에 숨어서 꿈적도 안 할 것이다. 이래서는 종국에는 적에게 죽을 것이다. 그 부대도 전멸할 것이다.

1, 2차 세계대전의 영웅, 롬멜은 '군대가 병사들에게 해줄 수 있는 최고의 복지는 훈련'이라고 했다. 왜냐하면 훈련만이 불필요한 사상자를 줄여주기 때문이다. 훈련이란 본능을 극복하는 행위이다. 편하게, 쉽게 살려는 저 밑바닥의 본능을 누르고 자신을 통제하고 훈련해야만 두려움을 극복하고 머리에서 지시하는 것을 행동으로 옮길 수 있게 되는 것이다. 두려움으로 패닉이 발생하면 이성적인 판단은 할 수 없게 된다. 뭔가는 해야 되겠는데 마음은 급하고 이것저것 해야 할 것은 많은데 할 수는 없게 된다. 우왕좌왕만 하다가 정신을 차렸을 때는 이미 효과적이고 적절한 대처를 해야 할 골든타임은 지나간 뒤다. 패닉(Panic)은 극심한 공포와 공황을 뜻한다. 쉽게 표현하면 '멘탈 붕괴'라 할 수 있다.

우리 주변에서 멘탈이 붕괴된 사람들이 예기치 않게 황당한 언행을 함으로써 돌이킬 수 없는 사태를 만드는 것을 자주 볼 수 있다. 그 원인은 심리적 마비(痲痺, Paralysis)이다. 신경, 근육, 또는 어떤 체계의 기능이 극히 둔해지거나 아예 정지되는 일을 뜻한다. 생명체의 몸에 마비가 일어날 경우 감각이 없어지고 힘을 제대로 쓸 수 없게 되는 증상이 나타나게 된다. 제대로 된 판단이나 행동과 거리가 먼 비상식적이면서도 아주 엉뚱하고 황당한 대응을 하는 것이다.

이와 반대로 두뇌, 즉 정신 상태는 정상이지만 근육이 제 역할을 못하는 경우도 드물게 있다. 근육마비이다. 근위축성 측색 경화증(Amorphic lateral sclerosis)은 근육을 제어하는 신경세포가 소멸되어 근육이 딱딱해지고, 경련을 일으키며, 갈수록 약해져 크기까지 줄어든다. 손가락, 다리의 근육이 약해져 가늘어지다가 말하기, 음식물을 삼키기가 어려워진다. 모든 근력이 약해지다가 결국 호흡 장애도 나타난다. 그러나 아직 끝이 아니다. 이러한 자신의 몸 상태는 뚜렷한 의식과 오감으로 끝까지 인지하게 된다. 비극이다! 이는 사람에게 나타나는 현상이지만 전쟁사, 전사에서도 그 사례를 어렵지 않게 발견할 수 있다. 2차 세계대전 시 독일군의 기갑부대가 너무나 빠른 속도로 공격하여 후방 깊숙이까지 다다르자 프랑스군 지휘부는 아무런 지시도 못했다. 전선에서는 적보다 많은 전차, 병력 등이 후방까지 적이 왔다는 소식에 싸워보지도 않고 자신들보다 약한 적에게 항복한 사례가 빈번히 있었다.

'밴드 오브 브라더스'라는 영화에서도 주인공 윈터스 중위가 혼자서 대대 규모의 휴식하고 있던 독일군에게 총을 쏘는 모습이 나온다. 독일군들은 놀란 나머지 총 한 번 쏘지 못하고 달아나기 급급했다. 이어 뒤따르던 중대원들에 의해 거의 전멸하는 장면이 나온다. 처음에는 약 1/300, 뒤에는 1/10 정도로 적은 수의 적에게 거의 몰살되었던 것이다. 넋 놓고 휴식 중 갑자기 들이닥친 적에게 놀라 본능에만 의존한 결과이다. 총을 쏜다는 생각도 못 하고 지휘관의 지시도 무시하고 그저 살기 위해 각자가 본능적으로 달아나다 벌어진 일이다. 패닉! 본능에만 충실한 군인, 부대가 어떻게 되는지 보여주는 극명한 사례이다.

　이러한 사례는 우리나라에도 있었다. 한국의 역사상 3대 패전은 칠천량해전, 쌍령전투, 현리전투이다. 이중 쌍령전투는 병자호란 당시 1637년 1월 26일 현재 경기도 광주시 쌍령동에서 조선 조총병 40,000명이 청군 기병 300명에게 패하여 8,000여 명이 전사하고 10,000여 명이 중상당하는 참사가 일어난다. 남한산성 인근에 주둔하던 6천 명의 청군이 곤지암 근처에서 남한산성을 구원하러 온 조선군을 정찰하기 위해 약 330여 명의 기마 척후병을 보냈다. 조선군은 목책에 다다른 이를 발견하고 조총 사격으로 물리친다. 그러나 당시 대부분은 아직 조총에 숙련되지 못해 휴대한 탄환들을 거의 다 소진해 버렸고, 탄환 재보급을 요청하는 혼란이 야기되었다. 이 모습을 지켜보던 청군이 목책을 넘어 급습하였고, 이에 놀란 조선군은 조총을 내던지고 무질서하게 도주하는 과정에서 자기들끼리 밟고 밟혀 죽는 참극이 벌어진 것이다. 물론 당시의 국방 체계상 제대로 된 훈련을 받지 못한 병사들로 급박하게 구성되었고 장수와 병사들의 혼연일체는 기대할 수 없는 상황이었다. 사격 통제도 안 되었으며, 그저 내 앞으로 적이 오지 말라고 그 귀한 총을 쏘아대는 형국이었으니…

　임금을 구한다는 신념으로 가득 찬 장수는 패전의 책임을 지고 자결까지 할 정도였으나 병사들은 그저 살기 위해 싸운 것이었다. 상하동욕자승(上下同欲者勝)이 아니라 머리와 몸이 따로 노는 꼴이었다. 근위축성 측색 경화증, 즉 근육마비와 거의 같은 경우이다. 지휘관은 나라를 구한다는 굳은 의지가 있었으나 부하 병사들이 보인 집단 발작 현상은 마치 '근육마비 환자와 똑같다'라고 하면 과한 비약일까? 두뇌, 장수는 목숨을 바쳐서라도 나라를 구하겠다는 의지가 있었으나 이를 행할 병사들은 따로 놀았다. 그저 살기 위한 무질서한 몸부림만 친 것이다. 손, 발이 꼬여 버린 것이다.

과거에만 그런 것은 아니다. 6·25전쟁 때도 있었다.

현리 전투는 1951년 5월 16일~5월 22일 동안 강원도 인제군 기린면 현리에서 벌어진 전투이다. 중공군의 춘계공세에 맞서던 3군단이 중공군 1개 중대(100여 명)가 오마치고개를 점령했다는 소식을 듣고 군단장은 군단을 버리고 항공기편으로 혼자서 "작전회의에 참석한다."라고 둘러대고 도망간다. 이후 군단은 지휘 통제가 불가능한 Panic 상태, 전 장병이 공황에 싸여 와해된 상황이 되었으며, 사단장들을 비롯한 전 지휘관들이 지휘를 포기하고 계급장을 제거한 후 무질서한 도피를 시작했다고 한다.

결국 현리에서 3군단 예하 3사단, 9사단 병력 1만 9천여 명이 희생됐고, 병력의 40%가량만 복귀했으며, 소총을 제외한 거의 모든 무기는 버리다시피 빼앗겼다.

'상하동욕자승(上下同欲者勝)'이 이루어지기는 했는데 그 원하는 것이 승리가 아니라 본능에 충실하게 저마다 살겠다고 하다가 살육당한 것이다.

상하가 동욕을 해도 제대로 해야 한다!

단결(團結)

단결은 '많은 사람이 마음과 힘을 한데 뭉침'이라는 사전적 의미이고 반대말로는 분열(分裂)이다.

상하동욕자승(上下同欲者勝)이라는 말을 보거나 읽거나 듣게 되면 제일 먼저 떠오르는 단어이다. 이는 '군인의 지위 및 복무에 관한 기본법' 시행령 제2조 군인의 기본정신에 군기, 사기, 교육훈련과 함께 나온다.

'전쟁의 승리는 오직 단결된 힘에 의하여 얻을 수 있고 단결의 요체는 전원이 한 마음 한 뜻으로 뭉쳐 상호 이해를 바탕으로 공동의 목표를 달성하기 위해 모든 역량을 통합 집중하는 데 있다. 지휘관을 중심으로 굳게 단결하여야 한다.'

단결의 목적은 '승리'라고 분명히 명시하고 있다. '상하동욕자승'의 목적을 분명히 하고 있으며 달성을 위한 목표, 실천방법 등을 자세하게 제시하고 있다.

'군인의 지위 및 복무에 관한 기본법'의 근간은 과거 '군인복무규율'이다. 현재 대부분의 영관급, 중사급 이상 간부들은 필수 휴대 품목으로 군복 착용 시 지참하고 다녔고 가끔 숙지 상태를 시험을 통해 평가받은 경험이 있다.

얼마나 실천이 안 되었으면 규정에 명시하고 지참하는 것도 부족해서 시험까지 보게 하겠는가? 지금 생각해 보면 말도 안 되는 일이 과거에는 당연하게 받아들여지는 일이 한둘은 아닐 것이다.

약 30년 전 사관학교 입교 전 기초 군사훈련 기간에 자행(?) 되고 당했던 일이 떠오른다. 미군에서는 이 훈련을 animal training이라고 불렀다. 이 훈련이 끝나고 정식 육사생도가 되고 난 후 선배들이 그 훈련을 '짐승 길들이기'라 부른다는 사실을 알게 되었다.

부모 품에서 응석 부리며 공부만 하던 아직은 앳된 고등학교 3학년들을 군인으로, 그것도 조국 근대화의 주역이던 선배들의 전통을 계승 발전시키고, 국가방위의 주역이자 지도층으로 성장해야 할 후배들이었으니 충분히 그럴 수 있었을 것이다. 더군다나 '호국간성의 요람'이라 자부하던 전통을 이어 받아야 할 후배를 만드는 첫 단계라는 분위기였다. 이는 마치 야생 짐승, 늑대소년을 데려다 가문을 이을 대상으로 적응시키는 것에 비유해도 될는지…

이 훈련 과정은 어색한 짧은 머리, 생전 처음 입어보는 민무늬 전투복, 무거우며 걸을 때마다 뒷굽에서 마찰이 일어나는 전투화, 음식을 흘릴 수밖에 없게 하는 직각 식사, 무수한 얼차려 등 낯선 환경에 적응하느라 매일매일, 매 순간순간이 긴장의 연속이던 때였다. 이러면 밥이라도 편하게 먹게 해 주어야 할 건데 이해도 안 되는 생소한 단어들로 구성된 딱딱한 글들을 암기해서 말하게 했다.

그중에는 위에서 설명한 '단결'에 관한 내용도 있었다. 밥 먹다 말고 암송하고 버벅거리거나 틀리면 다시 하고 거의 세뇌 수준이랄까? 군인의 기본 정신 중 '단결'을 외우고 또 외워야 밥이라도 편하게 먹을 수 있었다.

이처럼 단결의 중요성에 대한 교육을 신념화, 내면화될 정도로 받은 고위 리더들이 부대원들과 심신과 정신이 분리되어 있다는 사례들을 접할 때 '사실일까?'하는 의심과 함께 안타까움을 느끼는 것은 당연할 것이다.

사기 '손자오기열전'에 오기장군의 이야기가 나온다. 그는 장수가 되자 병사들과 똑같이 옷을 입고 밥을 먹었다. 잠을 잘 때에도 자리를 깔지 못하게 하고, 자기가 먹을 식량은 직접 가지고 다녔다.

한 번은 종기 난 병사의 고름을 빨아 주었다. 그 어머니가 그 소식을 듣고는 소리 내어 슬프게 울었다. 그 까닭을 물으니 '예전에 장군이 애 아버지의 종기를 빨아 준 적이 있는데 그 사람은 자기 몸을 돌보지 않고 장군을 위해 용감히 싸우다가 적진에서 죽고 말았습니다. 이제 자식의 종기를 빨아 주었으니 이 아이도 어느 때 어디서 죽게 될지 모릅니다.'라 말했다고 한다.

이와 연관되어 연저지인(吮疽之仁)라는 고사 성어가 있다. '종기를 빠는 인자함'이란 뜻이지만 오기가 평소 목적을 위해서는 수단과 방법을 가리지 않았으며 이 또한 '계산에 따른 행위'였다는 것이다. 직접 오기의 대답을 들을 수 없으니 알 수는 없으나 후세에 기록한 비판적인 이의 의견일 수도 있을 것 같다. 왜냐하면 당시 오기가 살던 마을에서는 "오기 좀 본받거라!"라는 잔소리가 많았다 한다.

당시 엄친아였던 것이다. 사람이 그 속마음, 본심을 숨기고 계산된 언행을 하더라도 평생을 일관되게 연극을 하다 간다면 그것 자체가 진정한 그의 인격이 아닐까? 스스로의 욕망, 인간으로서의 어쩔 수 없는 본성을 억제하며 선한 영향력을 남겼다면 이 또한 칭송받아 부족함이 없을 것이다. 목적이 어찌 되었건 부하들이 그 지휘관을 믿고 목숨을 바치게끔 했다는 것은 대단한 것이다. 특히, 본인의 목숨과 인간으로서의 본능적 욕구를 억제하며 부하들과 24시간 같이한다는 것은 현실 속에서 얼마나 어려운지 안 해 본 사람은 모를 것이다.

설령 어떠한 목적이 있더라도 이를 실천하고 전장에서 승리할 수 있다면 위대한 장군이라 부르기에 전혀 부족함이 없는 것이라 확신한다.

우리에게도 '군인으로서의 본분을 다하기 위해 비록 스스로를 속인다 할지라도 부하들과 하나 되는 리더'가 있다면, 그 목적을 부하들이 자발적으로 따르게 할 수 있다면, 진정한 의미의 단결을 이루어낼 수 있다면.

상하동욕자승(上下同欲者勝)!
사랑을 함께하는 상하 = 단결의 완성.
이를 현실에서 이루어낸 리더는 외롭지 않다.

어영부영하다 사라질라…

　공룡은 왜 멸종했을까? 여러 학설이 있지만 가장 확실한 것은 '어영부영하다 사라졌다'는 것이다. 공룡은 한때 이 지구를 주름잡던 지배자였다. 약 6,500만 년 전 쥐라기에서 백악기에 걸쳐 번영을 누렸던 공룡이 갑자기 멸종하게 된 까닭은 무엇일까? 그 수많은 사람들의 호기심의 대상으로 연구에 연구를 거듭해 왔으나 확인된 것은 없고 가설만 분분하다. 그러나 한 가지 확실한 것은 현재 공룡은 지구상에 존재하지 않고 어떤 이유인지는 모르지만 멸종했다는 것은 분명한 사실이다. 여러 학설 중 그나마 유력한 것들도 꽤 있다.

　첫째, '운석 충돌설'이다. 운석이 충돌하여 지구가 폭발하고 그 영향으로 공룡들이 사라지게 되었다는 것이다.
　둘째, '화산 폭발설'로 백악기의 끝 무렵 화산 폭발로 연기가 태양을 가렸고 공기 중의 이산화탄소의 양의 증가, 기온 상승으로 식물은 말라서 죽고 결국에는 초식 공룡이 다 죽으면서 육식 공룡까지 사라지게 되었다는 것이다.
　셋째, '우주 방사선설'로 백악기 말기에 가까운 거리에 있던 혹성이 폭발하면서 방사선 비가 내리게 되어 그 영향으로 사라지게 되었다는 것이다.
　넷째, '포유류의 알 도둑설'이다. 포유류들이 사냥보다 공룡 알을 훔쳐 먹으며 순식간에 번창하게 되었으나 공룡들은 쥐만한 포유류들이 너무 작아 잡을 수도 없었고 결국에는 지구상에서 사라지게 되었다는 것이다.

그 외에도 환경 변화로 인한 '스트레스 멸종설', 자기들끼리 서로 잡아먹다가 씨가 말랐다는 '동족 상잔설', '공룡 불임설' 등 수도 없는 멸종의 원인설이 난무한다.

그러나 가장 유력한 설이 곧 대두될 것이라는 소식이 있다. '어영부영설'로 생존에 두려울 것이 없던 공룡들이 변하는 자연환경, 생태계 등의 변화에 적응하지 않고 어영부영하다 멸종되었다는 것이다. 사전적으로는 어영부영이란 '적극성이 없이 아무렇게나 어물어물 세월을 보내는 모양을 나타내는 말'이라 정의된다. 실제 우리 주변에서도 흔히들 어떤 일을 할 때 대충대충 하며 변화하는 상황에 공세적으로 적응하지 않고 무의미하게 시간을 보내는 모습을 보면 어영부영하지 말라는 말을 한다.

'어영부영'이란 말은 사실 조선시대 군영(軍營)인 어영청(御營廳)에서 나온 말이다. 초기에는 군대로서 기강이 엄격한 정예부대였다. 그러나 정묘호란, 병자호란 이후 어영부영하다가 점점 군율이 문란해지고 재정난까지 겹치면서 점차 기강이 흐트러지게 되었다.

결국 오합지졸(烏合之卒) 군대가 되면서 이를 본 사람들이 어영청은 군대도 아니라는 뜻으로 '어영비영(御營非營)'이라고 비아냥대기 시작했고 이후 어영비영이 뒤에 의미가 불분명하게 되고 편하게 발음하다 보니 어영부영으로 바뀌었다는 것이다. 결국 고종 때는 어영청을 비롯한 군대의 군기가 문란하고 무기도 부족하고 쌓아 두었던 무기도 태반이 녹슬어 도저히 싸울 수 있는 수준이 안 되는 지경에 이르렀다. 일반 백성 누가 보아도 군대인지 알 수 없을 정도까지 이르게 된다. 1881년 신식 군대인 별기군이 조직되고 구식 군대인 어영부영군은 1882년 임오군란까지 일으켰으나 그것도 어영부영하다 종국에 강제로 해산되어 역사 속에서 사라져버리는 신세가 된다.

이런 어영부영이란 말은 공룡이나 조직에만 해당되는 것은 아니다. 주변 사람들에게서도 어렵지 않게 찾아볼 수 있고 그들의 공통점도 쉽게 정리할 수 있다. 그들이 하는 일은 통상 결과가 이미 정해져 있거나 어떤 결과가 나오든 관심이 없는 경우 등일 것이다.

이런 태도는 비생산적 집단에서 많이 나타난다. 특히, 공무원이나 군대 등에서 다음 보직이나 승진이 거의 확실하다고 보이는 잘못된 사람들이 현행 업무에 집중하지 않고 시간만 채우려는 모습을 보인다고 한다. 왜? 가만히 있어도 원하는 것을 얻을 수 있다는 믿음이 있기 때문이다. 어떤 고위직에 있었던 사람이 주어진 일의 본질을 추구하지 않은 채 조직을 운영하다가 좌천되었다. 물론 부적절한 처신이 결정적 원인이 되었다고 하는 소문이 있었으나 그 본질은 긴장하지 않은 채 어영부영했기 때문으로 보인다.

실제 현실에 충실하지 않고 스스로 해야 할 결정도 하지 않고 부하들에게 지시하지 않는다는 등 말도 안 되는 과신, 무책임한 인기 영합식 지휘와 처신을 해 오던 터였다. 뭔가 일이 잘못되어도 후속 조치의 방향에 대한 지침도 제시하지 않았다. 부하들의 의견을 듣는 답시고 이리저리 시간만 끌며 원하는 대답이 나올 때까지 '답정너' 질문을 하는 버릇도 있어 보였다. 그러다 뜻밖의 결과에 대해서는 부하들 탓으로 돌리는 등 안타까운 모습들이 보였다. 이런 것 때문일까? 일부 분별 있는 부하들은 이중적인 스탠스를 유지할 수밖에 없었다. 겉으로는 리더의 불행에 안타까운 척하면서도 너무 방심하고 안일했다고 평가하기도 하였다.

아침 귀한 시간에 지력 단련이라는 명분으로 단체로 책을 보거나 부하들에게는 대외 부서나 기관에 예산이나 위문금을 협조하는 것을 가지고 평가를 하겠다는 등 부적절한 가벼운 언사를 아무렇지도 않게 하였다. 그 외에도 예하부대 현장 확인과 지도는 게을리 하는 등 어영부영의 극치였다. 심지어 부하들의 진급 관련해서 위반하는 지시도 했다. 말 잘 듣는 한 부하를 1박 2일로 출장을 보내어 인사비밀을 알아오게도 하였다. 그 부하는 출장을 다녀온 후 공개적인 장소에서 자신의 정보력을 자랑까지 하였다.

그런 중에 예하부대 현장에서 조직의 본질을 놓치는 사건이 발생하였다. 더욱 놀랄 일은 자신의 책임 범위였는데도 불구하고 이에 대한 책임 언급이 안 되는 것 같으니 반성도 안했다는 것이다. 부하가 궁지에 몰렸는데도… 자신에게 직접적인 책임 추궁이 없는 듯하니 남의 일처럼 여기는 듯 했다.

이처럼 안일한 태도는 결국 겉잡을 수없는 사태가 발생하게 된 직접적인 원인이 되었다. 그토록 무시하던 하위 구성원들까지 지금 '회식은 때가 아니다'는 말을 할 정도의 시기였는데도 음주가 곁들여진 단체 회식까지 하였다. 몇몇의 올바른 건의는 묵살되고, 결국에는 조직 외부로 이 사실이 알려지고 국민의 공분을 일으키며 직위를 박탈당하는 지경까지 이르게 되었다. 어영부영하는 사람들은 사람 볼 줄도, 옳은 말을 들을 줄도 모르는 듯하다. 여하간 그는 어영부영하다 결국 그 조직에서 사라지게 된 것이다.

    어영부영 살지 말자!
    호수에 우아하게 떠 있는 백조도 물속에서는 최선을 다해 발길질을 하고 있음을 잊지 말자.
    어영부영 살다 보면 어영부영 후회할 수밖에 없는 날이 어영부영 찾아온다.

규정대로 할 것

 군에서 '규정대로 해'라는 말은 그 빈도가 손가락으로 꼽을 수 없을 정도로 자주 많이 듣는 말이다. '규정대로 해! 규정대로 할 것!' 민간 조직 사회에서는 '법대로 하자!' 참 많이 듣고 하는 말이다. 이런 말을 하는 상황은 어떤 경우가 되었더라도 썩 좋지 않았던 것으로 기억된다.

 법(法)은 일반적으로 '질서를 유지하고 사회가 유지되기 위해 정의를 실현함을 직접 목적으로 하는 국가의 강제력을 수반하는 사회적 규범 또는 관습'이라고 정의된다. 인류의 공동체 생활에서 사회를 유지하고 통제하는 하나의 수단인 것이다. 규정(規定)은 '규칙으로 정함 또는 그 정하여 놓은 것'으로 정의된다. 법이나 규정은 삶을 살아가는 사회, 조직체에서 각 개체, 작은 조직 간에 불필요한 마찰을 최소화하거나 없애기 위해 존재하는 것이다. 특히, 군내에서 규정이란 단어는 하루에도 최소 몇 번씩 듣게 되는 단어이다. 육해공군은 공통적으로 각 군의 그 특성에 맞게 각 군 규정을 두고 있으며, 그 상위에는 행정규칙(부령), 시행규칙(총리령), 시행령(대통령령), 법률, 헌법 등이 있다. 이러한 규정의 종착점은 결국 헌법이다.

 헌법은 우리 국민 모두의 일거수일투족에 영향을 미친다는 것을 누구나 알고 있다. 그 중에서도 군 조직은 거의 모든 것을 규정으로 정리해 두고 따르도록 세부적으로 명시까지 해 두었다. 만약 군에 처음 온 신병이나 임관한 지 얼마 되지 않은 장교, 부사관 등 간부들이라면 병영생활규정을 한 번 읽어보고 따르기만 하면 모범적인 장병으로 인정받는 데 최고일 것이다. 단, 인간미는 조금 떨어진다는 주변 소리를 듣게 될지라도…

군인은 출근 후부터 시작되는 각종 일과, 심지어 퇴근 또는 일과 후 생활에서도 규정의 적용을 받는다.
일과는 기상부터 점호, 일과(교육훈련, 근무, 병영생활 등), 취침까지를 포함한다. 출퇴근을 하는 간부들은 부대 밖에서도 상급자에게는 경례를 해야 하며, 높임말을 하고, 민간인에게도 예절을 지키며 친절하게 겸손한 언어와 태도로 대하며 유언비어도 유포해서는 안 되게 되어 있다. 심지어 대화 간에도 표준어를 원칙으로 간단명료하게 하도록 하고 있다. 참 어렵다.
이렇게 살면 어떨까? 모든 것을 규정대로만 한다면 인간미는 어떻게 느낄 수 있을까? 과거로부터 군에서 전해지는 규정을 지키지 않은 이야기들이 떠오른다. 지금의 시각으로는 믿거나 말거나인데…
어찌 보면 인간 본성을 따른 것으로 여겨지며 허구가 과장되고 확대되어 구전되는 사례들일 것으로 여겨진다.

아주 오래전 한 대위의 경계작전 책임 지역 내에는 6·25전쟁 전까지 김일성이 애용했던 별장, 전쟁 후 이승만 대통령, 그의 아들 이기붕의 별장 등이 있는 곳이었다 한다.
경계작전부대는 지금도 면회만 제한적으로 허가된다고 한다. 그러나 그 당시는 면회조차도 금지되었다. 그런데 중대장은 여자 친구의 면회와 외박을 승인했다. 그리고 지역 내 이장에게 이야기하여 민박집까지 알아봐 주고 작전용 지프차에 태워 보내기까지 했다고 한다. 그 배신의 용사는 다음 날 여자 친구와 함께 탈영하여 복귀하지 않았다.

물론 그 복귀해야 할 다음 날 체포되어 기소까지 되고 대대 내에서 소속도 변경되었다. 그런데 염치도 없게 그 중대장에게 다시 원 소속 중대로 오고 싶다나?

어느 날 그 청년 대위가 매주 있는 회의 때문에 대대에 갔다가 기다리고 있던 그 병사를 만났다고 한다. 그가 찾아와 '다시 중대로 가고 싶습니다.'라며 받아달라고 하자 '당신과 나의 인연은 여기까지요, 앞으로 잘 사시오'라고 답해 주었다고 한다.

신의를 저버리는 사람과 인연을 이어가는 것은 감정의 사치일 것이다. 인간은 신이 아니며 한 번 속으면 순진하거나 실수이지만 두 번 속으면 바보고 세 번 속으면? 한 번 신의를 저버리는 사람은 또 그럴 것이다. 이럴 때는 그저 '규정대로 하는 것'이 최선임을 깨달았다고 한다. 좀 수업료가 비싼 편인가?

또 다른 예비역 한 분에게서도 규정 대신 신의를 선택한 이야기를 들은 적이 있다. 당시는 토요일 오전까지 일과가 있던 때였다. 초급장교들도 외박을 하려면 대대장의 승인이 필요했었다. 한 중위가 서울에서 여자 친구가 왔다며 중대장에게 외박을 건의하고 다음 날 출근하겠다.'고 하여 승인해 주었다고 한다. 그리고 중대장은 기다렸다.

중위가 복귀했다는 보고를…

그러다 밤늦게 전화가 와서 '중대장님! 내일도 추가 외박을 허락해 주시면 같이 있다 보내고 내일 복귀하겠습니다.', '그래 알았다!' 한마디로 승인하고 책임을 감수하기 시작했다. 토요일 오전만 잘 넘어가기를 바랄 수밖에 없었다. 한편으로는 사랑에 눈먼 사람에게 무슨 말이 통할까? 내가 책임만 지면 되지! 주말을 믿음에 대한 벌을 받으며 기다렸다고 한다. 결국 무사히 그 중위는 부대로 복귀하고 모범적으로 군 생활을 하다가 전역까지 잘 했다고 한다.

아이러니한 것은 지금의 아내는 그 당시 여성이 아니라 한다. 인생은 조금만 기다리거나 인내하면 새옹지마라는 말을 자기 입으로 할 수 있는 기회가 온다. 다행이다. 그게 인연이 되어 그 중대장과 소대장은 지금도 평생 전우로 지낸다고 한다.

사람 잘 보아야 한다. 사람이 아니면 짐승인가?
배은망덕(背恩忘德), 인면수심(人面獸心)이 떠오른다. 은혜를 원수로 갚으면 짐승과 뭐가 다르겠는가? 받은 은혜를 저버리고 도리어 배반한다는 말은 무엇인가?

법, 규정 등도 사람이 만들었다. 그러므로 이 두 가지는 사람들 사이에 지켜져야 하는 것이다. 사람이 아닌 것들에게 무리한 요구를 해서는 안 된다. 그리고 불가피하게 법과 규정을 못 지킬 경우에는 책임을 져야 한다. 혹 규정을 어길 경우라도 그 대상이 사람인지 보아야 하고 타인에게 피해를 주어서는 안 될 것이다.

사실 법이나 규정을 지키며 사는 것이 가장 편하다. 주차 요금 아끼려다 딱지 끊기면 몇 십 배 더 벌금을 내야 하고, 대리비 아끼려다가 백 배 또는 수백 배 더 돈을 낭비하는 것과도 같은 이치이다.

군에서는 특히, 규정대로 하는 것이 최선이다. 편하면서도 인정받으며 살 수 있는 길이다. 그러니 군에서는 '규정대로 하자'는 말을 입에 붙이고 사는 것이다. 그 의미는 '편하게 살자'의 또 다른 표현일 뿐이다. 사람 사는 세상에 나름대로 규칙을 만들어 좀 더 살기 좋은 세상을 만들자는 건데, 어떨 때는 정반대의 결과가 나오니 참 아이러니이다. 역시 인간이 만든 것은 무엇이든지 완벽할 수 없는가 보다!

미꾸라지 한 마리가 물을 흐린다

'미꾸라지 한 마리가 물을 흐린다.'는 말을 많이들 한다. 한 사람 때문에 그가 속한 단체나 조직 등이 엉망이 된다는 뜻이다. 안정적이고 평온한 환경이었는데 외부로부터 새로 들어온 한 사람이 기존의 것을 망칠 때 많이들 하는 말이다. 혹은 한 개인이 조직의 룰을 지키지 않아, 잘 하고 있는 조직원 다수가 기강이 해이해져 마치 그 조직이 심각한 문제가 있는 것처럼 비춰질 때일 것이다. 군대에서도 사회와 크게 다르지 않는 일들이 일어난다. 부대가 잘 지휘되다가 지휘관이나 주요 직위자 한 명이 바뀌어 문제가 발생되거나 내부 갈등과 마찰이 빈번하게 일어나기 시작하면 이와 같은 표현들이 스멀스멀 들리게 된다.

'병력 하나 잘못 받았다'라며 그 지휘관이나 핵심 위치에 있는 높은 사람을 비하하기도 한다. 어찌 보면 비하가 아니라 실제 현상, 나타나는 결과를 있는 그대로 표현한 경우가 있는 것도 사실이다. 이렇게 부대 분위기가 흐려지는 경우에 그 병력 하나가 미꾸라지 한 마리가 된다. 이런 표현은 암암리에 나름 조심해서 끼리끼리만 한다. 하지만 그 정도가 심할 때는 공공연하게 드러내 표현하기도 한다. 그 중요한 사람이 미꾸라지와 같은 취급을 받게 되는 것이다. 그런 사람이야 자기의 그릇된 판단, 결심, 부적절한 언행, 처신 등으로 그런 취급을 받으니 뭐라 말을 할수는 없을 것이다. 그런데 만약 이런 말을 미꾸라지가 듣게 된다면 많이 억울할 것이다. 그에게는 모르는 게 약이 되겠지만… 팩트만 놓고 보면 우리의 무지와 잘못 인식된 지식으로 미꾸라지가 그릇된 취급을 받고 있는 것이다. 미꾸라지는 우리가 보양식으로 즐겨 먹는 추어탕의 재료이고 친환경 농사에도 이용되어 그들이 사는 논에서 수확한 쌀은 훨씬 비싸 농가에 큰 소득이 되기도 한다. 여름철에는 모기의 알들을 먹음으로써 막무가내 번식도 막아주는 고마운 존재이다. 그런데 근거도 없는 이상한 말이 왜 공공연하게 사용되는 걸까? 미꾸라지가 귀라도 있어서 본인을 비하하는 이런 막말에 따지고 든다면 뭐라 할까?

사실 미꾸라지는 이런 취급을 받으면 안 된다. 몸길이가 비록 10~20cm로 가늘고 부실하고 주둥이는 길고 입도 제자리가 아니라 아래쪽에 붙어 있다. 거기다가 주변에 다섯 쌍의 수염 등 좀 특이하게 생기긴 했다. 하지만 속담처럼 물을 흐리는 것을 즐겨 하지는 않는다. 더하여 아무 이유 없이 그렇게 하지도 않는다. 마치 더러운 물, 웅덩이, 논 같은 데서만 사는 것으로 오해도 받고 있지만 그것은 사실이 아니다. 또한 더러운 물을 좋아하지도 않는다. 사람이 그냥 마실 수 있는 1급수에서도 산다. 단지 생명력이 강해 흙탕물, 진흙탕, 논, 개울, 강바닥, 심지어 웅덩이 등 4급수 이상에서도 생존을 위해 잘 살기는 할 뿐이다. 단지 먹이를 찾기 위해 물속 바닥을 파헤쳐 흙탕물을 일으키기 때문에 오해를 받지만 에틸렌을 내보내 옆에 있는 다른 과일들을 썩게 하는 사과와는 다르다. 물을 맑게 하고 진흙 속의 유기물과 곤충, 모기, 잎사귀 조각, 실지렁이 등을 먹으며 인간에게 도움이 되는 물고기이다.

남녀 구분 없는 스태미나 음식이며 옛날부터 정력에 좋다고 알려져 있었다 한다. 특히 논농사나 궂은일을 하던 하인, 소작농들이 주로 먹었고 양반들도 정력에 좋다며 낮에는 못 본 척을 하지만 밤이 되면 몰래 먹던 재미있는 음식이라 한다. 정력, 성에 관련해서 우리나라는 참 이중적인 면이 있는 것 같다. 이처럼 인간에게 고마운 일을 함에도 또 하나의 낙인이 있다. 죄를 짓거나 어려운 일, 벌받을 처지에서 요리조리 잘 빠져 나가는 사람을 '미꾸라지 같은 놈'이라고들 한다.

이는 피부에 있는 뮤신(mucin)이라는 단백질 점액의 점성을 주는 물질 탓인데 탄수화물 코팅에 의해 둘러 싸여졌다고 한다. 이것 때문에 주변의 진흙 등을 흡착해 흐린 물도 맑게 하는데…

혹 미꾸라지를 욕하거나 비하하는 것이 본래 흐린 물에 있는 다수의 사람들이 지어낸 말, 목소리가 큰 사람들이 그 집단에서 가지고 있던 기득권의 유지나 확대 또는 올바름으로 변하는 것을 생리적으로 못마땅하게 생각하는 사람들이 지어낸 것은 아닐까?

예를 들면 단기복무 장교들이 집중 교체되는 직후 부대에서는 이들과 병사들의 불협화음들이 자주 발견되기도 한다. 새로이 교육을 받고 기존과 다른 신선한 시각을 가진 새로운 지휘자들이 배운 대로 FM대로 지휘하기 때문에 주로 발생한다. 그 원인은 기존 문화나 습성에 젖어 있는 부하들과 가까워지지 않은 채 잔소리로 들리는 옳은 말(FM)만 하기 때문이다. '몸에 좋은 약은 입에 쓰다', '가까운 사이 일지라도 충고는 신중히'라는 격언을 그들에게 충분히 알려 주어야 하는 것이다. 이러한 현상의 원인은 옳고 그름을 떠나 편해지는 것을 선호하고 이미 적응된 곳의 환경 변화를 거부하려는 인간의 특성에서 찾을 수 있다. 또한 사람이 매사 초심을 가지고 끝까지 초지일관하기도 쉽지 않다. 특히, 전역을 하며 새로운 세상으로 가야 한다는 부담감을 안고 있는 초급장교들에게 끝까지 초심을 요구하는 것은 무리일 것이다. 최근에는 장기 복무를 희망하는 수도 많은데 여기서 선발되지 못한 이들에게는 말해서 무엇 하겠는가? 정해진 임기의 끝으로 갈수록 타성에 젖거나 안일한 매너리즘에 어느 정도 빠지는 것은 인지상정일 것이다. 뭐든지 원칙대로 하면 불편해지고 몸이 피곤해지는 것은 당연한 일이다. 그 적응 기간만 지나면 전보다 더 편해지는 것을 모르는 것이다. 마치 흐린 웅덩이 속에서 물을 맑게 하려고 초임 소위들이 노력하면서도 부하들에게 미꾸라지라는 시선을 받는 것도 충분히 발생할 수 있는 현상이다. 그들에게는 먼저 부하들과 친해져야 한다는 것을 알려줘야 한다.

위 두 사례는 같은 듯 다르다. 동일하게 미꾸라지 취급을 받더라도 자신이 있는 물을 맑게 하기 위한 것이라면 더 응원해야 할 것이다. 그러나 개인의 욕심을 채우기 위해 기존의 것을 무조건 부정하면서 자신의 선명성만을 부각하려 해서는 안 될 것이다. 미꾸라지가 웅덩이에 흙탕물을 일으키는 것은 밑바닥에 깔린 흙 밑에 숨은 잔재들을 파헤쳐 먹어 치우는 것이다. 이런 것이라도 없으면 웅덩이는 돌이킬 수 없는 오염으로 모기나 해충 외에는 아무것도 살 수 없게 될 것이다. 흙탕물이 일어나는 웅덩이는 아직 깨끗하고 그래도 살만한 곳이다. 단지 그 흙탕물이 웅덩이가 감당할 수 있는 수준이기만을 바라고 다시 맑아지기만을 바란다. 이처럼 조직 내에 서로의 입장이 달라 마치 물을 흐리는 것처럼 비춰지는 경우 미꾸라지 취급을 당하거나, 미꾸라지라고 누군가를 몰아붙이는 것은 보는 관점에 따라 이해할 수 있다. 하지만 한 사람의 일탈로 인해 조직 전체가 욕을 먹게 되는 경우는 그 조직에 속한 다른 이들은 억울하지 않을 수 없을 것이다. 아무리 규칙이 엄격하고 철저하게 관리되고 있다 할지라도 한 개인의 부도덕적인 행동이나 순간의 일탈로 조직

전체가 문제가 있어 보이는 현상은 매우 흔한 일이다.

특히 조직의 기강이 무엇보다 중요한 군대에서 병사, 혹은 간부가 휴가 시 음주운전이나, 탈영, 폭행 등 사건들이 언론을 통해 보도될 때마다 군대 전체가 문제가 있는 것처럼 이슈가 되기도 한다. 비록 한 두 사람의 일탈이라 할지라도 조직의 관리 소홀 책임을 벗어날 수 없기 때문에 사실 입이 열 개라도 할 말은 없다. 이처럼 크든 작든 조직에 속한 이는 자신의 행동이 미칠 파장을 염두에 두어야 한다. 자칫 미꾸라지가 되어 맑은 물을 흐려서는 안 된다. 선량한 다수의 이미지나 명예를 훼손하는 일이 없도록 매사를 생각하는 책임감이 무엇보다 중요할 것이다.

미꾸라지 한 마리가 물을 흐린다.
(一魚濁水, 한 일, 물고기 어, 흐릴 탁, 물 수)
적어도 내가 속한 곳에서 물은 흐리지 말자!

당나라 군대! 무슨 뜻인지 알고 말하자

'군군 신신 부부 자자(君君, 臣臣, 父父, 子子)' 논어에 나오며 '임금은 임금다워야 하고 신하는 신하다워야 하고, 아비는 아비다워야 하고 아들은 아들다워야 한다.'는 뜻이다.

그렇다면 '~는 ~다워야 한다.'라는 말의 기준, 근거는 무엇인가? 말하는 사람 마음에 안 들면 하는 말인가? 그저 몇 명의 의견이 그렇다면 그런 것인가? 그들은 그 기준을 제시할 수 있는가?

주변에서 이런 투의 말이나 글들을 보면 그런 말을 하게 된 배경은 있으나 기준을 제시하는 것은 발견하지 못했다. 특히, '군대가 아니다, 당나라 군대다, 오합지졸이다, 개판이다, 개판 5분 전이다, 군기가 빠졌다' 등등…

뭘 제대로 알고나 하는 말인지 묻고 싶다. 어떻게 해야 '군대다운 군대가 되는지? 그 모습은 어떤 것인지? 생각해 보아야 할 것이다. 분명 객관적인 비교 대상도 있어야 하고 구체적인 목표도 있어야 한다. 관조적 이상향만 제시하는 성리학이나 과거 수백 수천 년도 훨씬 전 이야기, 죽은 이들의 뜬구름 잡는 소리를 반복하는 것은 아닌지 의문이 든다.

'학생은 학생다워야 한다.'라고 했을 때 학생다운 것은 무엇인가?
과거 어느 시점의 학생이 준수해야 할 규칙을 기준으로 학생다움을 정의할 것인가? 조선시대, 6·25전쟁 전, 1970년대 산업화 시대, 1980년대, 1990년대 등 학생들이 지켜야 할 교칙, 사회적 규범들도 변하여 왔다.

예를 들어 현재 오피니언들의 주류 연령대를 기준으로 삼는다면 1980년대는 교복을 입다가 자율화되었고 두발은 스포츠형, 제과점, 레스토랑 같은 곳은 출입이 금지되었으며, 미팅 같은 것도 못하게 하였다. 그럼에도 불구하고 어떤 레스토랑을 몇 시간 빌려 인근 남녀 학생들에게 티켓을 만들어 팔아 이성 교제의 장으로 활용하기도 하였다. 그러나 이런 것들은 현재의 시점에서는 어떻게 보아야 하는가?

학교폭력은 지금도 그때도 금지된 것이고 공부는 그때나 지금이나 학생 본분으로서의 자리는 변함이 없다. 요약해 보면 학생의 본분은 교칙을 잘 지키며 공부를 열심히 하는 것이다.

그렇다면 '군대다운 군대'는 어떤 것인가? 과거나 지금이나 변하지 않는 것? 싸워 이기는 것, 국민을 보호하는 것, 이를 위해 훈련하는 것이다. 과거에도 있었고 지금도 있는 병영 부조리, 자살, 탈영 등과 과거보다 줄어든 폭언 폭설, 인격모독 등도 있을 것이다. 여군, 여군무원 등 여성인력이 없거나 아주 소수였던 과거와 요사이는 성 관련 사건이 성 교육과 성 인지력의 향상에 따라 통계적으로 증가하는 경향도 있다. 일과 후 핸드폰 사용이나 평일 외출 등은 시대상을 반영한 것인데 이를 두고 기강이 문란해졌다고 하는 것은 '개구리 올챙이 시절 모른다.'고 하는 속담을 되새겨 볼 만하다. 특히, 군대에 구타가 없어지다 보니 '군기가 빠졌다'는 말을 들으면 입이 다물어지지 않는다. 그렇다고 지금 잘하고 있다는 것은 아니다. 하지만 국가 방위를 책임지며 최후의 보루인 군에 대해 기준도 모르고 아무렇게나 재단하는 행태는 대중들에게 익숙하지도 않는 아주 특이한 표현으로 나타난다.

당나라 군대

당나라 군대는 중국 당나라 시대의 군대를 의미하기도 하지만 우리에게는 군대를 비하할 때 또는 군인들끼리도 기강이 문란하거나 지휘체계가 무너졌을 때, 그 군인들이 군인 같지 않고 형편없을 때 자주 쓴다.

그러나 당나라 군대는 쇠퇴기를 제외하고 강군이었다. 나당 연합군으로 고구려도 멸망시킬 정도였다. 백제를 공격할 때는 중국 본토에서 한반도로 상륙작전을 할 정도였으며 중국 문화의 최전성기를 군사력으로 뒷받침한 강군이었다. 고구려 출신의 고선지 장군이 서역의 이슬람 국가들을 휩쓸며 비단길을 열었던 것도 당나라 때 일이다.

이 시기 일본은 선진 문물을 선도하는 당나라에 대한 환상이 싹텄고 이후 당나라가 중국을 가리키는 대명사로 굳어지게 되었다.

그러던 것이 1894년 청일전쟁에서 일본군이 압승한다. 그때 청나라 군은 군기도 문란했고 복장이나 전투력도 엉망이었다고 한다. 이를 계기로 일본에서는 당나라 군대라는 표현이 군대답지 않은 군대의 대명사처럼 사용되었다. 이후 광복이 되고 일본군에 차출되었던 군 출신들이 대거 우리 군에 들어오면서 자연스럽게 '당나라 군대 = 군대 같지 않은 군대' 이렇게 대명사처럼 쓰이게 된 것이라는 설이 가장 유력하다.

개판, 개판 5분 전

질서도 없고 기강도 흐트러지고 말도 많고 어수선한 군대 또는 부대를 보고 '개판 또는 개판 5분 전'이라 부른다. 개(改 고칠 개) 판(솥단지를 덮고 있던 나무)이 지금처럼 쓰이게 된 유래는 크게 두 가지이다. 첫째, 씨름 용어로 그 판을 무효로 하고 다시 한다는 뜻도 있다.

'犬 판'이 아니다. 씨름 경기 중 두 선수가 동시에 넘어져 서로 이겼다며 아수라장이 되어 다시 하라는 뜻의 '개판'으로 쓰이게 되었다. 또 다른 설은 6·25전쟁 당시 피난민들에게 밥을 나눠 주기 전에 미리 '개(開) 판'을 예고했다 '개판 5분 전'이란 '밥 배급 5분 전'이란 말이며 이때부터 몰려들어 온 사람들로 인해 말 그대로 개(犬) 판이 되었다는 데서 유래되었다고 전해진다.

오합지졸
(烏 까마귀 오, 合 합할 합, 之 어조사 지, 卒 군사 졸)
까마귀 무리처럼 어중이떠중이들이 모인 집단.

오합지중(烏合之衆)에서 나온 말로, 무리를 뜻하는 글자 중(衆) 대신에 군대의 비슷한 졸(卒)로 바뀌었으며 군 기강이 약한 군대 또는 목적이나 결속력이 약한 집단을 비아냥거릴 때 사용한다. 그런데 까마귀는 실제 어떨까? 이 사자성어의 주인공 까마귀는 상당히 똑똑하며 그저 몰려다니기만 하는 것은 아니다. 때로는 독수리를 단체로 공격하기도 한다. 까마귀는 새들 중에 지능이 높고 단체를 이루어 집단 전술을 발휘해 더 큰 적을 물리친다. 군이 본받아야 할 대상이다.

군기가 빠졌다! 군기란 무엇인가?
군인의 지위 및 복무에 관한 기본법 시행령 제2조(기본정신)에 명확히 명시되어 있다. '군기(軍紀)는 군대의 기율(紀律)이며 생명과 같다. 군기를 세우는 목적은 지휘체계를 확립하고 질서를 유지하며 일정한 방침에 일률적으로 따르게 하여 전투력을 보존·발휘하는 데 있다. 그러므로 군대는 항상 엄정한 군기를 세워야 한다. 군기를 세우는 으뜸은 법규와 명령에 대한 자발적인 준수와 복종이다. 따라서 군인은 정성을 다하여 상관에게 복종하고 법규와 명령을 지키는 습성을 길러야 한다.' 그런데 이상한 점이 있다. 군기를 설명하면서 '~~같다. 목적은 ~~있다. 그러니 ~~해라'는 식이다. 이런 식으로 군기를 한마디로 표현하려니 어렵다. 잘 이해도 되지 않고 손에 잡히지도 않는다. 게다가 군대에서 쓰는 동음이의어도 있다. 군기(軍紀), 군기강(軍紀綱), 군기(軍旗), 군기(軍氣) 등이다.

한마디로 요약하면 '군기란 일사불란한 지휘체계이다'라고 하면 되지 않을까? 군기(軍紀)와 군기강(軍紀綱)은 단어가 비슷하게 쓰이는데 그 차이는 무엇인가? 결론적으로 같은 뜻이다.
紀(벼리 기), 綱(벼리 강) 두 글자의 한자 뜻은 똑같다. '벼리!' 그물의 그 벼리이다. 벼리는 '그물의 위쪽 코를 꿰는 줄'로서 그것을 당기거나 놓아 그물을 오므렸다 폈다 할 수 있게 된다. 여기에서 '어떤 일에 있어서 근본이나 뼈대가 되게 하는 것'이라는 의미도 생겼다. 정확한 뜻을 고려하면 '흐트러진 군기를 잡아야 한다.', '군기가 세다' 등이 올바른 표현이다.

군기(軍旗)란 '군대에서 부대를 상징하는 깃발'이다. 뜻을 분명히 하자면 영어로 'military flag'이다. 군기령 제2조 (상징 등) ①군기는 군을 상징하고 그 명예를 표상한다.

위와 같이 명시되어 있다. 이러한 군기(軍旗)를 어떻게 해야 하는가? 깃발은 바로 세워야 하는 것이다(Raise a flag). 실체도 없고 보이지도 잡을 수도 없는 '군기(軍紀), 기강(紀綱)'을 바로 세운다고 하는 앞뒤가 어긋나는 표현을 하면 안 된다. 군기(軍旗)는 바로 세울 수 있다.

군기(軍氣)

군대의 사기이다. 사기(士氣)란 사전적으로는 '의욕이나 자신감 따위로 충만하여 굽힐 줄 모르는 기세'이다. 좀 더 자세히 알아보려면, 군인의 지위 및 복무에 관한 기본법 시행령 제2조(기본정신)에 명확히 명시되어 있다.

'군대의 강약은 사기에 좌우된다. 사기는 군 복무에 대한 군인의 정신적 자세이며, 사기왕성한 군인은 스스로 어려움에 임하고 즐거이 그 직책을 수행할 수 있다. 그러므로 군인은 자기 직책에 대한 이해와 자신을 가져야 하며, 굳센 정신력과 튼튼한 체력을 길러 죽음에 임하여서도 맡은 바 임무를 완수하겠다는 왕성한 사기를 간직하여야 한다.'

하지만 군기와 발음도 같고 의미도 비슷해서 헷갈리는 경우가 많은 듯하다. 이 단어와 연관해서는 '군기가 빠지면 감기가 온다.'는 우스갯소리도 있다. 이 군기(軍氣)는 북돋거나 올려야 하는 것이다. 국어 문법의 기초가 주어 + 동사이다. 군을 사랑하고 아낀다면서 정확한 뜻도 모르며 군대용어를 정확히 사용하지 않는다면 그것은 애정의 눈으로 보는 것이 아니다. 어쩌면 어떤 부모의 그릇된 자식 사랑에 비유한다면 좀 지나치려나? 사람들의 관심이 군에 집중되면 될수록 더욱 신중해야 할 것이다. 걱정하고 조언한답시고 하는 많고 많은 말들이 군인의 사기를 떨어뜨리고 군 내부의 단결력을 저하시키며 심지어 최후의 보루인 기강문란을 부추기는 것은 아닌지 심사숙고해야 한다.

쥐새끼 사냥

어릴 때 시골 할아버지 댁에 가면 밤낮 가리지 않고 천장에서 쥐들이 움직이는 소리를 들을 수 있었다. 특히 잘 때가 되어 조용해지면 더욱 극성이었다. 어른들에게 '왜 잡지 않으세요?'라 하면 '쥐새끼는 잡아도 잡아도 끝이 없다'고들 하셨다. 그런데 여기서 의문이 생겼다.

'왜 큰 쥐, 어미 쥐도 꼭 쥐새끼라 부를까? 그렇게 계속 잡아도 없어지지 않을까?'

이제 와 돌아보면, 이유가 어쨌든 쥐새끼는 보이는 대로 무조건 잡아야 한다. 인간에게 도움이 거의 안 되고 해가 많기 때문이다. 무심코 부르는 호칭을 보더라도 쥐를 쥐라 부르지 않고 크던 작던 쥐새끼라 부른다. 쥐새끼란 '약아빠지고 나쁜 짓을 몰래 일삼는 쥐와 같은 사람을 낮잡아 이르는 말'이다. 저 혼자 살겠다고 이리저리 병을 옮기고 인간의 식량을 훔쳐 먹는 특성과 이로 인한 피해가 커서 그렇게 부르는 것이라 생각된다. 쥐는 포유동물로 인간과 더불어 가장 널리 분포하며 그 추운 남극, 더운 적도 등 춥거나 덥거나 사람도 살기 어려운 전 세계 모든 지역에 걸쳐서 분포한다. 인간과 같이 포유류이며 먹이도 거의 똑같다. 같이 살면서 식중독, 페스트 등 다양한 감염병을 옮긴다. 몸에는 쥐벼룩 등을 붙이고 살면서 아토피나 천식 등 알레르기 등의 질환도 일으킨다. 하지만 이런 질병은 귀여운 수준이다. 중세 유럽에서는 약 1억 명 정도가 이

병으로 사망했다. 1348년에서 1350년 사이 3년간 유럽 인구의 1/3에서 절반에 이르는 사람이 사망했다. 어찌 보면 가장 인간과 가까울 수 있는 데도 실상은 전혀 그렇지 않음을 역사가 증명하고 있는 것이다. 이런 것은 여러 속담이나 격언을 통해서도 알 수 있다. '낮말은 새가 듣고 밤말은 쥐가 듣는다.'는 속담이 있다. 사람이 소곤거리는 소리도 들을 정도로 청각이 그리 발달했다는 것이다. 그리고 이것을 잘도 옮긴다는 것이다.

쥐는 평생 이빨이 자라기 때문에 이빨 길이를 일정 크기로 유지하고자 딱딱한 나무 등을 갉는 습성을 가지고 있다. 이가 간질간질하니 무엇인가를 씹어야 편해질 것이다. 이 때문에 건물 내로 침입해 가구나 전선 등을 갉아먹으며 피해를 끼친다. 번식력도 엄청나다. 대개 암컷 쥐 한 마리는 생후 9주부터 생식 행위를 해서 1년에 6번, 두 달에 한 번꼴로 새끼를 12마리까지 낳는다. 서둘러 잡지 않으면, 1년에 1,000마리 이상으로 번식한다.

이 같은 쥐의 특성을 사람 사이에서도 쉽게 발견할 수 있다. 여기저기 다니며 주워들은 것들에 질병을 붙여 옮기고 간질거리는 이를 주체 못해 사람 사이의 신뢰를 갉아 먹고 이도 부족해 계속 비슷한 유전자의 새끼를 낳아 번식한다. 이 생존능력이 어느 정도인지 가늠하기 힘든 사례는 얼마든지 있다. 1950년대 미국은 원자폭탄 14발, 수소폭탄 1발의 핵실험을 태평양 마샬제도의 엔게비 섬에서 실시했다. 마지막 핵실험 4년 후 방사선 차단복을 입은 연구진이 섬을 탐사하는 중 믿을 수 없는 사실을 발견했다 한다. 예전에 무성하던 열대식물조차 완전히 사라진 황무지 같은 곳에서 살아남은 동물이 있었으니 바로 쥐였다. 그것도 너무도 건강하고 정상적인 상태였다. 이들의 적응력과 생존능력은 실로 엄청나다. 쥐들을 박멸하고자 개발한 와파린이라는 약이 있다. 쥐가 섭취하면 폐 속의 혈액 순환이 서서히 어려워져 공기를 찾게 되고, 안저 출혈로 밝은 곳으로 나와 죽게 된다.

 그런데 왜 아직도 주변에 쥐가 있는 걸까? 와파린에도 얼마 지나지 않아 곧 적응해 버리기 때문이다. 그래서인지 전문 업체의 목표도 완전 박멸이 아니라 쥐의 밀도를 일정 수준 이하로 떨어뜨려 피해를 최소화하는 것이라 한다. 들끓던 쥐가 잠시 보이지 않고 조용해졌다고 방심해서는 안 되는 이유가 여기에 있는 것이다. 인간의 생활환경과 위생을 쾌적하게 하고 아름다운 인간관계를 유지하기 위해 쥐새끼는 끊임없이 잡아야 한다. 군이라는 조직에서도 제 먹잇감을 위해 여기저기 말을 옮기며 갈등과 분열을 조장하는 쥐 같은 존재는 잡아야 한다. 인간의 탈을 썼든 안 썼든 간에 그들이 왜 죽는지조차 모르게 잡아야 한다. 그 죽음에 곧 적응하고 인간의 죄와 욕심, 악을 먹이 삼아 다시 독버섯처럼 자랄 수 있기 때문이다. 쥐가 인간의 탈을 쓰고 안 쓰고는 중요하지 않다. 그들은 인간의 죄와 탐욕이 존재하는 한 없어지지 않으며 호시탐탐 우리를 노리고 있다는 것을 잊지 말아야 한다.

경례, 악수

강아지 (작사 : 김태우 작곡 : 정동순)

1. 우리 집 강아지는 복슬강아지
   어머니가 빨래 가면 멍멍멍
   쫄랑쫄랑 따라가며 멍멍멍

2. 우리 집 강아지는 예쁜 강아지
   학교 갔다 돌아오면 멍멍멍
   꼬리치고 반갑다고 멍멍멍

한 번쯤 들어본 동요이다. 강아지들의 인사법이 노래에 나온다.
'멍멍'이 인사말이고 꼬리를 흔드는 것은 무엇인가? 인사인가?
인간이 알지 못하는 그들만의 인사법이 있을 것이다. 길을 가다가 강아지들이 서로 엉덩이에 코를 대고 킁킁거리며 냄새를 맡는 모습을 주위에서 흔하게 볼 수 있다. 이는 항문 주변에서 나오는 분비물을 통해 서로의 성별, 건강 상태, 식습관 등의 정보를 교환하는 것이라 한다. 어느 한 쪽이 엉덩이를 바닥에 붙이고 상대가 킁킁거리지 못하게 하면 거절의 표현이라고 한다. 어찌 되었건 이 같은 인사법은 인간이 보기에는 민망한 인사법이다. 동물이나 곤충 등의 인사법은 제각각 다른 형태를 가지고 있다. 동물의 경우에는 낯선 상대에게 공격할 의사가 없다는 표시를 그들 특유의 행동으로 나타낸다. 고릴라는 머리를 앞뒤로 흔드는 것으로 해칠 의사가 없음을 표시하고, 침팬지는 손을 두드리며 악수와 비슷한 인사를 나누기도 한다. 원숭이들은 서로 껴안는 행동으로 싸울 의사가 없음을 나타내 필요 없는 싸움을 피한다고 한다. 인간도 마찬가지로 문화적 환경에 따라 비슷한 것도 있고 다른 것도 있는 듯하다. 인사라는 행위는 서로 모르는 사람들이 처음 만날 때, 전부터 알던 관계에서도 다시 만나거나 헤어질 때, 예의를 차려야 할 때 쓰는 말이나 행동을 말한다고 한다. 일반적으로 외형적인 동작이나 말 표현만 다를 뿐 행위 자체, 즉 인사와 악수는 인류의 공통적인 예의이다.

좀 더 자세히 살펴보면 동일 문화권 내에서도 직업, 관계, 시기 등에 따라 형태도 각양각색이다. 영화나 드라마에서 보게 되는 깡패들의 90도 인사, 중국인의 두 손 잡기 인사, 제복을 입는 군인, 경찰, 소방관, 보이스카우트 등의 거수경례 등 예를 들기 어려울 정도로 많다. 다양한 인사법 중에서도 특히 거수경례는 어느 문화권이나 나라에서도 제복 입은 직업에서 공통적으로 볼 수 있다. 악수가 서양에서 왔듯이 거수경례 또한 서양의 인사법에서 그 유래를 찾아볼 수 있다. 제복을 입고 하는 거수경례의 시작이 어떻게 시작되었는지 정확히는 알 수 없다. 하지만 나름 그 유래라 추측할 만한 그럴듯한 이야기는 대략 몇 가지 된다.

첫째, 로마시대에 암살이 많이 발생하여 무기를 손에 쥐고 다니는 사람들이 많았다고 한다. 이런 암울한 분위기는 모르는 이를 처음 만날 때 경계심이 앞서게 한다. 그러니 어쩌랴? 오른손을 들어 무기가 없음을 증명해야지.

둘째, 중세 기사들의 인사법, 쇠로 된 투구를 착용하고 눈을 가린 것을 살짝 올리는 모습에서 유래했다는 이야기도… 영화나 소설에서 가끔 볼 수 있는 것으로 결투장에서 관중석에 있는 아리따운 아가씨에게 인사하려고 오른손을 살짝 드는 데서도 유래했다는 이야기도 있다.

셋째, 미국 독립전쟁에서 병사가 모자를 벗어 인사했다는 것과 모자를 벗기 어려운 경우에 차양의 끝부분을 손으로 잠시 잡던 것이 관습화되었다는 설도 있다.

넷째, 영국군 근위대의 명령 기록에 병사들은 장교를 만날 때 모자를 벗거나 말로 인사하지 않고 모자에 손을 대면서 인사를 하라는 내용도 있다. 또한 소총을 가지고 있을 때는 수례자에게 방아쇠 부분을 보이며 총을 수직으로 세우던 것이 영국에서 왕정시대에 왕에게 충성을 다짐하는 표현이 되기 시작했다는 설도 있다. 이러한 여러 유래설에 따라 경례 동작이 다양하게 변화되어 왔지만, 오른손을 들어 하는 경례! 군대에서는 이 방식이 딱 정해져 있다. 물론 총이나 칼을 들거나 양손에 무엇인가를 들었을 때의 경례, 함정이나 잠수함처럼 좁은 공간 등 주변 환경에 맞게 다양한 형태로 발전되어 왔다. 일반적으로 경례하면 가장 많이 떠올리는 것이 거수경례이다. 우리 군의 경우 입대하자마자 훈련소에서 차렷 다음으로 배우는 제식동작이다.

이것도 그저 오른손을 올리기만 하면 되는 단순한 것이 아니다. 경례(敬禮)는 상대에게 경의를 표하며 인사를 하는 것으로 특히, 거수경례(擧手敬禮) 하면 가장 먼저 군인들이 떠오르며 그 원칙도 군 예식령과 교범에 명시해서 통일되고 절제된, 그러면서도 절도 있는 아름다움을 나타내도록 명문화까지 한다.

군 예식령

제5조(경례의 의의) 경례는 국가에 대한 충성의 표시 또는 군인 상호 간의 복종과 존중 및 전우애의 표시로서 행하는 예의이며, 이는 엄정한 군기를 상징하는 군예절의 기본이 되는 동작이므로 항상 성의를 가지고 엄숙 단정하게 행하여야 한다.

제7조(경례의 일반 요령) ①경례는 하급자가 먼저 행하고, 상급자가 이에 답례함으로써 이루어진다. 다만, 동계급 간 또는 계급의 식별이 곤란할 때에는 서로 경례를 한다.
②경례는 수례자가 경례자를 명료히 인식할 수 있는 거리에서 행하며, 경례를 할 때에는 수례자의 답례가 끝난 뒤 원자세로 돌아간다.
이런 기본적이면서도 원칙적인 가이드라인에 더해 그 세부 행동요령을 교범에 추가로 명시도 한다. 모자를 쓰고 있을 때는 손가락 끝이 챙 끝에, 벗고 있을 때는 눈썹 끝에, 안경을 썼다면 안경다리가 나오는 곳에 붙인다. 손바닥을 곧게 펴고, 받는 사람이 보기에 손바닥이 보여도, 손등이 보여도 안 된다. 손날이 보이면 된다. 참 어렵다. 심지어 팔꿈치, 팔뚝 등의 각도도 정해져 있다. 역시 제복 입은 사람들은 '각'이 생명인가?

이처럼 군인에게 경례는 충성과 복종, 군기 등을 나타내는 멋이자 군인정신의 외적인 표출이라 해도 될 의미 있는 행위이다. 그런데 군이라는 계급사회의 특징과 맞물려 재미있거나 아쉬운 현상들이 주변에서 발견된다. 주로 부대 근처에서 볼 수 있는데 면회나 외출, 외박, 휴가 때 상급자를 보고도 결례하는 경우가 있다. 사복을 입고 부대에 출근하면 가족이나 여자 친구와 면회하는 병사들을 볼 수가 있다. 상급자가 사복을 입었으니 경례를 안 해도 뭐라 탓할 수는 없다.

하지만 부대 안에서 사복을 입고 머리도 짧은 사람은 십중팔구는 간부들, 병사보다 상급자인데 경례를 하지 않는다. 휴일 당직 근무를 하다 순찰을 하는 경우, 군복을 입은 간부가 멀리서 보이면 오던 길도 돌아간다. 부대 내이고 보는 사람도 거의 없으니 문제없다고 치부하고 지나칠 수도 있다. 하지만 보는 눈이 많은 곳에서는 다르다. 기차역이나 고속터미널 등 휴가 나와서 집으로 가기 위해 병사들이 모인 장소에서 가끔 접할 수 있는 광경들이 있다. 계급 낮은 군인이 상급자를 못 본 척 지나간다. 다른 곳을 찾는 척, 핸드폰을 보는 척 등 애써 못 본 척하려 한다. 어찌 생각하면 단순히 손만 들면 되는 것인데.

경례의 의미를 너무 잘 알아서 내적으로 경례를 하고 싶지않으니 외적인 행위가 안 되는 것으로 생각하는 게 정신 건강에 좋을 듯싶다. 이런 모습은 계룡대 같은 곳에서도 심심치 않게 보인다. 다들 나이도 중년에 접어들어 본인이 관리하기에 따라 몇 년은 훨씬 더 들어 보이기도 하는 경우가 있다. 그래서일까? 사복을 입고 계룡산을 오르내리면 마주치는 사람의 대부분은 군인들이다. 그런데 서로 못 본 척하거나 딴 곳을 바라본다. 등산하면서 마주치면 모르는 사람끼리라도 인사말을 가볍게 주고받는데…

군복을 입고 영내에서도 같은 계급이면 서로만 살피고 아는 얼굴이 아니면 남처럼 모른 척 지나간다. 전시에는 서로 목숨을 지켜주며 나라를 위해 같이 싸워야 할 전우인데… 사실 난감한 경우도 있다.

대다수가 영관장교이다 보니 어디선가 본 것 같기도 하고 선배인지 후배인지 구별이 안 되는 경우가 비일비재하다. 이런 경우 예식령에 언급된 것처럼 '동계급 간 또는 계급의 식별이 곤란할 때에는 서로 경례를 한다'는 것처럼 서로 인사를 하면 되는데 서로 아는 척도 않는다. 왜 그런지 생각해 보아야겠다.

인사이동이 많은 시기에는 이보다 더한 해프닝들이 더욱 빈발한다. 인사부서에는 'ㅇㅇ과 새로 온 ㅇㅇ장교 걔 몇 기냐? 몇 년도 임관했냐?' 등이다. 선배 보고 경례를 안 한다는 것이다. 이는 맞는 말이면서도 잘못된 말이다. 상급자란 계급이 높아야 하고, 동일 계급일 경우 진급예정자, 전계급, 전전 계급 진급이 빠른 사람이 상급자이다. 그러니 대개는 동일 계급일 경우는 임관 후배가 선배에게 경례를 하는 것이 규정을 준수하는 것이다.

하지만 계급장만 가지고는 누가 선배이고 후배인지 알 수가 없다.
꼰대라는 용어가 군대에도 그대로 있는 것이다. 만약 후배가 경례를 안 하면 잠시 불러 '나는 몇 년에 임관한 ㅇㅇㅇ이다. 전입 온 것을 축하한다.' 정도만 하면 간단히 해결될 것이다. 군인은 누구나 할 것 없이 어느 부대를 가거나 처음에는 낯선 환경, 사람, 새로운 일 등으로 정신이 없고 그곳의 시스템을 익히느라 처음에는 긴장된 시간을 보내야 한다. 이럴 때는 먼저 와 있고 경험이 있는 사람이 처음 온 사람을 편하게 잘 이끌어 주어서 빨리 자리 잡게 도와주어야 함이 진정한 선배의 자세일 것이다. 개구리 수준에도 못 미치는 사람들을 볼 때는 불쌍하다는 생각이 절로 든다.

이런 사례는 갓 임관한 소위들을 보는 부사관에게서도 쉽게 찾아볼 수 있었다. 갓 전입 온 소위를 보고도 경례를 안 한다. 이걸로 마찰이 있기도 한다.

어떤 소위는 먼저 경례를 한다. 이를 부담스러워하는 부사관들이 시간이 지나면서 경례를 하기 시작한다. 이런 친구들은 참 영특하면서도 어찌 보면 무서운 친구들이다. 상급자에게 경례를 안 해서 문제가 되면 그 하급자는 아주 곤란한 지경에 처할 수 있다. 웃으면서 군기를 잡는 것이다.

이에 반해 민간의 인사? 경례는 어떨까? 일단 '절도, 각'이 없다. 둥글둥글한 인사이다. 제복 입은, 특히 군인이 보기엔 그렇다. 영화에 나오는 한 모습처럼 두 손을 가지런히 모으고 고개를 숙이며… 나지막한 목소리로 인사말까지… 목소리의 패기도 힘도 느껴지지 않는 그저 들리기만 하는 인사이다.

중국 영화에서도 한 손은 주먹을 쥐고 다른 손으로 주먹손을 감싸며 인사하는 장면이 자주 보인다. 공수 또한 손에 무기를 소지하지 않았음을 표현하는 방식에서 출발했다. 우리 조상들도 공수(拱手)를 했다. 두 손을 어긋매껴 마주 잡는 것이다. 보통 남자는 왼손이, 여자는 오른손이 위로 가도록 두 손을 포갠다. 흉사시(凶事時)에는 반대로, 남자는 오른손이, 여자는 왼손이 위로 가도록 잡는다. 제사는 흉사가 아니므로 평상시대로 한다.

그런데 이처럼 다양한 인사, 경례 방법에도 최근 변화가 생기기 시작했다. 위생적인 문제 때문이다. 눈에 보이지 않는 병원균의 전염 가능성으로 인해 악수를 하는 것이 불편한 경우가 생기기 시작했다. 에볼라 등 신체 접촉에 의해 번져 나가는 질병들 때문에 피부 접촉을 하지 않고 팔꿈치를 치는 것으로 악수를 대신하기도 한다. 이처럼 시대와 문화 등이 변하고 달라지더라도 인사의 그 본질은 변하지 않기 때문에 주의를 해야 할 사항도 많다. 상대가 손을 내밀며 악수를 청했는데 받아주지 않는 것은 대놓고 무시하는 큰 결례이다. 손을 너무 빨리 놓거나 오래 잡아서도 안 되며 왼손이 아닌 오른손으로 하며 왼손잡이라도 마찬가지이다. 오른손을 다치거나 무언가 들고 있다면 미리 이야기를 해서 이해를 구해야 한다.

　손을 잡고 있는 순간에는 반드시 시선을 맞춰야 해야 한다. 손을 잡고 인사말 정도만 주고받고 이야기는 악수한 다음에 해야 한다. 손을 세게 잡아 결례가 될 수도 있다. 또한 잡은 손의 손가락으로 손바닥을 긁어서는 큰일 난다. 특히 이성 간에는 법적인 문제가 될 수도 있다. 너무 약하지 않게, 적당한 힘으로 잡아야 한다. 악수 후 상대가 보는 앞에서 손을 닦아낸다면 무례한 행위다.
　악수 시 손을 뻣뻣하게 하거나 힘을 빼고 늘어진 손을 내밀어서도 안 된다. 서양에서는 이런 악수를 'dead fish'라 부르기도 한다. 악수하는 방법에 따라 사람의 심리를 알아보기도 하는데 꽉 쥐는 것은 지배욕을, 왼손을 손에 얹는 것은 빨리 친해지려는 것이며 미국의 모 대통령처럼 자신의 몸 쪽으로 손을 당기며 하는 사람은 자신의 뜻대로만 하려는 경향이 있는 것이라 한다.

　경례, 인사란 사람이 만들어 놓은 서로 간의 관계에 기반해 살아가는 하나의 윤활유 같은 문화이다. 마음이 통해서 굳이 인사나 경례를 안 해도 되는 사이의 사람들과만 살 수는 없을까? 인사나 경례나 공통점이 있다면 서로의 존재를 인식한다는 것인데… 눈으로 인사하고 미소를 나누는 사이라면 굳이 형식적인 제스처나 말은 필요 없을 것이다.

생각해 보면 가장 효율적이고 부드러운 서로에 대한 인식의 표현은 '눈인사' 후 '미소'가 아닐까 생각해 본다. 남들이 알지 못하게 하는 눈빛의 교환이 최고의 경례이자 인사가 되는 사람과 살고 싶다.

아침 상황보고

군대에서 가장 많이 듣는 말, 단어는 무엇일까? 군대의 처음과 끝은 무엇일까? 한 단어로 정리하기는 쉽지 않지만 그래도 가장 가까운 단어는 '보고'이다.

군 복무를 한 예비역과 현재 복무 중인 현역, 군사 분야에 관심 있는 마니아들이라면 어렵지 않게 들어 본 말이 있을 것이다. '군대는 보고로 시작해서 보고로 끝난다'. 맞는 말이다. 군 생활을 해보면 정말 중요하다. 전쟁의 역사를 살펴보면 쉽게 알 수 있다. 보고가 없이 시작되는 전쟁은 없었다. 전투행위에서 보고라는 개념 자체가 없다면 전쟁을 할 수 있을까? 전쟁을 일으키는 쪽은 공격 준비가 되었다, 공격 개시한다 등의 보고를, 방어하는 쪽은 적이 공격한다 등 보고로써 전투가 시작된다. 이러한 보고 없이는 개인 대 개인의 결투를 제외하고는 전쟁 자체가 불가능하다.

군 생활은 젊은이들에게는 어쩌면 전쟁 같은 것일 수도 있다. 부모님, 선생님의 보호 아래 안전하게 유년기와 청소년기를 보내고 난생 처음 그 품을 떠난 아이들도 많을 것이다. 까까머리 스포츠머리가 어색하게 어울리는 그들은 신병교육을 받고 군인이 된다. 정확히는 입소 신고를 통해 군인이 된다. '신고가 어떻게 보고와 같냐?'고 의문을 제기할 수도 있다. 하지만 그 뜻을 정확히 알면 신고가 보고의 범주에 포함된다는 것을 쉽게 알 수 있다.

'국방부령'인 '부대관리 훈령'에는 신고란 '인사상의 변동 사실을 지휘관에게 보고'함이라 명시되어 있다. 그 예로 입영, 전역, 임관, 진급, 파견, 작전 투입 등이 있으며, 대면을 원칙으로 한다고 되어 있다. 보고는 각종 상황과 현상, 결과 등의 최종 상태를 마감하는 행위이다. 사전적으로 '보고(報告)'란 '일에 관한 내용이나 결과를 말이나 글로 알림'이라 한다. 군사적으로도 그 의미는 거의 동일하다. 부대관리 훈령 20조~22조에는 '보고는 상관에게, 통보는 관계관에게 필요한 사항을 필요한 시기에 문서, 구술, 신호, 정보통신망 등으로 시간의 절약과 사무의 간소화를 도모해야 한다.'고 명시하고 있다. 그런데 실상은 생각과 다른 방향으로 발전해 왔다.

그 쓰임과 방법이 구체적이고 세부적으로 규정화되어 명칭까지 달리 붙여지고 있다. 긴박한 사항에 해당하는 긴급보고, 수시로 하는 작고 소소한 내용의 수시보고, 상황 계통으로 하는 상황보고, 팩트 확인은 정확히 확인 또는 검증되지 않은 첩보보고, 결심권자가 가타부타 결정을 해야 하는 결심형 보고 등 이렇게 다양한 수식이 붙는 단어도 흔치 않을 것이다. 현재 지구상에 존재하는 군대에서 '보고'라는 한 가지 의미에 이렇게 많은 단어가 존재하는 곳도 없을 것이다.

이처럼 다양한 이름을 가지고 있기 때문인지 모르지만 그 보고란 단어는 군인들의 일상사에서 아침부터 등장하기 시작한다.

군인들이 모인 곳에는 어김없이 지휘관이 존재하고 지휘관(장, 長)이 있는 모든 군 조직은 보고로 하루를 시작한다. 그 처음은 지휘관이 출근하면서부터 시작된다. 야간 근무자는 본부 현관 앞에서 지휘관을 대리해서 부대를 지휘한 결과를 보고한다.

'충성! 부대 이상 없습니다!'라는 인사말(?)로 지휘관의 출근을 맞는다. 통상 야간 근무자 중 최선임자, 지휘통제실장, 팀장, 당직사령 등으로 불리며, 밤새 퇴근도 못하고 뜬 눈으로 지샌 근무자 중 한 명이 대표로 나가 특이사항들을 보고한다. 이때 '이상 없다'는 말은 '사건사고'가 없었다는 뜻이다. 이어지는 지휘관의 답은 대개 '수고했어'이다. 그리고 지휘관은 집무실로 가는데 지휘관의 특성에 따라 보고자의 다음 행동이 다양한 모습으로 나타난다. 가장 선호하는 스타일은 '알았어. 얼른 마무리하고 가서 쉬어'라며 간밤의 수고를 위로해 주는 경우이다. 단순한 말 한마디에 피로가 싹 사라진다. 근무자의 얼굴은 싱글벙글 미소가 번지며 하루의 공식 일과가 시작하는 아침 상황보고 전까지 좀 여유로워진다.

지휘관이 집무실로 들어간 후부터는 평화롭다. 이때 아침 상황보고 준비 마무리, 브리핑 연습도 하고 일찍 출근한 동료들이나 같이 밤을 새운 근무자들과 간밤의 긴장과 피로를 푸는 농담도 할 수 있다. 아직 공식적으로 야간 근무 책임 시간이 끝나지는 않았지만 이미 와 있는 주간 상황근무자에게 간밤의 특이상황도 편하게 인계한다.

반면, 지휘관실까지 따라가면서 미주알 고주알 보고를 해야 하는 경우는 최악이다. 여기에 지휘관이 무심코 던지는 질문은 아이들이 장난삼아 연못에 던지는 '돌'처럼 개구리(?)를 놀라게 한다. 사실 이런 모습은 어느 정도 예측된다. 아이들이 연못 근처로 오면 똑똑한 개구리들은 다들 피하는 것과 마찬가지이다. 밤을 뜬 눈으로 지새우는 야간 근무는 적응이 되지 않는다. 피곤하다. 전쟁에서 인간의 심리상태가 고려되면서 그 시작은 언제나 새벽이었다. 아무리 그 위험을 강조해도 해 뜨기 전 어둠은 깊고 진하다. 더불어 경계병, 초병, 불침번의 긴장은 졸음 속에 묻히게 된다. 6·25전쟁도 새벽 기습으로 시작되었다. 1, 2차 세계대전도, 일본의 하와이 진주만 기습도.

새벽, 이른 아침은 인간의 두뇌 활동을 정상 궤도로 올리기 위한 워밍업 시간이다. 몸도 안 풀린 채 마운드에 오른 투수, 경기장에 급하게 교체 투입된 선수와 거의 유사하다. 이런 상태에서 긴 시간 동안 발생한 여러 상황에 대한 준비가 제대로 될 리 만무하다. 나름 예상 질문에 대한 답도 사전에 확인하고 필요할 때는 암기해야 할 데이터 등을 재확인해야 하고 그게 애매할 때에는 수첩에 적어 눈으로 보면서라도 대답을 할 수 있게 준비한다. 이렇게 했는데도 답을 제대로 못한 질문이 있을 경우는 '확인해서 보고드리겠습니다.'라는 엉성하면서도 자존심 상하는 변명을 할 수밖에 없기 때문이다. 이렇게 깔끔하지 않은 보고가 되면 어두운 얼굴이 되어 지휘통제실로 돌아와야 한다. 아침식사는 거를 수밖에 없다. 이를 만회하기 위해서라도 지휘관 상황보고 전까지 그 질문에 대한 답을 확인하고 보고할 준비를 하느라 바쁜 시간을 보낼 수 밖에 없다.

혹, 참모장 역할을 하는 리더(작전과장)나 부지휘관이라도 있다면 지금까지의 앞선 상황을 또 보고 해야 한다. 밤새 뜬 눈으로 부대를 지키느라 피곤한 심신으로 얼마 남지 않은 에너지를 또 쏟아부어야 한다. 빨리 퇴근해서 숙소에서 쉬고만 싶어진다. 그러나 그러기에 앞서 아침 상황보고부터 잘 끝나야 한다. 내용이 많고 광범위하다 보니 대부분은 긴장된 시간이 된다. 주된 보고 내용은 부대의 크기에 따라 달라지지만 공통적으로 전날 지휘관이 퇴근 후부터 출근 시까지 있었던 사항, 그날의 기상, 경계작전, 교육훈련 내용, 각 참모부별 주요 실시, 예정사항, 상·하급 및 인접부대의 활동, 지휘관 관심사항의 추진 경과 등에 대해 보고한다.

이와 같은 내용을 과거에는 보드판에 손으로 쓴 내용을 보며 지시봉으로 짚고 가리키며 보고 했다. 그러던 것이 컴퓨터와 빔 프로젝터의 등장과 함께 PPT를 활용했다. 최근에는 행정 간소화, 자동화된 지휘 통제 체계의 평상시 이용을 강조하는 분위기로 ○○○ 전술통제 시스템을 이용하여 보고를 한다. 이렇게 많은 것을 보고하게 되니 당연히 질문도 많아지고 보고의 논리성도 빈틈이 날 수 밖에 없다. 이 과정에서 말로 하면 간단히 할 수 있는 것도 글, 그것도 정형화된 틀에 맞추어 하다 보니 이해가 안 되거나 정확한 사실이나 의사전달이 안되는 경우가 발생한다. 특히, 성실성과 성의를 평가할 수 있는 척도인 '오타'라도 보이면 분위기는 설상가상으로 악화된다. 여기서 재미있는 것은 지나간 과거의 상황이 대부분의 시간과 내용을 차지한다는 것이다. 물론 현재, 미래와 조금이나마 연관되지 않을 수 없겠지만…

어찌 생각하면 과거가 어떤 형태로든 현재와 미래에 직간접적으로 영향을 미치는 것을 부인할 수는 없다. 예를 들어 겨울에 병사들이 자는 생활공간의 온도, 여름철 밤새 내린 강우량 등이 그럴 수 있다. 하지만 이런 것들은 참고로 간단히 해도 되는 것이고 오늘 부대에 미치는 영향을 고려하면 된다.

이런 과정에서 온도계의 기준 영점이 다르다거나 생활관별 온도차가 크게 나면 또 따지고…

알고 보면 어두운 밤 불침번이 플래시를 비추어 보니 차이가 있을 수 있는 것이다. 요즘은 디지털 온도계로 바꾸어 그나마 정도야 덜하지만 이마저도 온도계 센서의 위치에 따라 차이가 날 수도 있는 것이다. 그냥 지휘관이 순찰 한번 하면 되는 간단한 것인데 참 어렵게 한다. 이런 식으로 첫 보고부터 꼬이면 시간은 거의 무한정 흘러간다.

아침 귀한 시간을 과거에 얽매여 낭비하고 구성원들의 에너지를 소모하는 비효율의 전형적인 모습이 되는 것이다.

'이쯤 되면 언제 퇴근하나? 빨리 쉬고 싶다'는 마음과는 달리 몸이 처한 상황은 180도 정반대로 달라진다. 규정에는 '지휘관은 야간 근무 후 4시간 이상 휴식을 보장해야 한다.'고 명시하고 있으나 할 수 있다고 다 할 수 있는 것은 아니다. 상급 부대에서 찾는 전화, 갑자기 추가되는 지시, 예하부대에서 올라오는 공문, 문의 전화, 인접 부서와의 협조업무 등 이미 몸은 천근만근 무거워져 녹초인데 할 일은 마치 저기 산 너머에서 몰려드는 먹구름처럼 느껴진다.

나폴레옹은 말했다고 한다.
'적이 회의하는 동안 나는 기동한다.'

축구에서 센스보다 중요한 것

군대 축구에서는 축구 센스 외에 또 다른 센스가 있어야 한다. 특히 군인들은 축구를 자주 하고 상하급자와 뒤섞여하기 때문에 더욱 그렇다. 물론 농구, 풋살, 족구도 많이 하지만 이는 소수만 참가할 수 있으며 특히, 축구와 비교할 때 전술적 사고나 군인정신, 단체나 조직생활을 위한 또 다른 센스를 기르는 데는 한계가 있다. 짧은 군 생활을 돌아보더라도 가장 저렴하면서도 가성비 높게 단결력과 승부욕을 키울 수 있는 종목을 꼽으라면 단연 주저 없이 축구를 선택할 것이다. 특히, 최근 이를 증명이라도 하듯 지휘관의 갑작스런 교체와 이로 인한 축 처진 분위기가 축구를 기점으로 활기를 띠기 시작했다. 전 지휘관은 여럿이 하는 운동을 좋아하지 않은 듯했다. 그러나 새로운 지휘관은 달랐다. 여러 명이 동시에 할 수 있는 집단 축구부터 직접 뛰면서 함께하였다. 이어 두부김치에 막걸리로 뒤풀이까지 한다. 무겁고 의기소침했던 정적인 분위기가 쇄신되고 동적인 모습으로 짧은 시간에도 불구하고 개선되었다. 축구! 괜찮은 스포츠이다.

최근에는 특별한 일이 없으면 부서별로 팀을 편성해 리그전을 하거나 사령부 전투참모단이 과장급 이상과 실무자 그룹으로 나누어 천연 잔디 연병장에서 축구 경기를 한다. 전후반을 나누어 하는 경우도 있고 쿼터제를 적용해 한 쿼터에 20분씩 4쿼터를, 휴식 시간 5분으로 진행된다.

이곳 사령부는 많은 수가 영관장교와 상사 이상 부사관들로 구성되어 있다. 다들 마음은 한창때를 기억하고 입은 그때를 되새기며 이야기하지만 몸은 거짓말하지 않는다. 짧은 경기 시간임에도 불구하고, 적지 않은 수가 20분도 제대로 못 뛴다. 다리에 쥐가 나거나 발목과 무릎, 허리가 안 좋다는 이유로 걸어 나온다. 이런 선수들 대부분은 불뚝 나온 배와 듬성듬성한 머리카락을 만지면서 가쁜 숨을 헐떡이며 겸연쩍은 표정으로 터벅터벅 또는 쩔뚝쩔뚝 걸어 나온다. 뛴 시간보다 긴 시간 동안 호흡을 가다듬고 난 후에는 마치 전문 해설가처럼 입 축구를 시작한다. '내 중대장 때는 날아다녔다, 몇 년 전만 해도 메시였다, 호날두도 울고 갔을 것이다' 등등… 하지만 검증할 방법은 없다.

전투로 비유하면 노후화된 장비들이 약간의 거리를 이동해도 소음이 큰 것과 같다고나 할까? 장비 수명 연한을 초과했거나 정비나 관리가 되지 않아 제 기능 발휘가 제한되는 등 세월의 힘을 이기지 못하고 축구에서만큼은 도태 장비들처럼 되어버린 것이다. 부대 수송부나 정비고 앞에서 흔하게 볼 수 있는 '닦고 조이고 칠하자!'라는 구호는 기계만이 아니라 사람에게도 적용되어야 한다. 그러나 전술은 각종 군사용어, 비표준 전문용어 등을 사용하며 최신 교리를 적용한다. 전방 골게터는 적지 종심 부대로, 움직임이 거의 없을 때는 궤도 풀린 장갑차로, 오버래핑은 침투로, 오프사이드 트랩은 전선 유지, 후보들은 예비대 등. 이처럼 같은 다양한 부분 전술이 있지만 모든 것을 통합한 가장 심플하고 효과적인 최고의 전술! 군대 축구 최고의 승리 비법은 일명 뻥 축구!

FIFA 공식 용어로는 '골문 앞 혼전 중 골', 무조건 상대 골대를 향해 최대한 멀리 차고 골문 앞에 공이 떨어지면 어수선한 틈을 타서 마치 럭

비의 스크럼처럼 밀고 부딪히는 와중에 누군가의 발, 몸에 맞고 들어가는지도 모르게 골이 되게 하는 것이다. 간혹 멋진 중거리슛, 헤딩슛도 있기는 하지만.

이런 뻥 축구는 약간 수준은 낮아 보일 수 있지만 군대 축구의 전통 있는 필승의 전술로 굳어진 것이다. 수비는 어떤가? 무조건 공은 멀리, 높게만 차면 환호성이 나온다. 여기에 더해 공은 놓쳐도 사람만 빠트리지 않으면 투지 면에서 인정받게 되고 선임자들에게 인정받게 된다. 그러나 그것도 군대 축구라는 것을 한 번 더 생각하며 해야 한다. 지금 지휘관은 60대다. 그런데 20대와 어울려 함께 군대 축구를 하신다. 이 와중에 일어나서는 안 되는 사고가 발생했다. 지휘관은 전평시를 막론하고 다치시면 안 되는데… 사전 안전교육도 시켰지만 허사가 되는 사건이 발생했다.

우리 팀에 무면허 운전기사 같은 선수가 있었던 것이다. 핸들 조작은 그렇다 치더라도 브레이크가 안 들으니 상대가 정해지면 그냥 돌진이다. 패스를 하고 그 자리에 그대로 있으면 충돌 사고가 발생한다.
다행히 직전에 정지되더라도 발은 공을 향하는 것이 아닌 앞으로만 휘돌린다. 정강이 보호대가 무용지물이 되고 마는 것이다. 이런 선수의 특징 중 또 하나는 눈 없는 총알, 칼과 같다는 것이다.

지휘관, 우군, 적군을 구분하지 않는다. 지휘관을 찬 것이다. 죄송할 따름이다! 비전투 손실이 발생한 것이다! 그날 경기의 승리에도 불구하고 우리 팀 최선임으로서는 '전투에는 이겼으나 전쟁에는 진 것'이다. 이 외에도 지휘관과 할 때는 주의할 점도 있다. 경기 목적이 어떤 것인지 잘 헤아려야 한다.

추석 연휴 지휘관을 모시고 한 적이 있다. 이날 슛은 한 번도 안 했다. 지휘관이 부하 병사들 사기 올려 주려는 경기에서 참모가 골을 넣으며 주인공이 될 수는 없는 것이다. 대부분의 용사들은 이제 20대 초반인데도 불구하고 느림보처럼 뛰어다닌다. 어떤 아이는 10분 정도 지나자 헉헉거린다. 다들 축구를 핸드폰으로 하니 힘들 것이다. 그러나 사전 교육 때문인지 지휘관에게는 적당한 거리를 유지하며 안전 축구를 했다. 감사한 일이다.

어중간하게 아는 것보다는 차라리 모르면 시키는 대로 하는 것이 최고인 듯하다. 특히 잘 모르거나 익숙하지 않으면 더욱 그럴 것이다.
군대 축구를 보면 간부들, 즉 직업군인들의 비대한 체형, 저질스런 체력이 눈에 더욱 강하게 들어온다. 행정위주의 비대해진 우리 군의 모습을 대변하는 것 같아 씁쓸하다. 축구는 단체의 전술, 개인의 기술과 센스보다도 체력이 우선 뒷받침되어야 할 것이다.

동생이 꺼내 준 군인정신

봄바람이 불면서 운동을 시작했다. 겨우내 움츠린 몸이 나뭇가지 잎사귀 기지개 펴듯이 조금씩 움직이기 시작했다. 학교기관에 온 후 먹을 일이 많아 살만 찐 듯했다. 허리가 31인치를 넘었으니 인간의 허리가 아니다. 저녁식사를 상추쌈으로 간단히 먹었다. 엄마가 푹 삶아 준 수육, 기름기 하나 없는 돼지고기이다. 상추에 수육과 흰밥을 조금 올렸다. 된장에 사과를 갈아 넣은 쌈장을 양념처럼 젓가락으로 조금 떠 넣고 한 입에 먹었다.

배가 불러 산책을 나오니 운동장에 뭔 사람이 이리 많은지…요사이 부쩍 늘었다. 이리저리 둘러봐도 뚱뚱한 사람들 걷는 모습이다. 한참을 걷는데 동생 녀석 이름이 핸드폰에 뜬다.

한창 몸을 풀며 노래 가사를 음미하는 시간을 방해한다. '이래~도 한 세상 저~래도 한 세상 미워도 한 세상 좋아도 한 세상 마음을 달래며 웃으며 살리라! 머나먼 남쪽 하늘 아래 그리운 고향…'가슴에 와닿는 가사들이다.

잠시 멈추고 전화했더니 받지 않는다. 저녁 먹는다 했으니 소주 한 잔하고 있나 싶다. 몸은 풀었고 첫 바퀴를 전력질주하려는데 전화가 온다. 숨도 차오르고 17~18년 전 축구하다 끊어진 우측 무릎이 아파와 걸으며 받았다. '자식! 방해는 기가 막히게 한다. 인생 타이밍이라 했던가?' 세상살이 힘들다며 투덜거린다. 돈이 없어 설날 엄마 아버지도 뵈러 못 왔단다.

"내도 부산 가고 싶다, 가마이 있으라. 코로나 땜에 다니면 안 된다. 니는 좋겠다. 맨날 바다 보고 짠내 맡고"

"맨날 온다더만 오지도 않코~"

어린 나이도 아닌 아저씨 둘의 대화는 언제나 어릴 적 그대로이다. 마음이 안 좋을 때는 언제나 생각나던 어릴 적, 고향! 가고 싶다. 그런데 너무 멀다. 열차 타고 가면 도착 후 차가 없고 운전해서 가려니 너무 멀어 한 가지 제안을 했다.

"니가 열차 타고 와서 하루 자고 낼 차 가지고 같이 내려가자!"

진짜로 왔다. 새벽 한 시가 넘어 집에 도착했다. 늘 그래왔듯 소주 한 잔씩 기울였다. 몇 잔 들이켜자 군대 이야기를 한다. 남자들 만나면 하는 이야기와는 다르다. 녀석은 군대가 아니라 의경 출신이다. 화제의 대부분은 최근 이슈가 된 군인, 군 관련 사건사고, 그리고 어디서 찾았는지 형 관련 이야기들이다.

이번에는 대대장 때 이야기를 한다.

"지옥훈련인가 뭔~가 있다 아이가? 그때 아~들 엄청 힘들게 했다메, 군장도 저울로 재고, 잠도 안 재우고 굶기기도 하고 억쑤로 빡시게 했다메, 쫌 봐주지…"

벌써 10년쯤 전 일이다. 전장 극복훈련을 이야기한다. 잊은 지 오래되었는데… 사실 나도 힘들었다. 어디 말할 데도 없고 할 수도 없던 것들도 많았다. 그러나 그때는 군인이었다. 당시 전 육군에 유일하게 하나밖에 없는 강습 대대의 지휘관이었다. 기계화 부대가 적진 속으로 빠르게 진격하는데 방해가 될 중요한 지역을 확보하는 것이 임무였다. 2차 세계대전 영화 '머나먼 다리'의 그 피해 많이 받던 영국 공수부대와 비슷하기도 하다.

어느 날 최고 지휘관으로부터 특별한 임무를 부여받았다. 지옥훈련! 어디 가나 새로운 것을 할 때는 반대가 있기 마련이다. 상급부대 참모들이 따로 불러서 하면 안 되는 이유, 그러다 사고라도 나면 '네가 다 책임져야 한다. 내부 불만이 나올 수 있다'며 구구절절 설득하려 했다.

만약 그들 의견대로 안하면 안 된다는 은근한 압력도 있었다. '대부분의 참모들은 반대한다. 누구랑 군 생활 오래 하냐? 군단장은 특기를 고려할 때 네 개 달기는 어렵고 이제 길어야 2~3년 있으면 전역한다.' 부분적으로는 맞는 말도 있었지만 후배의 앞길이 진정 염려되어 하는 말인지, 평소대로 지휘관 뒤에서 궁시렁거리는 것인지, 쌓여있던 불만을 뒤로 표출하는 것인지는 알고 싶지 않았다. 주어진 임무는 전투현장에서 체험할 수 있는 최악의 전장 환경을 극복함으로써 군인정신을 함양하는 것이었다. 이에 대한 제한사항으로는 훈련시간은 24시간이며 사고는 없어야 하는 것이었다. 이러한 지침을 바탕으로 참고할 정보를 종합해서 계획을 수립하고 교관, 조교를 선발해 체험하게 한 후 교육대를 조직했다. 몇 차례의 예행연습, 대대원 중 체력과 정신력을 구비한 지원자를 받아 실제훈련과 동일하게 진행하며 최종 준비를 끝냈다.

각급 부대의 에이스급 간부들로 주 1회 30명 정도씩 입소했다. 통제

부대장 겸 교육대장으로서 건강검진에 문제가 없을 경우 입소신고를 받고 주의사항을 교육했다.

"언제든지 포기 의사만 밝히면 중도에 끝낼 수 있다. 실제 전장을 상상해 보았을 것이다. 전장의 불확실성과 우발상황 등이 연속적으로 강요될 것이다. 스스로 포기하지 않고 의지를 보이면 모든 교관과 조교는 여러분의 수료를 도울 것이다. 건투를 빈다!"

이어서 체력측정, PT와 유격체조, 각개전투 동작을 연속해 체력을 최대한 저하시켰다. 요령을 피울 경우 주의, 경고, 실격 순으로 처리했다. 참호격투, 화생방체험, 담력코스, 침투습격, 은거, 포로체험, 영현체험, 소량의 건빵 식사, 휴식 없이 진행되었다. 매 기수별 훈련 프로그램은 앞선 수료자들의 경험담에 대해 입소자들의 예상을 빗나가도록 변화를 주었다. 30~50%의 수료자에게는 군단장 표창과 휴가가 주어졌다. 도전적이면서 체력에 자신 있는 많은 초급간부들이 자발적으로 참여하려 했다. 한 부대의 최고 지휘관이 강조하고 수료자들은 우수한 전투기술 보유자와 전투지휘 능력자로 인정되는 분위기였으니 충분히 그럴만했다. 특히 훈련 결과는 부대별로 비교하여 참가자와 수료율을 공개하였다. 훈련 강도는 지금까지 특전사에서 특수훈련을 받았던 경험자들도 감당하기 힘들 정도라고 소문이 자자했다. 수료했다는 사실 자체만으로 해당 부대가 전투력이 강한 부대로 인정하게 되는 분위기가 조성되었다.

그러던 어느 날 육군본부에 익명의 민원이 제기되었다. 훈련을 강제로 시키며 인권을 무시하고 가혹행위가 있다는 제보였다. 이에 대해 투스타인 감찰실장이 조사를 나와 면담을 하기도 했다. 어떻게든 군단장에게 책임을 물으려 한다는 말도 들렸다. 감찰실장과 1:1로 면담도 했다.

"너는 대대장으로서 시킨 대로 한 것뿐이니 책임이 없다. 그런 가혹행위를 훈련에 포함시키라고 지시받지 않았냐?"

"이 훈련의 모든 책임은 제게 있습니다. 훈련 목적과 최종 상태 등에 대한 대략적인 지침을 받았으나 세부적인 계획과 현장에서의 행동화 구현은 통제 부대장으로서 제가 총 책임과 권한을 가지고 했습니다."

"잠도 안 재우고 밥도 안 먹였다던데? 심지어 물도 안 주고 10분간 휴식도 보장 안 했다면서? 상급자에게 반말도 하고 욕도 하면서 인격도 모욕했다던데?"

"맞습니다. 잠을 안 재우는 것은 고문이며 식사를 못 먹게 하는 것은 하찮은 짐승에게도 해서는 안 되는 것입니다. 개를 훈련시킬 때도 먹이는 줍니다. 그들은 하루라는 긴 시간 동안 그런 환경에서 훈련했습니다. 인정합니다. 사실입니다. 죄송합니다."

"거봐! 다 알고 나왔다니까. 자네는 잘못이 없어. 그저 시키는 대로 했으니 걱정 마! 아무 일 없을 거니."

"감사합니다. 저를 생각해 주시니 감사의 말씀을 드려도 되겠습니까? 지금까지 저희 사무실에 찾아주신 분들 중 가장 높은 분이시기도 합니다. 제가 알기로 우리 육군의 교육훈련 모토는 '실전은 훈련처럼 훈련은 실전처럼'입니다. 모든 교육훈련은 자발성이 없더라도 해야 하며 그 내용을 취사선택해 받을 수 없습니다. 합법적 강요인 셈입니다.

유사 이래 전장에서 잘 거 다 자고, 식사시간 지키면서 적과 싸운 적은 없었습니다. 또한 모든 전쟁의 시작은 새벽이었습니다. 사람이 가장 힘든 시간대는 해 뜨기 전입니다. 기습하기 최적입니다.

공격하는 측이나 방어하는 측 모두 아침을 건너뛰고 점심, 저녁 세 끼를 거르는 경우가 다반사입니다. 임무를 위해 밤새워 걸어야 할 때도 있습니다. 저는 그런 상황을 대비한 훈련을 할 수 있게 하는 것이 장수의 도리라 믿습니다. 감사합니다."

그 분은 웃으며 일어나서 목덜미까지 붉어져 나갔다. 무인으로서 소신을 말했다. 인정할 것은 인정도 했다. 밥도 안 먹이고 잠도 안 재운 것을…

소신을 밝힌 책임이 곧 따랐다. 조사단이 다음날 들이닥치고 지휘비 사용 관련 서류, 부대일지, 전 부대원 설문조사, 교관, 조교를 대상으로는 상급자에게 욕설을 했는지 등…

힘들어하는 부대원들에게 미안했다. 지휘관 잘못 만나 죄인 취급받고, 이 또한 무인으로서 책임지면 된다. 전투복에서 견장을 떼었다 '지금까지 소신껏 했으니 앞으로도 그리 살아야겠다.'라는 결심을 했다. 부모님 등 가족들에게 미안한 마음이 들었다.

최근 내 주변에서 일어나는 일에 대해서 이야기했다. 조금이나마 충격을 줄일 수 있는 완충작용이 필요할 것이라 판단했기 때문이다.

'네게는 책임을 묻지 않겠다는데, 왜 그랬냐? 네가 제정신이냐?' 등 조금만 참으면 되는데 아쉬움을 표했다. 걱정해 주는 마음은 감사하고 기대에 부응하지 않음에 미안했다. 후회는 없었고 또 똑같은 상황이 오더라도 똑같이 할 것이다. 군자는 옳다고 생각되는 소신을 지키기 위해 목숨을 바친다고 했다. 군자는 못되더라도 적어도 직업이 군인이다. 어떤 이는 미쳤다고도 했다. 제대로 본 것이다. 민간인의 시각으로 군인을 본 것이니 그럴 수도 있었을 것이다. 며칠 후 나온 부대진단 결과는 그들의 예상을 빗나가게 했다. '평소 부대 훈련이 너무 힘들다. 좀 완화하면 좋겠다. 훈련, 작전, 작업 등 모든 부대 활동을 하기 싫으면 안 해도 뭐라 하지는 않는다. 이럴 경우 주변에서 무시한다. 이에 더해 진급, 포상, 휴가 등에서 책임을 지게 된다' 등이었다.

  이러한 결과를 바탕으로 몇 가지 권고사항도 받았다. 개인 수준을 고려한 훈련 강도 조절, 체력단련과 제식동작의 지나친 강조 자제, 수준 미달자에 대한 왕따 등의 병영 부조리 예방, 우천, 혹한 등 악천후 시에는 훈련 후 세탁 소요를 고려해 실내교육을 실시하라며 정상적인 부대 운영을 하라는 것이었다. 군인이 부대를 점검한 것인지 의문스러웠다.

  '군인정신은 제정신이 아니다'라는 말이 입속에서 자꾸만 맴돌았다. '군복을 그만 벗어야 하나?'하는 생각도 들었다. 소신과 행동에 흔들림이었다. 군자가 되기는 커녕 생계형 군인으로 살아야 하나?

눈 오는 날의 회상

올겨울에는 눈이 내리지 않았다. 그 눈 많다던 동해안에서도 작년 12월까지는 못 보았고 올해 여기 와서도 그랬다. 아무리 기후 온난화가 일상화되었다지만 눈 없는 겨울은 아직은 아니다.

토요일 오후부터 하늘이 흐려지기 시작하며 조금씩 눈 비슷한 것들이 날리기도 하더니 일요일 밤에는 가로등 불빛을 희미하게 할 정도로 내렸다. 야전과 달리 이곳에서는 폭설이 되었건 폭우가 되었건 신경 쓸 일이 없어 좋다. 그저 내 몸 하나 잘 간수하면 될 뿐이다. 다르게 생각해 보니 늘 따라다니던 책임으로부터 벗어나 자연이 주는 하얀색의 아름다운 자유를 느끼고 있는 것이니 감사할 따름이다. 눈만 오면 마구 뛰는 강아지의 마음을 오랜만에 찾았다.

이런 날 야전부대에 있었더라면 눈 소식을 듣는 순간부터 바빠졌을 것이다. 기상 예보부터 정확하게 확인하고, 몇 시부터 몇 시까지 얼마나 내린 후 얼 것인지 말 것인지 기온 변화도 확인해야 되었다. 군복 입은 사람들에게 특이한 기상예보는 바빠지게 하는 신호이다. 당장 내일 교육훈련 계획부터 조정한다. 평소 화재 우려 때문에 사용하지 않았던 조명탄, 신호탄, 신호킷, 예광탄 등 활성교탄과 교보재를 사용할 계획을 수립하고, 상급부대에 보고해서 승인받고 준비도 한다.

퇴근시간과 겹치면 빙판길 안전운행에 대한 강조사항도 전파한다. 이후 예상 적설량과 기온, 다음 날 부대 운영, 상급 부대 지침 등을 고려해 우리 부대에 맞는 대응 방안이 정리되면 말과 행동으로 조치를 한다. 야간 경계근무 투입 간에 미끄러져 다치지 않게 빗자루를 지참시켜 쓸면서 이동하게 제설도구 등을 준비시킨다. 아침 출근 시 빙판길 교통사고 예방을 위해 영외에 거주하는 간부들에게 안전운전 전파사항을 검토한다. 우발상황에 대비해 비상 연락망까지 검증하면 어느 정도 지침을 주는 것은 끝나고 결과 보고만 기다리면 된다.

그 시간은 현장 확인과 병행한다. 실외에 있는 각종 시설, 적사장, 제설도구, 야간 근무자 복장 등 실제 하달한 지침이 얼마나 제대로 이행되고 있는지 체크하는 것이다. 1%의 지시와 99%의 확인이라 했던가?

기온 급강하 예보까지 있으면 주둔지 내의 필수 활동 공간, 식당가는 길, 외곽 경계초소 투입로 등에 눈이 쌓여 얼지 않게 야간 제설조를 편성해 취침 전에 알려줘야 한다. 눈 온다는 소식이 반갑지 않기 시작한다. 날은 어두워지며 바람은 더 차가워진다.

눈 오기 전 밤하늘은 평소보다 그 어둠이 더욱 짙어진다. 흰색과 조화를 이루려 하는 것인지도 모르겠다. 세상이 어둠과 흰색만으로 바뀌기 시작하면 야간 경계근무자 외에도 누군가는 밤새 염화칼슘도 뿌리고 눈도 쓸고 또 쌓여있는 눈을 치우고 또 치워야 한다. 그러면서 아침이 되면 간부들이 하나 둘 출근해 보이기 시작한다. 몇몇은 아직도 눈 오는 밤의 추억에서 잠이 덜 깨인 듯 보이기도 한다. 간혹 그들 눈 속에는 가로등 불빛을 스치며 소복이 내리던 눈, 사랑하는 이와 함께했던 기억이 보일 때도 있다. 그날이 화이트 크리스마스였다면 눈을 떠나 얼굴 표정으로 나타나기도 한다. 출근길 도로는 교통경찰의 붉게 번쩍이는 경광봉과 야광 조끼들이 바쁘게 움직인다. 당직 근무자 지휘하에 도로에 쌓인 눈을 치우며 붐비는 모습들이다. 온통 하얗게 덮여 있는 설경과 조화가 되는 것 같기도 하면서 안 되는 것 같기도 하다. 출근 후 날이 밝아지면 밤샌 병사들의 수고로 초소, 순찰로, 도로, 식당가는 길 등 필수 공간은 어느 정도 확보되어 있는 것이 보인다. 동시에 그 주변 하얀 천사의 얼굴도 보인다.

하나님의 똥, 밤샌 제설작전에도 불구하고 우아한 모습으로 위장하고 남아있는 그들의 이름. 이들의 전초부대와 싸우던 이들이 부르는 이름이다. 찬바람과 연합해 청춘의 열기를 빼앗고 승리한 그들은 이제 불리해지자 백색 위장과 추억이라는 심리전까지 병행하며 조금이라도 더 오래 이 세상에 남으려 한다. 그들은 연병장, 도로, 탄약고 등 곳곳에 남아 먼저 녹아 사라진 전우의 시체, 또 다른 전우인 땅에 얼어붙어 강력한 저항 진지를 만든다.

이쯤 되면 순차적으로 투입되던 야간전투 개념에서 벗어나 전 부대원이 집중하는 전투현장으로 바뀐다. 지휘체계가 갖추어지고 솔선수범으로 무장한 초급 지휘자들의 독려가 시작한다. 따뜻하게 푹 쉬다 와서인지 그 전투력이 대단하다. 기운이 넘치는 듯 보이기도 하다. 하얀 눈 탓일까?

그때나 지금이나 하얀 눈은 그대로이다.
잠시 그 시절 모습이 여유로움과 대비되면서 하루가 즐겁고 행복하기만 하다.

정들자 헤어지는 일상의 반복

군인이 되고 만 30년 10개월 4일째, 겨울 찬비가 주룩주룩 내리는 날, 6·25전쟁 전사자 발굴유해 영결식을 거행했다. 약 70여 년 전 이름 모를 산야에 육신만 남겨두고 떠난 젊고 어린 영혼들을 위로하며 공식적으로 그들이 이승과 이별하는 행사이다.

그 의미를 하늘도 아는지 밤새 내린 비가 오후까지 이어졌다. 어찌 된 것인지 동일한 장소에서 또 다른 이별의 시간이 공존했다. 외형적으로는 저세상에 이미 가신 분들에게 이 세상 마지막 남은 육신의 흔적을 보내드리는 것이다.

다른 하나는 그동안 매일같이 고민하고 대화하고 눈빛을 나누던 전우와 함께하는 여기서의 마지막 임무수행이었다.

그 두 이별 행사의 살아있는 주인공은 여군 중령 인사행정과장이었다. 오늘 아침에 전출신고를 한 후 새로이 취임하신 지휘관께 드리는 부서의 초도 업무보고 참석에 이어서 오후에는 영결식 사회까지 보았다.

군인들에게는 전속 기간, 즉 부대와 부대를 옮길 때 이동 기간이 주어진다. 이 기간 동안 평소에 찾아보지 못한 선후배, 옛 지휘관, 가족 친지들도 만나고 다음 부임지에서의 생활을 위해 숙소 등을 확인하고 준비해야 한다.

이렇게 중요한 시간들! 그 소중한 순간 순간을 떠나는 부대를 위해 자발적으로 할애한다는 것은 그동안 몸담았던 조직에 대한 애정과 책임감이 없이는 어려울 것이다.

　아마도 자발적으로 군인으로서의 도리를 다하려는 진정한 군기가 있어야 가능할 것이다.

　사실 이 행사는 영동지역 시장, 군수 등의 지역 자치 단체장, 주요 기관장들이 참석하는 큰 규모로 진행된다. 이에 대한 실무를 책임지는 입장에서는 결코 가벼이 여길 수는 없었다. 이러한 행사의 승패는 사회자가 절대적인 역할을 차지한다. 물론 대체 인원도 있다. 하지만 대통령을 모시고 하는 행사 등 각종 크고 작은 행사의 실무를 맡으며 가까이서 지켜보아 왔지만 지금까지 그 어느 누구 못지않게 잘 해왔기에 신뢰가 더욱 남달랐던 것 같다.

　더구나 그동안 보여준 성실한 임무수행에 대한 고마움과 조금이라도 뭔가를 해주고 싶은 마음이 겹쳐졌다. 그러면서도 떠나는 전우가 개인 시간을 희생하는 것을 묵시적으로 바라는 듯한 상급자는 아닌지 돌아보기도 했다.

　전출신고를 하고도 오후 늦게까지 남아 임무를 하고 가겠다는데 '안 된다. 신고했으니 가라'고 말했어야 했는데… 그러나 연극하고 싶지 않았다.

　지난 시간들을 돌아보면 그의 진가는 연초부터 두드러져 보였다.

　곧 해체될 부대의 역사관을 신설하고, 영관 장교 한 사람이 정신적 문제로 제 역할을 못하고 휴직하기도 했다. 또한 동료에게 스트레스를 주며 어떤 임무에서든 안 되는 이유만 주절주절하며 부서 내에서 갈

등과 마찰을 일으키는 독특한 성격의 부사원까지 관리하기는 쉽지 않았을 것이다. 한편으로는 이러한 어려움을 잘 헤쳐 나가는 저리 똑부러지는 여동생이 있었으면 좋겠다는 생각을 해보기도 했다.

개인적으로는 한참 예민한 시기의 아들 둘, 자주 보지 못하는 남편 등 가족과의 물리적 거리와, 새로운 곳에서의 새로운 임무가 주는 복합적인 심적 부담은 상당했을 것이다. 좀 더 따뜻하게 안아줄 여유가 없었던 것은 내 부족한 업무역량과 성품 탓이지 않았을까 반성해 본다. 특히, 아내의 대학 후배, 여성이라는 외형적 관계의 틀에 갇혔던 것은 아닌가? 적절한(?) 거리를 유지해야 한다는 강박관념은 없었는가? 너무 과민한 선입견과 편견에 사로잡혔던 것은 아니었던가? 돌아본들 무엇 하겠는가?

물론 스스로 변명도 해 본다. 혹 가족들과 떨어져 지내는 남녀 상·하급자 간 일어날 수 있는 불필요한 오해, 말하기 좋아하는 사람들, 왜곡되기 쉬운 그들의 시선 등 핑곗거리는 적지 않다. 선의의 말이 길을 잘못 들어 엉뚱한 곳으로 향할 수 있다는 노파심이 몸에 밴 조심성에 공적인 업무 관계를 지나치게 지키려 했던 것이 스트레스를 주지 않았는지? 불편하기만 한 상급자는 아니었는지.

사실 같이한 1년이라는 기간을 돌아보면 '도와 달라, 들어 달라'고 했던 적이 한두 번이 아니었다. 그때는 '혹 이러다 내게 너무 의지하게 되면… 오해가 있을 수도… 나도 힘든데 서로 의지하는 관계로 발전되면…'

그리고 보면 여성들은 남성 위주의 군대라는 조직에서 참 힘들겠다는 생각이 절로 든다. 군대에서 여성의 역할에 나름 긍정(?)적인 편이라는 사람도 이 정도이니.

남들 탓하며 전우 사이에 쌓은 벽으로 인해 상처받지 않았으면…
아직도 그 생채기가 남아 있다면 없을 수야 없겠지만 좀 작았으면 좋겠고 여기를 떠나면서 곧 치유되기를 바랐다. 이런 마음이 통해서일까? 마지막 인사하러 왔다길래 식사나 간단히 하라며 봉투와 함께 "고마웠어. 잘 해주지 못해 미안했다. 너가 여성만 아니라면 안으며 고맙다 했을 건데"라고 하자 도리어 안아주며 "그동안 감사했습니다. 표현은 안 하셨어도 알고 있었습니다."

눈물을 글썽이며 떠나는 모습이 진하게 남는다. 이제 새로운 근무지, 여기보다 넓고 큰, 그곳에서는 편협한 시각에 사로잡혀 마음도 표현 못하는 그런 상관은 만나지 않기를 바란다.

2부

군대도 사람 사는 세상

긴장이 풀리면 면역력이 떨어진다

목이 아프다. 목감기인가?
예방접종, 위생, 보건, 건강의 중요성을 말해 무엇하겠는가?
약을 먹고 쉬어야 되는데 그럴 틈이 없다. 군에서는 누구든지 전염성 질병을 앓으면 무조건 격리를 시킨다. 연대장 때 하루 종일 붙어 다니던 운전병 겸 CP병이 독감으로, 또 눈병으로 격리(출근 안 하고 숙소 대기) 된 적이 있었는데 나는 멀쩡했다. 사실 창피한 말이지만 함께 전염되어 집에서 쉬고 싶었으나 단지 그것은 희망사항일 뿐!
아마도 아플 틈이 없다는 것을 온몸의 세포들이 아는 듯했다.

어떤 일화가 떠올랐다.
"학교 가야지! 얼른 일어나라!"
"엄마, 가기 싫어요! 선생들도, 애들도 보기 싫어요!"
실랑이를 벌이던 때에 어머니가 그러셨단다.
"그래도 니가 교장인데 이러면 되겠냐?"

나이, 신분 고하를 막론하고 일상, 책임으로부터의 탈출은 로망이다. 매 순간 순간을 긴장과 스트레스와 함께하고 있으니…

연대장 이취임식이 끝나고 어깨를 누르던, 의식하지 않으려 했던 무게에서 자유로워지니 그런 것일까?

　감기몸살이 며칠이 지나도 도저히 낫지를 않아 병원 진료를 받고 주사를 맞고서야 일어났다. 약 5일 정도 몸살 기간이 소요되었다. 그마저도 일요일 환송 예배가 있어 몸이 그 시간에 맞추어 회복된 듯하다. 아니면 지휘관으로서의 마지막 행사를 의식해 나아졌는지는 알 수는 없다. 어쨌든 지휘관 견장을 떼고 자유로워지면서 긴장이 풀림과 동시에 면역력도 급격히 떨어진 것 같다. 대대장 이취임식 때는 오후에 행사를 끝내고 다음 날 육본으로 출근을 해야 해서 긴장이 풀릴 틈이 없었다. 어찌 보면 일 없이 쉬지 않은 것이 다행이었다.

　예전 초급장교 시절에 자주 듣던 이야기가 떠올랐다. 전역 후 갑자기 죽는 경우가 많다는 것이다. 현역에 있을 때는 규칙적으로, 때로는 바쁘게 살다가 전역 후 일이 없으니 긴장도 풀리고 해서 죽는다는 것이다. 이와 비슷한 예는 최근 잘 아는 분도 그러셨다. 평소 건강에 둘째가라면 서러워할 분이었는데 전역 후 약 2주간 병원에 입원하셨다고 한다. 아마도 긴장이 풀리니 그동안 눌려 있던 온갖 잡균들이 창궐한 듯하다.

　마치 인간 누구나 가지고 있는 암세포가 숙주가 약해지거나 긴장이 풀리면 갑자기 번성해지는 것과 비슷하게 보인다. 최근 한 주 동안 실종사고, 예하부대의 자살사고, 인접 부서의 내부 갈등, 마찰 등으로 인한 보직해임, 징계 등이 연이어 집중되면서 스트레스를 많이 받은 듯하다. 추가해서 토요일에는 얼굴 표정이 최근 어둡던 부서원이 연락이 되질 않는 초비상 상황이 발생하기도 했다. 다행히 사우나 들어가서 잠시(?) 전화를 못 받은 것으로 확인되었지만.

　그런 것들이 일단락되고 나서야 마음이 편해진다. 여기 동해안으로 온갖 인간들의 너저분한 잡사를 청소하러 온 것도 아닐진대.

참 신경 쓸 일이 많았던 한 주였다. 월요일 아침 출근하는데 말이 나오지 않았다. 억지로 버티다 의무대에 가서 전염성은 없는 것으로 보인다는 소견과 약을 5일 치 받아 왔다. 뭔 그리 약이 많은지 한 번에 네 알이나 먹어야 한다나! 군의관은 진단을 하면서 약을 먹고 쉬라고 한다. 지휘관님께 보고할 것이 있어 이발하고 계시는 곳으로 갔다. 목소리를 듣고는 쉬어야 낫는다는 말과 함께 퇴근하고 쉬라 한다. 여러 가지 보고 건이 있었지만 하나도 제대로 못하고 나왔다. 막상 부대를 나와 일상으로부터 벗어나니 갈 데가 없었다. 선뜻 집까지 데려다준다는 후배의 차를 얻어 탔다. 집에 가기 전 바닷가 가서 바람도 쐬고 좋았다. 같이 점심도 먹었다. 말을 적게, 목소리를 작게 하니 편했다. 역시 말이란…

몸이 불편해지고 나니 건강이 소중하다는 것을 잊고 살지 않았나 하는 반성이 된다. 특히, 공기의 귀함을 새삼 깨달았다. 공기청정기와 환풍 설비가 되어 있는 실내에서도 나오는 기침이 신선한 공기가 넘치는 실외에서는 나오지 않는다. 늘 함께 어떤 대가도 요구하지 않고 주어지거나 누릴 수 있는 것들은 없어져 봐야 그 존재를 알 수 있는 듯하다.

나를 둘러싼 일상의 모든 것이 소중하고 귀한 것이다. 그 모든 것에 감사하며 살아야 함을 알게 해 준 감기마저도…

다시 찾은 양양(襄陽) 산하

수평선 뒤 바다에서 떠서 설악 너머로 지는 '해가 뜨는 고장'.
경치나 술이나 취하는 건 마찬가지던가?
아름다운 바다와 산, 바람에 취해 동해를 붉게 물들이던 그 태양도 태백준령을 넘어가기 아쉬워하는 곳!

강원도 동해안에서 가장 유서 깊은 동네, 술에 취하기 전에 경치에 취한다는 관동의 중심, 그곳은 바로 양양이다. 강원도는 강릉과 원주를 합한 것이지만 예전에는 원양도(원주와 양양), 강양도(강릉과 양양)라고 불렸다. 원주와 강릉은 들었다 났다 했지만 양양은 계속 있었다. 우리나라에서 가장 오래된 8,000년 전 신석기 유적지가 오산리에 있으니 혹 그때 이곳의 풍경은 어떤 모습이었는지 상상해 본다.

설악의 대청봉을 뒤로, 앞으로 푸른 바다가 보이는 곳이다. 자연 경관이 얼마나 좋았을까? 고려 말에 하륜(河崙)과 조준(趙浚)은 어땠을까? 때를 기다리며 동해의 붉은 일출과 설악의 기개를 벗 삼아 살았다는 이야기도 전해 온다. 그 빼어난 풍경에 숨어 사나이의 기상, 울분을 금수강산으로 덮었던 것은 아닐까? 아니면 이곳의 기상과 패기를 이어받고 승화시킴으로써 이성계를 도와 새로운 오백 년의 기틀을 세웠을까? 조선 태종 때는 동해안에서 유일하게 도호부가 설치됐었다. 태조 이성계의 외가가 있었다니 태종이 아버지에게 점수 따려고 했다는 말도 내려

온다. 믿거나 말거나이다. 송강 정철은 어떠한가? 강원도 관찰사로 이 곳 관동지역을 돌며 지은 관동별곡, 경치에 취해 직무를 유기하고 동해안 곳곳을 수개월 돌아다녔다 한다. 이를 빌미로 수많은 탄핵 상소가 빗발치자 이를 피하기 위해 관동별곡을 지었다는 설도 있다. 어찌 되었건 예로부터 경치가 좋았던 것은 누구나 인정할 수밖에 없었을 것이다. 연암 박지원은 어떠한가? 그의 마지막 관직이 양양부사였다. 비록 8개월 정도 했지만 녹봉은 엄청나게 챙겼다. '양양의 아름다운 산과 바다에서 1만 냥을 받았고 녹봉으로 2천 냥을 받았다'고 한 일화가 있다. 자연 경관의 가치를 일찍이 알아본 선구자이다.

나는 어떠한가?

25년 전 청운의 꿈을 안고 오만촉광을 번쩍이며 버스에서 첫 발을 내딛던 양양 시외버스터미널도 그대로이다. 매일 출근하는 이곳에서 초임지로 가기 위해 야전에서의 첫 신고를 했다. 7번 국도를 따라 미시령 기슭과 건봉사를 스쳐 돌았다. 굽이굽이 셀 수도 없는 굽잇길, 아리랑고개를 따라 건봉령을 지나 건봉산의 정수리에 위치한 노무현 벙커도 거쳤다. 저 멀리 보이는 봉우리들이 금강산 일만 이천 봉 중북쪽에 위치한 것들이다. 금강산을 유람하신 조상들에게조차도 부러운 것 하나 없다고 생각해 왔다. 하지만 건봉산 정상에서 북녘땅, 금강산을 눈으로만 볼 수 있다는 사실을 깨닫는 순간! 감사함과 서글픔이 복잡하게 뒤엉킨다. 지금은 우리가 갈 수 없으나 반드시 가야 할 그곳이다. 사실 여기까지 오는 길은, 어쩌면 그 선인들의 금강산 구경과 같을 수도 있을 것이다. 하지만 같은 곳을 가더라도 목적과 마음가짐은 그 사람의 수만큼이나 다를 것이다. 최종 목적지는 오소동!

까마귀가 많아 이름을 그리 지었다고 전해진다. 금강산 갈 때 이곳까지만 오면 고생을 다했다 해서 이름 지어진 고진동, 그 너머 오소동에서는 금강산의 까마귀, 그들이 나도 반겨 주었다. 아마도 그들은 자연 그대로 태초부터 존재했을 것이다. 첫 임지 오소동은 한반도에서 유일하게 남에서 북으로 흘러, 동해로 나가 해금강을 이루는 물줄기의 발원지이자 77.6km 남강의 한 출발지 계곡이다.

아무 생각 없는 계곡물도 북으로 가려면 소위 수문장의 허가를 받아 통과해야 했다. 단, 북에서 자유 찾아 귀순하는 이름 모를 신기한 물고기들은 대환영이었다. 1993년 어느 날, 그곳을 책임 지던 소위 한 명이 총을 쏘아 그 많은 까마귀 한 마리를 잡으려고도 했었다. 몸에 좋다는 말에 당시 한 마리 가격이 20~30만 원씩 한다 했다. 이거 한 마리면 철책 근무 동안 황금마차를 소대원들이 전세로 임대할 수도 있었다. 그런데 참 신기한 것은 쏘려고 장전하면 그 찰각하는 소리를 신호로 순식간에 날아 도망갔다. 그렇다고 언제 보일지 모르는 녀석들 때문에 항상 장전하고 다닐 수도 없었다. 잠시 순수했던 그 시절로 돌아가 보았다.

작년 겨울 혼자 운전하며 그 기억 속으로 들어온 지가 벌써 몇 개월이던가? 1년이란 시간을 무엇 하며 보낼 것인가? '자문하며 조선의 선비, 그들처럼 세월을 보내려 했다. 그러나 이마저도 쉽지 않았다. 힐링하기 좋고 눈을 맑게 하고 산해진미가 있기 때문일까? 과거 전우, 친구, 친척, 고교 선생님까지 오셨다. 모두가 영혼의 친구들이다.

조선의 한가로운 선비, 군자처럼 살고 싶은데 그 모두를 방해꾼이라 하면 과한 것일까? 그 옛적 하륜과 조준, 송강, 다산이 그랬듯이 내 있는 이곳을 즐기고, 그들처럼 글을 벗 삼아 읽고 쓰며 유유자적, 감사하며 살고 싶다. 나 또한 연암처럼 엄청난 녹봉을 받는 거나 진배없으니 마음은 이미 부자가 되고도 남음이다. 어느 시인은 '김삿갓은 금강산에 들어오기 전에는 얼치기, 건달이었지만 금강산에 들어오면서부터 세상에 이름을 알리기 시작했다'고 한다. 나도 동해안에 오기 전과 후로 필력이 바뀌길 바란다면 과한 욕심인가? 그 위대한 문호들처럼은 아니더라도 풍자와 해학이 인생살이의 아름다움을 감싸는 글을 쓰고자 한다면 지나친 것일까? 이미 가진 것 많은 복에 겨운 방랑인데다 무엇보다 무인으로서 마음의 고향, 이곳에서 건강하신 아버지께 아침저녁 인사드리고, 어머니 지어 주신 밥 먹고 사는 이 모두가 감사하지 않은가?

멀리서 찾아 온 붕우(朋友)

논어(論語)에 '유붕자원방래(有朋自遠方來) 불역낙호(不亦樂乎)'라는 유명한 말이 나온다.

'멀리서 벗이 오니 즐겁지 아니한가?'

예전 함께했던 전우가 거의 4시간을 혼자 운전해 여기까지 왔다.

뜻밖이다. 무척 힘들 것인데, 불확실한 미래, 거의 매일을 밤늦게까지 PC 키보드, 모니터, A4 용지와 싸우는 것도 힘들 것이다. 피곤해 부르튼 입술, 훌쩍 늘어난 주름, 건조해 보이는 피부, 푸석푸석해 보이는 얼굴, 아저씨처럼 조금 나온 배! 그 20대 중반의 생기는 찾기 어려웠다. 세월 따라 변한 외모는 자연의 섭리이니 어쩔 수 없는 것이다. 하지만 '얼마나 답답하면 이 먼 길을 달려왔을까?' 스스로 왔지만 막지 않은 것이 못내 아쉬웠다. 전화로 이야기할 수도 있었지만, 가끔은 얼굴을 보며 대화해야 한다는 내 지나친 조심성과 아집이 그를 힘들게 한 것이다. 숙소에 여장을 풀고 남대천, 낙산 해변을 거쳐 설악항에 갔다. 4월 초 이 지역을 할퀴고 간 화마의 상처도 조금씩 아물어 가는 듯 도로, 주차장에서부터 북적거림이 느껴졌다.

예약은 했지만 늘 앉던 그 자리가 선점되어 방파제 등 되길, 소공연장을 포함한 해변 공원, 미니 어시장 좌판 등을 구경했다. 코를 통해 들어

온 동해바다의 짠 내음은 폐 속까지 뻥 뚫어 버렸다. 마치 지저분한 상처 부위가 소독되는 것 같고 꿰맨 곳이 갑자기 아무는 느낌이었을까? 이제는 그 얼굴에 탁한 기운은 온데간데없다. 작은 수족관 속에서 생기를 내뿜고 있는 해산물을 사진에 담기도 했다. 우리도 이 분위기를 배경으로 한 컷!

평소 휑하던 것과는 달리 오가는 사람의 줄이 생겼다. 어딘가에선 구성진 노랫소리도 들리고, 가족들, 친구들, 관계 유추가 되지 않는 양 각색의 사람들이 웃고 떠드는 소리가 끊이지 않았다. 이리저리 다니며 이야기를 하다 보니 막상 테이블에 앉기도 전 이미 많은 이야기를 해버렸다. 투명한 비닐 칸막이 너머로 보이는 빨강 등대, 정박해 있는 작은 어선들, 찰랑이는 파도, 가끔 갈매기 소리, 소주 병이 비워질수록 우리는 처음 만난 그 시절을 향해 기억의 달음질을 치기 시작했다. 처음 마주친 까무잡잡한 얼굴, 칼처럼 접어 올린 팔소매, 중대장들보다 더 각진 자세였다는 등등. 그가 표현한 내 첫인상이었다. 그때 표정, 눈빛도 간간이 보이며 천진난만했던 그 시절을 이야기했다.

이제 30대 중반이 되어 한 가정을 이루고 고민하는 모습, 시름을 잊으려는 듯 당시로 돌아가 하는 애기 짓, 일화 등을 쉼 없이 재잘대는 모습이 안쓰러웠다. 오십이 된 나에게 이래라저래라 한다. '그때 이런 말씀을 해 놓고선 그러시면 안 된다. 저희들을 봐서라도 힘이 되어야 합니다.' 등 계속 이어진다. 지휘관 군장이라 늘 해 오던 대로 야삽 등 무거운 건 빼고 편의품 위주로 쌌다가 혼도 나고 한겨울 꽁꽁 언 땅에 곡괭이질로 불꽃이 튀던 새벽, 옥갑산에서 방향을 잃어 헤맨 밤, 기진맥진했음에도 민간인들 본다며 위장을 다시 하고 의젓한 척, 사격 못했다며 혼내고 위로의 식사 후 복귀하며 요즘은 대대장이 엉성한 소대장 위해 운전에, 식사에, 소주까지 대접한다며 놀리던 일 등등.

예전에 몰랐던 숨은 이야기들이 정겨웠다. 가끔 잔소리(?)를 그만하라면 말 끊지 말고 이제 좀 들어보라며 줄줄 나오는 추억담이 즐겁게 했다. 부딪히는 소주잔에 박자를 맞추며 그 시절을 행군하는 듯했다. 가끔 '그때 그랬냐?'라고 말하면 이는 추임새가 되기도 했다. 한참 후배이자 부하였던 전우에게서만 들을 수 있는 우리들의 이야기였다. 그를 위해 무엇을 할 수 있을지 모르겠다고 했지만, 개의치 않아 했다. 바쁜 일상에서 벗어나 바다 보며 힐링도 하고 궁금한 이야기도 듣고 조언도 할 수 있어 좋다고 했다. 그의 바람처럼 우리가 다시 볼 때는 서로의 달라진 계급장을 달 수 있다면 더할 나위 없을 것이다. 우리가 농담 속에 그렸던 그런 시간을 위해!

함께 나아가자! 우리는 붕우이니까!

결핍을 통해 보는 세상

　세상은 보는 눈과 마음에 따라 사람마다 다르게 느껴진다. 사물의 본질은 변하지 않고 그대로인데도 그렇다. 질량보존의 법칙, 열량 보존의 법칙 등 변하는 게 아니라 다른 곳으로 가든지 형태가 변하든지 하지만 본질은 그대로라는 말이다. 단지 사물, 세상사를 보는 우리의 눈! 그 관심의 프리즘을 통해 다양한 스펙트럼으로 다르게 보이는 것이다.

　최근 멀리서 지휘관을 찾아온 서울의 영광교회 손님들과 식사를 하게 되었다. 여러 사람들 중 우리 쪽은 목사님, 지휘관 사모님, 동생 같은 후배 내외 등이었다. 여러 주제를 가지고 저녁을 같이 하게 되었다. 이곳 영동의 풍경이 너무 좋아 많은 사람들이 요양을 위해 오는 경우도 많다고 한다. 더해서 집 가격도 싸고 주변 자연환경이 너무 좋다는 말에 모두 공감하였다. 이곳에 와 보니 연봉을 한 10억은 받는 것 같다고도 했다. 조선시대 대표적인 실학자인 연암 박지원이 1800년 양양부사로 봉직할 당시 "양양의 아름다운 산과 바다에서 1만 냥을 받았고 녹봉으로 2천 냥을 받았다"는 '경관녹봉론'을 흉내 내며 이곳 근무에 대한 만족감을 드러내기도 했다. 다들 '그 정도는 아니다'며 너무 비싸다고 해서 더는 말을 안 했지만⋯ 이 지구상 그 어디에도 비교할 곳 없는 신선한 공기! 태백의 원시림에서 뿜어내는 청량한 산소까지⋯

아름다운 천혜의 경관이라는 사실에는 동의하면서도 약간의 뭔가 불편함이 있는 듯 느껴졌다. 좀 시간이 지나자 그 이유를 자연스레 알게 되었다. 군인 관사로 주제가 자연스레 넘어갔다. 고라니가 영역 표시를 하고 뱀도 허물을 벗어 놓고 간다는 등 자연과 함께 사는 우리들만이 공감할 수 있는 사실들이었다. 두 여성은 용산의 같은 아파트 단지에서 살아 본 경험을 공유했다. 반포대교 쪽 뷰가 좋다, 롯데타워 쪽 뷰도 보기에 좋다, 여의도에서 하는 불꽃놀이가 장관이다. 롯데월드의 그것도 대단하다는 등… 거기는 장군 숙소 동이라 넓고 좋을 것이다며 동생이 이야기하자 전주탑으로 건강에 안 좋으나 그런 곳에 사려면 10억이니 15억이니 등, 서울의 집값은 너무 비싸다는 것과 그곳의 뷰가 너무 좋아 어느 민간인이 사러 왔다가 부동산 중개소를 찾기 위해 한참 헤매다 갔다는 이야기도 있다 한다. 집이 아직 없으니 분양을 받으면 된다. 점수가 있어야 하고 누구는 6억 5천에 분양받아 5억에 전세를 주었는데 지금은 11~12억 원으로 너무 비싸 살 수 없다는 투덜거림도 이어졌다.

삼겹살이 주메뉴라서 그런지 대화는 자연스레 요즘 돼지고기가 비싸졌고 회관에서 양고기 메뉴가 새로이 들어왔는데 그 영향으로 잘 팔린다는 먹는 이야기, 목사님은 '이스라엘 성지 순례를 갔는데 관광지라 그런지 양고기가 너무 비싸서 못 먹었다'라고 하며 약간의 경제적 불편도 살짝 비추기도 하고 거기가 왜 관광지이냐 묻는 비기독교인의 질문 등 오고 가는 말들이 웃음과 섞여 즐거움을 더하는 행복한 시간이었다. 이런 생각과 경험, 시각을 주고받다 보니 한 가지 특징이 보이기 시작했다. 같은 사물, 사건 등을 보더라도 사람들마다 다르게 본다는 것이다. 스스로의 결핍을 타인과의 대화 속에서 드러내고 있었다. 누구는 건강, 누구는 돈, 누구는 진급에 대한 선망도 있었다. 그 와중에 그들을 관찰하며 글로 옮기고 싶은 사람도 있고.

　모두가 같은 시간과 장소에서 같은 주제를 가지고 같은 언어로 대화를 하는데 느끼고 생각하는 것은 다 다르고 제각각이다. 스스로의 관심에 따라 그런 듯하다. 누구는 결핍이라는 안경을 쓰고 세상을 보고 어떤 이는 결핍이라는 경험이 그 눈을 통과한 빛을 해석한다.

　결핍이란 '있어야 할 것이 없어지거나 모자란 상태'를 뜻한다고 한다. 우리들 모두는 저마다의 눈으로 세상을 보는 것임에는 분명하다. 그 눈을 통해 들어온 요소는 또 한 번 저마다의 머릿속을 돌아 밖으로 표현되는 것 또한 사실이다. 그 눈을 덮거나 가리고 있는 형형색색의 안경도 있을 수 있고 살아오는 동안 축적된 시간, 경험 등과 섞여 일어난 케미현상도 영향을 줄 수 있을 것이다. 마치 프리즘을 통해 여러 가지 스펙트럼으로 나타나는 빛처럼 우리가 보는 세상도 보고 싶은 것을 볼 수 있는 눈과 원하는 것을 바라는 생각이 모여 표현되는 것은 아닐까? 보고 싶고 원하는 것! 내게 그 결핍은 무엇일까?

전우

2박 3일간 예하부대 지도방문!
삼척부터 동해안 최북단 건봉산까지 둘이 딱 붙어 다녔다. 3일을 같이 다녔다. 도대체 몇 시간을 같이 했는지?

출장 첫날이 월요일이라 바쁘기가 더했다. 7시 30분에 출발한다고 알려주고 정작 본인은 거의 한 시간 정도 빨리 나온 건 뒤에 알았다. 미안할 따름이다.

참모 기능별 실무자 한 명씩 총 5명이 한 팀이었다. 상급자라 불편했는지 같은 부서라며 우리 둘을 함께 편성했다. 그런데 숙소는 달랐다. 내가 부담스러웠나 보다. 숙소는 혼자 사용하게 했다.

바다가 보이는 좋은 방이었다. 예전에는 혼자 있으면 불안했는데 이제는 조금씩 적응됨을 느낀다. 또 다른 변화도 있다. 이제 온몸의 세포가 노화되는지 아니면 새로 자라나는 것들이 줄어들기 때문인지 문을 닫고 자는 날이면 아침에 환기가 필요하다.

밤새 그 쾌쾌한 공기를 마신다 생각하니 끔찍하다. 언제부터인지 모르겠지만 자기 전에는 창을 살짝 열어두기 시작했다. 바닷가 숙소라 그런지 밤새 파도 소리를 들었다. 저리 잔잔한 파도에서 어떻게 그 큰 울림이 오는지 경이롭다. 요즘은 잠도 줄어드는 듯하다. 어른들이 하신 말씀이 떠오른다. '늙으면 잠이 없어진다'고들 하셨다. '아직 쌩쌩하다'는 말을 듣는데…

목욕탕에 가거나 운동을 할 때, 대화를 할 때 듣던 말은 거짓말인가? '계급장 떼고 이마에 주름만 좀 시술하면 청춘이다', '관리 잘했다'는 것이 입에 발린 말이었던가?

그런데 이 친구는 이런 말을 하지 않는다. 이 글을 쓰다가 말을 걸어와 대답하느라 몇 줄을 저장 못하고 날렸다.

"너 때문에 이리 되었잖아!", "그런 데 작성하지 말고, 메모장에 하십시오" 당돌하다. 맞는 말이다. 다른 후배들 같으면 '죄송합니다!' 했을 것이다.

오랜만에 일상으로부터 탈출! 게다가 편하면서 정감 있는 사람 냄새 나는 전우와 함께하는 시간에 이런저런 대화도 많았다. 달리는 차 안이라 메모를 할 수 없었다. 정확히는 언제부터인가 차 안에서 무엇인가를 보면 어지럽다. 나를 향해 인간미 넘치는 톡 쏘는 이야기를 기억하려 물으니 '생각해 보십시오!'라 한다. 웃음이 절로 난다. 소위 때 전입 신고 한 연대에 갔다 복귀하려고 연대장과 차를 기다리고 있었다. 피곤해 입술이 터서 그런지 립글로스를 바르며 다가왔다. "좋은 건 저만 바른다."라 말했다. 짝다리에 계속 바르며 "제가 쓰던 걸 드릴 수는 없습니다."라 한다. "의무대장에게 저녁에 숙소로 가져 오라겠습니다"며 놀린다.

재미있다. 다 같이 박장대소다. 말을 참 재미있게 한다. 지난 산불로 군데군데 잔재가 있는 길을 따라 바다가 보이는 용촌 휴양소 숙소에 도착했다. 온 종일 피곤했을, 입술이 부르틀 만큼 힘들었을 것이다.

간단히 짐을 풀고 이틀의 수고에 감사 표시를 했다.

'내일은 내가 할게! 운전을 혼자만 하게 해서 미안하다, 교대하자'고 했더니 들어주지 않는다. 대신에 이런 답을 보내왔다.

'자동차 운전은 내게 있어 활력소와 같습니다. 운전을 하는 것, 자동차를 공부하고 직접 몸으로 느끼는 것은 저의 즐거움 중의 하나입니다.'

누가 나를 대신해 운전을 해 준다고 하면 그의 마음(나를 배려해 주는 마음)은 고마우나 썩 즐거운 것만은 아니다. 일상의 재미를 빼앗긴 것 같은 약간의 아쉬움이라고나 할까?

나의 즐거움을 다른 사람과 나누는 것은 좋은 일임이 분명하지만 그가 힘들어하는 것(좋아하지 않는 것)을 굳이 그의 배려 때문에 나의 재미를 포기하는 것은 어리석은 것이 아닌가? 물론 그의 운전 실력을 의심하는 것은 절대 아니지만 말이다. 내일도 얼마만큼의 거리를 운전해야 할지 모르겠지만 한 번도 와 보지 않은 길을 다른 이와 같이 가는 것 또한 즐거운 일임에는 분명하다. 멀리서 벗이 찾아오는 것도 즐겁지만 벗과 함께 새로운 곳을 찾아 떠나는 것! 이 또한 즐겁지 아니한가?

매일 새벽잠을 설쳐서 이 생각 저 생각에 시간 보내다 연락하면 그에게는 모닝콜이었다. 얼마나 피곤할까? 낯선 길을 자신의 상급자이자 인사권자인 나와 같이하는 게.

그럼에도 싫은 기색하지 않고 안전하고 편하게 데리고 다니는 고향 동생 같은 전우가 있어 즐겁다.

'너도 그렇지?'라며 묻고 싶지만 또 무슨 핀잔을 받을까 두려워 참는다. 40세가 넘은 지 꽤 되었음을 안다. 그 나이 때는 가급적 윗분과 좀 떨어져 있으려 했는데, 참 괜찮은 친구다. 배울 것이 많은 사람이다.

고맙다! 내일은 꼭 내가 운전할게!

두목의 향

두목 찾아 전우들이 왔다. 두목의 향이 그립 다나? 주임원사, 행정보급관 등 5명이 단체로 금요일 휴가를 내어 먼 길을 찾아왔다. 한차례 방문 일자가 연기되기도 했지만 그 기다리던 기대감을 준 것만으로도 이미 그들에게 감사했다. 임기를 마치고 떠나는 윗사람에게 할 수 있는 최고의 찬사는 '찾아뵙겠습니다.'이다. 조직생활을 하는 사람이 윗사람에게 좋은 감정만을 가질 수는 없기 때문에 더욱 그렇다.

하지만 좋은 기억을 하려는 노력은 해 보려고 한다. 왜 일까? 먼저 정신건강에 좋고 굳이 조직 내에 있으면서 앞으로도 여러 영향을 줄 사람과 굳이 등질 필요가 없기 때문이다. 특히 군내 생계형 장교들이야 말해 무엇 하겠는가? 그리고 부사관, 병들도 정도에 차이는 있지만 비슷하다. 주로 궂은 일을 직접 해야 하는 사람들이니 그걸 시키는 사람에 대한 좋은 추억은 많지 않을 것이다.

또한 군인의 직업적 특성상 휴가가 아니면 근무지를 벗어날 수 없는 현실적 제약도 있다. 꼭 필요한 경우라면 휴가를 내어야 한다. 그 휴가 또한 잦은 부대 일정 변경, 예기치 않는 사건사고 발생 등 돌발 변수들로부터 많은 영향을 받는다. 이러한 것들을 제외하더라도 특정일에 휴가자가 몰리면 안 되는 군사대비태세 유지 관련 규정 등 한 달에 한 번 정도라도 휴가를 개인의 일정에 맞게 간다는 것은 쉽지 않다. 그런데 그들이 한 '찾아뵙겠다.'던 말의 진정성을 약간의 의심과 함께 흘려들은 것을 반성했다. 인사말 정도로 생각했다는 것이 미안하게 된 것이다. 여태까지 스쳐 지나간 수많은 전우들 중 이 말을 내뱉고 행동으로 보여 준 이들이 몇이던가? 마음이 변하고 상황이 변하고 더 이상 줄 것이 없는 사람이라 생각되면 귀한 시간을 억지스럽게 만들어 찾아본다는 것이 보통의 정성, 마음만으로는 어렵지 않은가?

이러한 마음을 가진 이들 중 최근 여럿이 안부와 함께 사진을 보내왔다. 작년 복잡한 마음을 추스르고자 조그만 정자 옆에 심었던 장미와 라일락이 활짝 피어 향이 나는 모양이다. 그 모습을 담은 사진이었다. 그중 최 연장자였던 한 분은 사진과 함께 감동을 주는 메시지도 보내 주셨다. '두목님의 향기만 남습니다.' 향기가 글을 타고 전해왔다. 같이 있을 때 한 번 들어본 '두목님' 단어를 다시 듣게 된 것이다. 올 초 여름에 인생 이 막을 시작하신다고 하셨다. 군복도 먼저 입은 후 먼저 벗으시는 것이다.

두목님의 향기라…
아마도 그들은 보이지 않고 잡히지는 않으나 그 향을 느끼고 있는 것 같다. 사실 그 마음은 똑같으리라 생각된다. 부모님께 그들이 놀러 온다는 이야기를 해 드렸다. 안 그래도 보고 싶었다고 하셨다. 그들도 부모님 안부를 묻곤 해서 '집에 잠시 들려 차 한잔할 수 있을까? 부모님도 보고 싶어 하시던데' 좀 무례한 부탁을 했다. 흔쾌히들 동의해 주고 좋다고 한다. 감사한 이들이다. 아파트 앞 주차장에서 안내해 집으로 왔다. 부모님도 반가워하신다. 오래간만에 아는 얼굴들을 보니 좋으신 모양이다. 아들 밥 먹인다고 그 춥다는 강원도까지 따라오신 감사한 분들! 오십이 된 큰아들 끼니 걱정을 하시는 분들이다.

잠시 같이 과일을 먹으며 담소를 나누다 다음 행선지로 출발했다. 어머니가 손님들 오신다며 사 오신 그 과일이 어머니의 정이란다. 바닷가 매번 가던 횟집에 갔다. 다들 유튜브에서 본 곳이냐 묻는다. "알면서 확인까지 하냐?"라는 말로 대답을 대신했다. 해삼, 멍게로 시작, 가자미, 청어회에 그 귀하다는 오징어까지… 홍게에 러시아산 대게까지 먹을 수 있는 만큼 먹어보라 했다. 결국 회는 그만하고 매운탕, 요즘 명태를 대신한 대구탕이란다. 귀하다고들 한다. 바다에서 먼 지역, 충청도에서 왔으니 그럴 수도 있겠다 싶었다. 바닷가 작은 횟집에서 싱싱한 자연산 회를 맛있게 먹었다. 특별히 사장님께 부탁한 보람을 느꼈다.

아침까지 친구들과 노닐다 올라온 아이들로 배를 채우고 맥주 한잔하러 쏠비치로 갔다. 웨이터 연습을 하던 곳이다. 메뉴판을 가져다주며 고르라 했다. 과일을 먹고 싶다 했으나 미리 사다놓지 않고 사전 주문 시만 준비한다고 한다. 결국 캔에 들은 황도와 함께 독일산 맥주를 냉장고에서 꺼내왔다. 시간이 잠시 주어지니 40대 후반의 중년들이 닥트 게임을 하며 놀고 있다. 물론 여기서 빠지면 안 되는 음악, 'sound of Silence'를 블루투스 스피커로 나오게 했다. 즐거운 시간이다. 멀리서 찾아준 고향 형님 같은 주임원사, 두○, 중○, 성○, 승○과 같이한 시간, '멀리서 친구가 찾아주니 이 또한 즐겁지 아니한가!' 군자가 된 듯한 시간이었다. 숙소로 이동했다. 맥주를 마시던 곳에서 멀지 않은 바로 근처 아무도 없는 바닷가 별장이다. 이런저런 이야기로 깊어지는 밤이 짧게 느껴졌다.

즐거운 밤을 샌 후 바라본 아침이다. 아름답다.

ㅇㅇ훈련, ㅇㅇㅇ연습 등 밤을 낮처럼 지새울 때 어찌나 눈꺼풀이 무겁던지 마치 그 무게에 죽을 것만 같던 연이은 날들! 누가 인간을 야행성 동물이라 했던가! 그러나 마음이 통하는 사람들과의 밤은 짧기만 하다. 동해의 일출이 이리 아름다울 수 있는가 감탄도 수없이 해 보았는데 오늘만은 못 했던 것 같다. 사람의 향을 느끼며 바라보는 일출을 그 어디에 비할 수 있을까?

어제 먹다 남은 홍게, 대게 껍데기를 넣고 끓인 라면에, 세종에서 올라온 김치를 곁들여 같이 나누었다. 입으로 느끼는 맛과 마음으로 느끼는 맛이 이리 다를 수 있는가! 두목이 아침부터 일이 있어 먼저 일어서니 다들 따라 나온다. 피곤할 텐데… 두목과 같이하고서도 아직도 그 향이 아쉬운가!

마지막까지 제일 연장자이신 고향 형 같은 분이 운전을 해 주신다. 감사할 따름이다. 그토록 좋아했던 우리 부대의 모토 '자발적 군기로 무장한 ㅇㅇ연대, 도리를 다하는 ㅇㅇ연대, 본질을 추구하는 ㅇㅇ연대', 혹 그분은 이것도 도리로 생각하실까?

누가 질문했다. '인생의 목표가 무엇이냐?' 주저 없이 답했다. '도둑이다! 마음을 훔치는 도둑, 지혜를 훔치는 도둑, 내 마음을 훔친 도둑의 마음을 훔치는 도둑'.
그들의 마음을 훔쳐 괜히 아까운 시간, 귀한 그들의 시간을 빼앗은 것은 아닌지? 그저 고맙고 미안할 따름이다.

향

있을 땐 몰랐네
그 향이 그리울 줄
떠날 때 알게 된 아쉬움

그 자리 애먼 놈이
채운들
향이야 어쩌리까

멀리 있어 잊을 줄 알았건만
갈수록 짙어지는
그리운 내음

있을 때 못 느낀
짙어지는 향이
세상에 또 있을까

전우와 함께한 서울 출장

한여름 격정을 뒤로한 녹음과 낙엽이 한데 공존하는 가을날! 부서원과 서울 출장을 간다. 이곳 동해안으로 온 지 1년이 다 되어 가지만 이런 하루짜리 서울 여행은 처음이다. 어제까지 휴가를 마치고 출근하자마자 밀린 결재, 보고 받고, 엉성한 지침을 주고 나니 한 시간이 금방 갔다. 실무자 한 명이 운전을 한다고 한다. 내년 38도 선 돌파 기념행사를 위한 예산 획득이 목적이다. 6·25전쟁 때 3사단의 38선 돌파를 기념해서 올해까지 10년째 해오던 것이다. 매년 수자원공사와 양양군에서 지원해왔는데 올해는 수자원공사 영업 실적이 좋지 않아 지원 규모가 삭감되어 소규모로 기념식만 하였다. 그러나 내년의 행사 규모는 예년 수준으로 원상복구하기 위해서 추가적인 예산 확보가 필요하다. 작년에 좀 반영했으면… 과장이 2년째 하고 있는데 아쉬움이 남는 부분이다.

수행하는 소령은 약 10년 전쯤 대대장 초기 소령 〈진〉으로 작전과장으로 같이 했고 지금은 중령 진급 4차까지 도전한 고참이다. 그때 분명히 '다음에 우리 다시 만날 때는 서로 다른 계급장을 달고 보자' 했건만 그는 아직 그대로이다. 경기도 이천의 시골 장호원에서 30대의 전도유망한 청년 장교였는데 이제는 유치원생을 자녀로 둔 40대의 가장이다. 당시 주변에는 여가를 보낼 만한 곳도 없었고 마땅한 취미도 없는 듯 보였다. 취임 후 몇 개월이 지났을까? 우연하게 교제하는 여성이 있다는 것과 주말이면 특별히 하는 것도 없음을 알게 되었다.

일이나 업무야 평일 날 열심히 하면 되는 것이고 부대야 지휘관이 지키면 어떤 비상이 있더라도 대응 가능하다는 평소 소신대로 약간의 파격이랄까? 한 달에 통상 한 번 가는 휴가를 두세 번씩 가라 했다.
당시 막 시작되던 출산정책에 적극 호응한다는 명분으로 결혼하려면 만나야지! 어차피 대대원들의 휴가 권한이 내게 있었고 나와 겹치지만 않으면 문제 될 것이 없기에 주어진 권한을 그대로 행사했다. 지금도 그렇지만 당시에도 한 부대의 참모장은 부대를 비우기가 쉽지 않았다. 하지만 마지막 지휘관이 될지도 모르는 직위에서 눈치 보며 부대를 지휘하고 주어진 책임이 무서워 주어진 권한도 행사 못하는 꼴은 되지 않으려 했다.

'뭘 하려 해도 책임만 크고 권한은 없다'고 불평하는 그런 군인은 되고 싶지 않았다.
또한 마음의 빚도 있었다. 그가 군단의 실무자로 있을 때 예하 사단 인사참모로 많은 도움을 받았다. 한 번은 어려운 것을 협조 받고 고마운 마음에 '앞으로 어찌 될지 모르지만 군 생활하는 동안 적어도 한 번은 챙기겠다'고 약속을 했었다. 그러던 차에 그가 소령 진급이 되고 해마다 달라지는 고무줄 인사방침에 의해 대위 자리에 있어야 할 상황에서 소령 자리인 대대 작전과장으로 데려왔다

최종 인사권자인 장군 직속상관이 받으라며 추천한 육군대학 수료자를 받지 않았다.
"대대원 보직은 제게 맡겨 주십시오!"

그는 체육과 출신이라 운동도 잘하고 특히 축구를 잘해 많은 추억을 같이 했다. 그러던 그가 운전해 주는 차량을 타고 늦가을 태백산맥의 터널과 산기슭을 지나며 당시의 추억과 현재를 오가는 대화를 주고받으며 또 하나의 추억을 쌓았다. 어느 날 국방일보에 부대 훈련 때문에 신혼여행을 연기했다는 내용을 보았다. 전화를 했다.

"소신이 없냐? 자발적으로 신혼여행 연기했다고 국방일보 나오니 좋니?"
"아닙니다."
"계약금 손해가 많겠는데… 그 연대장 엉성하네, 소령 한 명 없다고 전쟁 못하니?"
"그게 아니고 제가 먼저 훈련 끝나고 간다 했습니다."
"너 좀 이상해졌다? 부하가 그렇게 말해도 보내야지! 다 안 들어도 알겠다. 원래 그런 놈들 있다. 이리저리 압력 넣어 가지고 알아서 연기하게 만드는 놈들"

당시 그 연대장 밑에서 고생이 많을 거라는 느낌이 들었다. 아직도 그때 기억이 선하다. 참 오래전 일이다. 이것도 추억이라 해야 할지…
다시 같이 근무하게 되면서 그때 일을 물었다. 돌아온 답은 신혼여행을 연기할 수밖에 없는 분위기였다고 한다. 참 아쉽다. 이런 참 군인을 못 알아보는 사람들이 안타까웠다. 부하의 희생만을 강요하는 사람들! 혹 나도 그런 사람은 아닐까 돌아보았다.

어떻게든 진급을 시켜 군복 입은 모습을 오래 보고 싶었으나 어려웠다. 말할 필요도 없지만 이런저런 이유로 부족한 사람에게 열과 성을 다

해 충성해 준 옛 전우이자 현재의 전우이다. 한참 후배에게 경례를 하며 가끔은 무시당하는 듯한 상황을 볼 때는 뭐라 말할 수 없는 기분이었다. 나중에 알았지만 어쩌다 스치는 평가자를 잘못 만나 인생의 방향이 달라진 것이다. 그 순박하고 잔머리 굴릴 줄 모르는 성실한 전우에게 할 수만 있다면 내게 달린 계급장 하나를 떼어 두개로 만들어 주고 싶다는 생각을 한두 번 한 것이 아니다. 전출 신고를 하고도 자신의 일을 마감하겠다며 이리저리 뛰어다니는 모습은 존경스럽다. 몸에 밴 책임감, 아무것도 바라지 않고 주어진 임무를 끝까지 완수하려는 저 같은 전우와 같이 다시 함께 했음이 감사했다. 그가 그토록 간절히 원하는 것을 주지 못하는 현실이 아쉽기만 하다.

참! 어렵다. 누군가의 윗사람으로 산다는 것!
오늘은 그와 소주나 한 잔 같이 해야겠다!

누군가의 로또가 된다는 것

언제부터인가 로또로 불리기 시작했다. 정확히 말하면 이 단어는 소속된 부대의 지휘관에게서 들었다. 물론 그분도 우스개 농담으로 하셨을 것이다. 'ㅇㅇ처장은 나의 로또야! 뭐 당첨되기는 힘들어. 그래도 가지고는 있어야 해!' 아침 상황 보고 후 전날 아이스크림 내기 테니스 게임에서 이기시고 기분이 좋으셨던 것 같다. 재미가 있으셨던 것처럼 보였다. 현재 군복 입은 최 연장자이기도 하지만 이제 얼마 지나지 않아 군문을 떠나실 분이다. 창군 이래 군단장을 두 번 하는, 이런 일이 없었다면 만나지 못했을 것이다. 부임 이후 자주 하는 축구 경기에서도 쉬지 않고 뛰어다니시는 체력, 수준급의 테니스 실력에 순발력까지… 자기관리가 철저했음이 보인다.

지휘관이 이처럼 농담을 하시니 동료 처부장들도 좋아한다. 지휘관의 밝고 명랑한 웃음에 부대가 밝아지는 것을 느낀다. 불미스러운 일로 지휘관이 교체되어 다소 우울하면서 어정쩡한 상태가 되지 않을까 하는 우려도 있었지만 기우에 불과했다. 지침 없는 검토 지시,
지시를 하지 않으니 결과는 좋아야 한다는 뜬구름 잡는 이야기 등은 사라졌다. 대신 '검토하지 말고 지시대로 그냥 해! 또는 하지 마!' 등 자신 있게 명령을 하는 모습은 근래에 보기 드물었던 모습으로 신선하게 느껴졌다.

이후 웃음 체조를 하고 아침 작전 평가 회의는 웃음을 남기며 끝났다. 이런 저런 토의, 회의, 보고서 검토 등을 하고, 사무실로 찾아오는 동료들, 보고자들과 함께하다 보니 어느덧 점심때가 되었다. 중간중간 찾아오는 동료 처부장들은 '로또'에 약간의 부러운 눈치를 보이기도 했다. 아침 분위기가 점심 식당까지 이어졌다. 미리 식당에 와 있던 선배들은 보자마자 '로또 처장'이라 부른다. 처음엔 이런 별명도 있나 싶을 정도로 이상하게 느껴졌는데 인간은 적응의 동물이라 했던가? 한 번 두 번 횟수가 늘며 반복되더니 이제는 익숙해지고 있다.

'로또란 무슨 뜻인가?' 궁금해졌다. 일반적으로 생각하는 로또의 뜻은 복권이다. 영어로는 lottery이며 그 어원은 이탈리아어로 '운명, 숙명, 행운'이라는 뜻이다. 그에 대한 역사적 기록이 아주 오래됨을 알고 놀랐다. 고대 이집트 파라오의 유물에서 복표를 팔고 제비뽑기를 통해 상금을 주는 식의 게임을 했던 흔적이 발견되었고 이를 복권의 기원으로 볼 수 있다고도 한다. 서양에서는 고대 로마의 초대 황제 아우구스투스는 복권 판매와 경품 추첨 행사 등을 통해 로마의 복구자금을 마련했고, 폭군 네로도 복권 형태의 추첨 행사를 즐겼다고 한다. 동양에서는 2200년 전 중국 진나라에서 '키노'라는 복권 게임이 국가적으로 시행되어 만리장성 축조와 국방비 등에 사용되었고 아랍에서도 기원전에 비슷한 걸 만든 기록이 남아 있다. 우리나라에서는 조선 후기 유행했던 산통계(算筒契)라는 것이 있었다. 이름이나 숫자 등을 적은 알을 통에 넣어 흔든 뒤 밖으로 빠져나온 알에 따라 당첨을 결정하는 방식이었다. 현대적 형태의 복권은 1947년에 처음 선보였는데 1948년 런던올림픽 참가비 마련을 위해 올림픽 후원권이라는 이름으로 첫 발행되기도 했었다.

현대적 의미의 로또복권의 시작은 1519년 이탈리아 제노바 지방의회 선거에서 후보자 90명 중 다섯 명을 제비뽑기로 하였는데, '로또 복권의 아버지'로 불리는 Benedetoo Gentile이 이를 참고로 90개의 숫자 중 5개의 숫자를 맞추는 로또를 만든 것이라 보고 있다. 수학적으로는 1부터 45까지 중 6개의 수를 고르는 것으로, 총 경우의 수는 45개에서 6개를 뽑는 조합의 수와 같다. 고등학교 수학에서 배운 순열과 조합이다. 즉, 1등이 될 확률은 1/8,145,060이다. 여기에 1등부터 당첨 금액이 달라지는 것을 고려하면 '기댓값' 개념이 등장하는데 우리의 로또는 50% 수준이다. 예를 들어 1,000원짜리 한 장의 기댓값은 500원이라는 말이다. 나머지 500원은? 로또를 구매 후 추첨될 때까지 1등이 될 것이라는 희망을 갖고 기다리는 것에 대해 지불하는 비용이다. 이 사업을 하는 정부가 그 희망을 500원에 파는 것이다.

　이에 대해 여러 의견이 있을 수 있지만 긍정적인 면만 보는 것이 정신건강에 좋은 측면을 고려하면 500원을 주고서 잠시라도 희망을 가질 수 있다면 충분하다고 생각한다. 혹 재수로라도 한 번 당첨되면 인생 역전(가능할지는 모르지만)이 가능한 아주 많은 돈을 일시에 받을 수만 있다면 대박이 되는 것이다. 누군가의 '로또'가 된다는 것! 나쁘지 않은 것 같다. 게다가 지휘관이 그리 불러준다면 이미 행운에 당첨된 것이라 해도 과언은 아니지 않는가?

　어떠한 난관과 어려움에 직면하더라도 그리스 신화에 나오는 판도라 상자 속 희망이 있다면 현재는 기대치 이상의 삶이 될 것이다. '로또'가 일확천금이 되느냐? 오늘을 살아가는 희망이 될 것이냐?

확률, 기댓값 등을 통해 수학에 근거한 논리적인 계산속에 갇힌 오늘보다는 1%의 가능성, 그 희망을 보며 즐겁게 행복하게 살아가는 약간의 유머와 해학이 있는 삶이 좋은 것을 말해 무엇 하겠는가?
　때로는 '인생 뭐 있냐?'는 로또 같은 삶, 누군가에게 '로또'로 불리는 삶, 이 얼마나 즐겁지 아니한가? 언제부터인가 없어졌던 별명! 이제 로또로 불리고 싶다. 감사한 일이다.

　그러고 보니 요즘 잊고 살았던 인생철학, 말이 떠오른다.
　'누군가를 도울 기회는 많지 않다'
　누군가의 로또가 된다는 것!
　이 어찌 행운이지 않겠는가!

계급장은 내 인격이 아니다

사람은 누구에게나 똑같이 공평한 것이 하나 있다. 누구나 죽는다는 것이다!

군에서도 공평한 것이 있다. 모든 현역은 반드시 전역한다는 것이다. 위 두 가지는 너무나 당연한 것인데 가끔 간과하는 경우가 있다. 좀 심한 사람은 아예 모르는 것처럼 보이기도 한다. 자신에게 주어진 계급과 직책이 영원할 것처럼 또는 태어날 때부터 신분이 다른 존재였던 것처럼 착각하는 모습도 가끔 눈살을 찌푸리게 한다.

어쩌면 누구나 알듯이 '군대는 계급사회다.'라 하는 것처럼 그 안에서 오래 생활하다 보면 착각할 수도 있으리라 애써 자위해 보지만 뒷맛이 개운치가 않다. 계급이란 사전적 의미로는 '사회나 일정한 조직 내에서의 지위, 관직 따위의 단계 또는 일정한 사회에서 신분, 재산, 직업 따위가 비슷한 사람들로 형성되는 집단 또는 그렇게 나뉜 사회적 지위'라 정의된다. 다르게 표현하면 계급은 어떤 특정 사회에서만 적용된다는 것이다. 초등학교 수준의 교육만 받더라도 충분히 이해할 수 있는 것인데 실수한다.

'계급과 인격은 비례하지 않는다.'

그런데 너무 군복을 오래 입은 것일까? 무의식중에 너무 단순한 사실을 망각할 때가 있다. 늘 주의하고 경계하는데 잘 되지 않는다. 최근 또 이런 결심이 무너졌고 요사이는 그로 인해 늘 반성하고 반성한다. 어느 날, 40대 초반의 상사에게 업무지도를 빙자한 훈계까지 일장 훈시를 한 적이 있다. 물론 같은 실수, 과오가 반복되니 좀 따끔하게 혼을 내려 했고 그 간단한 업무를 성의 없이 하는 것처럼 보였으니 약간의 짜증도 누적되고 개선되지 않는 태도에 화도 조금 나기도 했던 것 같다. 이런 경우 평소에는 약간 돌려서 말하는 것이 스타일이다.

오타가 있을 때는 '처장 하는 일 없다고 국어, 맞춤법 시험 문제를 주네?', 금액이 차이가 나면, '아휴~ 오늘 산수 공부 잘~했네', 문서 편집이 어수선하면, '요즘 워드를 안 했더니 손가락이 굳네, 파일 좀 보내봐! 연습 좀 하게' 등등.

그런데 그날을 참고 참다, 벼르고 벼르다 터진 것 같다.
'업무를 이처럼 하면 어떻게 해! 저번에 검토해 준 것 가져와! 수정하라 한 것도 안 해?'
'이건 갑질이 아니라 을질이네! 심하다! 지시 불이행 아냐? 항명하니? 인내력 테스트하니?' 등등.

시간이 지나고 풀 죽은 모습이 안쓰럽고 괜히 불필요한 말을 많이 했구나 하는 반성이 되었다. 따로 불렀다.
"아까는 미안했다. 업무에 집중하고 나도 좋은 소리만 하고 싶으니 도와주라!"
그러면서 토닥거렸다. 아니면 그 업무지도를 정당화한 건지는 모르겠다. 며칠 후 주말 저녁 무렵 산책을 가는데 그 친구가 초등학생 정도로 보이는 여자아이와 손잡고 어딘가를 가는 뒷모습을 보았다. 아빠 손을 잡고 뭐라고 쫑알 쫑알 대는 모습이 귀엽고 부녀가 정다워 보였다. 호주머니를 뒤지는데 아무것도 가진 게 없었다. '에이' 하는데 딸아이에게 보내진 시선이 그 옆 그 간부에게 자연스레 옮겨졌다.

나와 비교해보면 나이도 어리고 계급도 낮고 업무 지식이나 경험도 부족한 듯하고 게다가 직속 부하이지만 누군가에게는 귀한 아들에, 듬직한 남편, 자랑스러운 아빠라는 생각이 머리를 스쳤다. 그것도 40대 중년에 어리지 않은 나이이다. 업무지도만 하면 되는데… 그때 그는 무슨 생각이 떠올랐을까?

'계급이 깡패다! 더럽다. 내 나이가 몇인데, 당신처럼 말만 하면 나도 한다. 그 보고서 하나 만들려고 여기저기 전화하고 인터넷 검색해야 되는 것 알아? 말만 하면 다 되나?' 등등. 물론 앞에서는 말을 못 할 것이다. 그렇다고 생각도 없지는 않을 것이다.
어릴 때 기억이 떠올랐다.
가끔? 때로는 그 좋지도 않은 술 냄새를 풍기시며 아버지는 늦게 오실 때가 있었다. 어머니는 가끔 말씀하셨다.
'술은 몸에 좋지 않은 거다, 돈도 낭비한다, 너희는 나중에 크더라도 술은 안 마셨으면 좋겠다!'

엄마 말이 당연한 것처럼 느껴졌고 왜 아버지는 그러시는지 이해가 되지 않았다. 지금은 두 분 다 이해가 된다. 고향을 떠나 타향에서의 직장살이가 힘드셨을 거고 퇴근 후 소주 한 잔이 그날의 스트레스를 조금이나마 덜어드렸을 것이다. 그 스트레스는 상급자의 업무지도라는 미명하에 자행된 질책, 인격모독 등이었을 것이다. 만약 우리 아버지를 힘들게 한 그 사람들을 그때 알았다면 욕 많이 했을 것이다.

그 친구의 딸아이는 알고 있을까? 그 자랑스러운 아빠도 힘들 때가 있다는 것을? 만약 그렇게 하는 사람이 누구인 줄 안다면 뭐라 할까? 그날의 형식적인 사과를 대신해서 소주 한잔하며 진심으로 이야기했다.
"미안하다. 내가 부족해서 그런 것이니 마음에 담아두지 말았으면 좋겠고 앞으로 주의할게!"
"아닙니다, 처장님! 제가 부족해서 그렇습니다. 앞으로 꼼꼼히 업무하겠습니다!"

이 말도 다 믿어서는 안 되는 것을 안다. 그는 내 계급장에게 말하는 것이다. 이 계급은 잠시, 군대에서 군복을 입고 있는 동안 맡아 가지고 있는 것이지 내가 아님을 안다. 착각하지 말아야 한다!
인격적인 측면을 본다면 그가 훨씬 위다. 그때 그런 말을 듣고 표내지 않으면서 묵묵히 일하며 어린 자녀들에게 밝은 모습을 보이고 있으니…

'계급은 내 인격이 아니다'
앞으로 얼마나 더 군복을 입을지 모르지만 이 말은 집, 사무실, 노트 등에 적어 놓고 되새겨야겠다. 요사이 왜 이리 반성할 일이 많은지…

세상 모든 것에는 때가 있다

성경에서도 '회개하라 천국이 가까이 왔느니라!'(마태복음 3:2)라고 했다. 때가 가까이 왔으니 회개하며 기다리라는 것이다. 자기 자신을 돌아보며 반성하고 준비하며 때가 되기를 기다리는 것은 동서양을 막론하고 공통적으로 적용되는 진리인 것 같다. 표현만 조금씩 다를 뿐 우리 조상들도 세상일에 대해 비슷한 말을 격언으로 여기며 살아왔다.

'군자는 그릇을 갖추고, 때가 오기를 기다린다.'는 말이 동양 철학서 역경에도 있다. 군자란 '성품이 어질고 학식이 높은 지성인'을 뜻하며, 그 특징은 많은 지식을 갖고 있으면서도 겸손하고, 선한 행동에 힘쓰면서 게으르지 않는 동시에 어떤 것이 옳은 일인지 잘 알고 어떻게 하면 덕을 갖출까 생각한다고 한다. 반면 소인은 어떤 것이 이익인지 잘 알고 어찌하면 편히 살 것인가를 생각한다고 한다.

그렇다면 군자가 기다리는 때란 세상에 좀 더 큰 선한 영향력을 펼칠 그때, 그 기회일 것이다. 군자의 그 '그릇'이란 인격, 인품, 재능, 능력 등을 두고 하는 말이다. 그러므로 타고난 재능을 갈고 닦아 실력을 갖추어 놓은 다음에 때가 오기를 기다렸다가 움직여야 한다고 한다. '실력을 갖추어 놓고'라는 평가는 누가 하는 것인가? 그 사람의 본질을 보려면 그와 어울리는 사람들을 보면 조금은 알 수 있다고 한다. 유유상종, 끼리끼리 논다 등의 말이 그냥 있는 것은 아닐 것이다. 그러한 때가 왔는데 이를 알고 대응하려면 어떻게 준비해야 하는가? 다음과 같은 세 가지 조건을 갖추어야 할 것이다.

첫째, 지금이 그때인지를 분별할 수 있는 통찰력이 있어야 한다.
통찰력의 사전적 의미는 '예리한 관찰력으로 사물을 꿰뚫어 봄'이다. 영어로는 insight (in+sight)이다. 안을 본다는 뜻이다. 그렇다면 어떻게 본질을 보는 능력을 키울 것인가? 중국의 순자는 허일이정(虛壹而靜)을 주장하며, 허(虛)는 마음을 비우는 것으로 욕망, 욕심을 버리라 했다. 고정관념이나 선입견이 사라져 아집, 고집 등이 없는 상태이다. 일(壹)은 전체를 보며 주의를 기울이는 것이다. 단편적인 곳에 집중하는 것이 아니다. 그러한 편협한 집중은 통찰력을 키우기는커녕 흐리게 만든다. 정(靜)은 마음이 고요한 상태이다. 주변의 잡념에 현혹되지 않고 호수의 마음으로 사물을 바라보는 것이다. 어느 한 가지도 쉽지 않다. 이 세 가지를 다해야 한다니 없는 통찰력을 만들어 키우는 것은 사람이 할 수 있는 일이 아닌 것 같다.

둘째, 지금이 움직일 때가 아니라고 판단되면 기다릴 수밖에 없는데, 기다리려면 인내력이 있어야 한다. 참지 못하고 움직이다가 실패하는 경우가 많다. 단군신화에 나오는 호랑이처럼 참지 못하고 포기하는 경우도 허다하다. 참을 忍은 바로 그 심장(心)을 칼날(刃)로 도려내도 '참는다.'는 뜻이다. 견딜 耐는 턱수염 而(이)와 마디 寸(촌)의 결합으로 턱수염을 조금씩 뽑히는 치욕도 견딘다는 뜻이다. 참고 기다려야 한다. 이러한 시간은 길고도 힘들 것이다. 그러나 그때에 이르러서는 기다린 것에 비해 너무나도 순식간에 모든 것이 마무리된다. 기다리는 시간에 비해 실제 이루어지는 단계에서는 그리 많은 시간이 필요하지 않다는 것이다. 강태공은 60년이나 되는 세월을 낚시를 하며 기다렸다고 한다. 낚싯바늘을 반듯하게 세워 물고기를 잡지도 않았다고 한다. 그저 해가 지고 날이 저물면 집으로 돌아와 책을 읽었다고 한다. 그릇을 키우며 때를 기다린 것이었다. 그때에 이르러서는 불과 10년도 안 되는 기간에 그의 뜻을 이루었다. 도쿠가와 이에야스의 경우도 그렇다. 어린 나이부터 인질로 붙잡혀 가는 등 험난한 시기를 거쳐 줄곧 2인자로 지내면서 묵묵히 인내하며 평생을 살다가 마지막에 일본의 전국시대를 끝내고 통일한다. 일본 닛코에 있는 도쿠가와 이에야스의 사당에 그의 유훈이 있다 한다.
'사람의 일생은 무거운 짐을 지고 가는 먼 길과 같다.'
그러니 서두르지 마라. 무슨 일이든 마음대로 되는 것이 없음을 알면 오히려 불만 가질 이유도 없다.

마음에 욕심이 차오를 때는 빈궁했던 시절을 떠올려라. 인내는 무사장구(無事長久)의 근본이요, 분노는 적이라고 생각해라. 이기는 것만 알고 정녕 지는 것을 모르면 반드시 해가 미친다. 오로지 자신만을 탓할 것이며 남을 탓하지 마라. 모자라는 것이 넘치는 것보다 낫다.
자기 분수를 알아라. 풀잎 위의 이슬도 무거우면 떨어지기 마련이다.
이와 관련된 일본 전국시대의 영웅들을 평가한 유명한 이야기가 있다. '울지 않는 새'에 대한 세 사람의 태도를 단적으로 보여주기에 부족함이 없다. '울지 않는 새가 있다면, 오다 노부나가는 그 새를 죽이겠다'고 했고, 도요토미 히데요시는 '그 새를 울게 하겠다.'고 했다. 도쿠가와 이에야스는 '그 새가 울 때까지 기다리겠다.'고라고 답했을 것이란다. 짧은 이야기 속에 세 사람의 기다림에 대한 성향이 짙게 나타난다. 이유가 어찌 되었건 급한 성격대로 태어나고 죽었다. 오다 노부나가는 49

세, 도요토미는 62세, 도쿠가와는 75세를 살았기에 성질 급한 사람일수록 빨리 숨졌다며 억지로 교훈을 이야기하는 경우도 있다. 또한 이 셋이 태어난 것 역시 성질 급한 순으로 태어났다. (오다 노부나가 : 1534년, 도요토미 히데요시 : 1536년, 도쿠가와 이에야스 : 1543년) 역시 '두견새가 울지 않으면 울 때까지 기다린다.'는 이에야스의 인내력에 다시 한 번 놀라움을 느낀다.

셋째, 기다릴 때도 마냥 기다리고만 있어서는 안 된다. 막연히 우연을 기대하고 기다릴 것이 아니라, 자신을 갈고 닦으면서 기다려야 한다. 그렇지 않으면 정작 때가 왔을 때, 아무것도 하지 못한다. '하늘의 운행은 잠시도 쉬지 않는다. 군자는 그것을 본받아 끊임없이 노력해야 한다.' 천행건 군자이 자강불식(天行健 君子以 自强不息) 역경에 나오는 글귀이다. 때를 기다리면서도 쉬지 않고 단련해야 한다. 하늘의 별이 돌고 밀물과 썰물이 쉬지 않고 움직이는 파도처럼…

언제인지를 모르지만 스스로 준비하며 기다리는 시간을 기쁘게 즐길 줄 알아야 할 것이다. 비록, 그때가 있기는 한 건지? 벌써 가고 이제 없는 건지? 또 있는지 오기는 할런지? 그 알 수 없는 때를 기다리는 게 맞는지 아니면 만들어야 하는지… 알 수 없을지라도… 참, 사람의 삶, 언젠가는 죽는다는 거 외에는… 내일은 알 수 없으니… 그런데 그때를 알고 싶어 하는 가벼움! 이런 사람에게는 그 그릇이란 게 있기는 한 건지… 아마도 있다면 그 크기에 비해 이미 많은 것을 넘칠 정도로 담은 것인가?

그 작은 그릇을 채우려 그토록 애쓰며 겨우 담은 것들을… 이제 비워야 할 것인가? 그 아까운 것들을 버리기 위해 무엇을 먼저 버려야 하는지 망설이는 시간들과 친구가 되는 것이 낫지 않을까? 충분히 넘칠 만큼

담은 그릇은 다 비워질 때까지는 사용할 수 없는데…

누군가는 말한다. '미래는 더 간단할 수 있어. 지금까지의 경험과 노력으로 알게 된 것들이 있잖아'.

맞는 말 같기도 하고 아닌 것 같기도 한 말이다. 하기야 과거에 일어난 것들, 그와 비슷한 것들은 훨씬 쉬울 것이다. 그러나 그런 일만 있다면 얼마나 인생이 재미없을까? 뻔히 답을 알고 있는 세상은 이미 세상이 아닐 것이다. 기다림이 없는 세상에 군자라는 단어 자체가 존재하지 않을 것이다. 많은 사람들은 꽃이 예쁘다고들 한다. 그 예쁜 이유는 사람마다 다를 수 있을 것이다. 색깔이 예쁘고, 향이 좋고 주로 봄부터 피어 겨우내 움츠린 몸과 마음을 위로해 주고, 사랑을 느끼게 하는 등등…

그러나 꽃이 진정 사랑받는 근본적인 이유는 일 년 중 피는 기간이 짧기 때문일 것이다. 1년 365일 중 채 10일이 되지 않는다. 화무십일홍(花無十日紅)! '아무리 아름다운 꽃도 열흘을 넘기지 못한다'라는 말이 그냥 나온 것이 아니다. 꽃이 지지 않고 사계절을 피어 있다는 말은 들어본 적이 없다. 만약 지지 않는 꽃이 있다면 인공 조화일 것이다. 꽃은 그 짧은 기간, 활짝 핀 순간에 그 역할을 다한다. 그 꽃의 아름다움은 겨울을 인내하며 피어야 할 시기를 침묵으로 기다리는 그 자체일 것이다.

그러고 보니 군자가 되었건, 꽃이 되었건, 계절이 되었건, 세상 모든 것에는 다 때가 있는 듯하다. 그 때가 주어지지 않는다 해도 기다림 속에서 인내를 즐기며 행복으로 여기면 그것으로 족한 것이리라!

산 사람은 살아야 하고
죽은 사람은 얼른 보내주고

한 젊은이가 한강에 뛰어내렸다. 왜 삶을 마감하려 했을까? 남겨진 사람들은 어떻게 하는가? 그를 죽음으로 내몬 사람은 누구인가? 무엇이 극단적 선택을 하게 했던가? 어떤 파장을 불러올 것인가?

북한에서 목선 한 척이 삼척항으로 무사히(?) 입항했다. 대한민국을 며칠간 들었다 놓았다 한 일이었다. 그는 그 항을 책임지역으로 하고 있는 소초의 상황병이었다. 그런 까닭에 그의 극단적 선택은 온 국민의 이목을 끌기에 충분한 개연성을 가지고 있었던 것이다. 그는 발견된 직후 한강 수상 구조대에 의해 급히 응급실로 옮겨졌으나 거기까지였다. 심폐소생술도 한계가 있어 응급실에 사인을 정확히 밝혀야 하는데 부검은 부모가 동의하지 않아 대신 수도통합병원에서 CT 촬영으로 가능하고 다시 시신은 부모 지인이 안다는 집 근처의 장례식장으로 근처 부대의 앰뷸런스로 옮겼다. 사안이 예민해서 그런지 상급부대에서 통상적이지 않게 대령 참모가 현장에서 사복을 착용하고 장례절차를 통제하라는 지시까지 내려왔다.

장례식장에는 이미 육본 장례지원팀이 나와 장례관련 절차를 진행하기 위해 장례식장 상황을 분주히 파악하고 있었다. 이런 시스템은 예전보다 해당 부대에서 갖는 외형적인 부담을 줄였다. 도움병, 유족도

우미, 조문객 안내조 등의 용어는 들리지 않았다. 그러나 부하를 잃은 그 부대 지휘관 등이 갖는 심적인 충격은 예나 지금이나 그대로인 듯 느껴졌다. 해당 대대의 주임원사, 그 중대의 행정보급관 둘이 유족들 가까이서 불편함이 없게 애쓰고 있었다. 하지만 가족을 잃은 유족들의 아픔까지는 어쩔 수 없는 부분일 것이다. 마찬가지로 두 사람도 밤새 잠 한 숨 못 잔 육체적 피곤함에 부하의 귀한 생명을 지키지 못한 도덕적 죄책감까지 겹치고 더하여 많은 전화와 많은 사람들을 만나는 데서 오는 심적인 스트레스 등은 극심한 듯 보였다. 게다가 국민의 관심이 집중된 목선 귀순이 발생한 부대의 인명사고라서 그런지 여러 억측과 유언비어 등이 난무했고 아침부터 언론은 관련 기사로 도배되기 시작했다. 북한 목선 사건과 연관성이 있다는 측과 없다는 측의 쓸데없는 공방도 이어지는 듯했다. 죽은 사람은 빨리 그것도 조용히 보내주어야 하는데…

이런 배경 때문인지 벌써부터 여러 언론 매체들이 취재 중이었다.

먼저 와서 기자들 동향을 살피며 어느 매체가 왔는지 확인하느라 돌아다니는 중위 공보장교, 사단에서 현장지원팀이라 편성되어 나온 참모부 실무자들, 헌병 수사관 등 많은 사람들이 와 있었다. 또 어디다 전화를 하는지 다들 전화기 너머 누군가와 심각한 표정으로 무언가에 대해 열심히 대화하고 있는 모습이 가관이었다. 이에 더해 뭔가를 알아 기삿거리를 찾는 기자들…

참 떠난 사람은 말이 없는데, 산 사람들은 왜 이리 난리인지 하는 의문도 들었다. 한 젊은이의 안타까운 죽음을 배경으로 한 인간들의 삼라만상이었다. 정성 어린 마음으로 장례절차를 마무리한다는 임무를 가지고 왔던 터라 어수선한 주변 정리가 필요했다. 다들 모았다.

먼저 어디서 몇 명이 어떤 과업을 받고 왔는지부터 확인했다. 유가족의 접촉은 어제부터 와 있던 해당 부대 부사관 2명, 육본 지원팀 2명, 사단 인사참모로 접촉을 최소화시키고 각자 보고해야 할 내용을 통일하기 위해 단톡방을 개설했다. 확인되지 않거나 사실이 아닌 내용으로 인해 의혹, 왜곡, 오해 등이 발생하지 않도록 정리했다. 취재 기자들이 오고 가면서 잘못 들은 이야기로 엉뚱한 기사가 나가지 않게 표정, 말조심을 당부했다. 이렇게 한다고 인간들이 말을 잘 따르면 얼마나 좋을까? 그리 기대도 안했지만 역시였다. 공보장교 둘은 자꾸 기자들을 찾아가는 등 불필요한 접촉을 하고 사단 실무자들은 몰려다니는 등 감독과 지도가 필요할 수밖에 없었다. 이번 일은 안일한 언론 대응이 문제가 되었다는데 아직도 정신 차리지 못한 듯 보였다.

초급 공보장교가 국방부, 육본 핑계를 대며 통제를 따르지 않았다. '누가 지시했냐?'며 실명을 이야기하라 했더니 말을 못 하고 얼버무린다. 이러한 기회에 기자들과 개인적인 친분을 만들거나 영웅심리가 발동한 게 아닌가 추측되었다. 유족들은 주변에 가까운 지인들을 제외하고는 알리지 않았다고 한다. 친척 일부와 교회 신우들만 조문 왔다. 야간에 삼척으로부터 부대에서 단체 조문이 있었다. 특이한 것은 사령관님의 조문 일정이 오락가락했다. 실무과장을 통해 조문할 것이라 연락이 왔는데, '왜 오시냐?' 했더니 대답도 참 기가 막히게 한다. '사령관님은 전우를 사랑하셔서 조문을 하신다.'라는 것이다.

'사령부 예하에서 이런저런 일로 사망하는 수가 얼마인데, 그럼 그 많은 조문을 다하시냐? 그것도 작전이나 훈련 중에 그런 것도 아니고, 그렇다면 직무유기다. 부대 지휘는 언제 하시느냐? 괜히 기자들 취재 중인데 오셨다가 삼척 목선과 연관성만 키울 수 있으니 조언 잘해 드려라'고 알려 주었다. 조금 있으니 지상파 방송국 카메라가 자리를 잡고 무엇인가를 기다린다. 그 모습을 사진으로 비서실장에게 보냈더니 그제야 직접 조문을 안 하는 것으로 변경되었다. 부하를 사랑하면 오시면 될 것을, '언론, 기자들이 그리도 무서웠던가?' 밤이 깊어지기 전에 장례절차는 협의가 되었다. 내일을 준비해야 하는데…

22:00를 기해 장례식장 정리가 필요했다. 육본, 사령부, 군단의 애매한 지휘선상에서 책임은 아무도 지지 않으려 했고 뭔가는 생색을 내려고 하는 듯 보였다. 현장에 와 있는 이들은 하나같이 걸려오는 전화 문의에 답을 하느라 바빠 보였다. 사전에 보고할 내용을 통일해 전파하기를 잘했다고 생각했다. 장례 절차 진행과 현장 분위기에 관심이 많은 곳으로 메시지를 보냈다.

특이사항 없습니다!
장례식장 현 상황 및 야간, 내일 일정입니다.

* 현 상황
1. 유가족 반응 : 조문 왔던 용사들에게
   식사하고 가라고 친절하고 담담하게 반응
2. 언론 : 2개 매체 2명(○○일보, ○○경제) 취재 시도 중
3. 2110 부 이후 민간 조문 없음
4. 사단 조문(행정부 사단장 등 70명) 2140부 복귀
5. 21시경 ○○장님 조화 도착

* 종합판단
1. 민간 조문객이 없고 가족들이 담담히 안정된 점.
2. 잔류 기자들의 추가적인 취재 시도 등을 고려시 지원 병력들과의 불필요한 접촉으로 인한 기삿거리 차단을 위해 통신상태 유지하고 최소 인원(3명)을 장례식장에 잔류시키고 기타 인원들은 주변 숙소 대기 및 휴식토록 하겠음.

* 야간 잔류 인원 운영 및 내일 일정
1. 장례식장 잔류
    가. 유가족 : 4명(부모, 이모, 누나)
    나. 군지원 : 간부 2, 군종목사 1 (장례식장 2층 빈방 활용)

2. 주변 숙소 대기
    가. 군단 : ○○처장 등 3명(○○군단 레스텔)
    나. ○○사단 ○○참모 등 5명(○○사단 회관)
    다. ○○사단 운구 간부 8명(○○군단 보충 중대 막사)
    라. ○○사단 군종목사 2명(개별 친지 숙소)

3. 내일 09:00시 입관(08:00시까지 지원팀 장례식장 위치)
    11:00시 발인, 13:00시 화장(성남), 이후 벽제 임시 봉안소 이동

22:00부 야간 지원태세로 전환하겠습니다. 편히 쉬십시오.
(답신들은 하나같이) 다들 알았다고들…
(아침이 되어) 밤새 특이사항을 확인하고

야간에 특이사항은 없었습니다.

유족은 23:00경까지 소등 후 휴식하다가 24:00 후 철수했고 잔류 간부들이 장례식장을 지켰습니다.

지원 병력들은 0800 한 현장 전개하여 임무수행 하겠습니다.

아침에 아래 사항을 재강조 하였습니다.

유족들에게 정성 어린 지원, 엄숙한 언행, 언론 접촉은 공보장교를 통해 육본 공보실로 안내, 공식적인 문의/답변 등 불가피한 경우로 제한, 무더위, 강우 등 기상 고려 차량 이동 간 안전운행 등입니다.

마치 작전을 지휘하는 마음으로 보고하고 통제도 했다. 어찌 되었건 주어진 임무이니 최선을 다해 완수해야 한다는 군인정신 때문일까? 이제 이 정신자세도 반성된다. 삶에 대한 한 사람으로서의 기본정신부터 바로 세워야 하는데…

장례는 최종 2일, 가족장 기독교식으로 진행되었다. 수의로 군복을 준비하고 발인하고 마무리 단계인 화장을 끝내고 고인의 최종 종착지가 결정될 때까지 고양시 ○○구 ○○동 소재 제○지구 봉안소, 일명 ○○ 임시 봉안소에 안치되었다. 이곳에는 폐품 수집소(군에서 발생하는 각종 폐품을 처리하는 곳), 버리는 각종 폐자재, 모포 세탁소 등이 눈에 들어왔다. 주변에서 가장 좋아 보이고 새 건물로 가장 안쪽에 있는 건물에 사연 많은 군인의 유골이 보관된다. 2층 건물로 1층은 사무실과 간단한 추모행사도 할 수 있는 강당 등이 있고 2층에는 유골 보관대, 실미도 희생자 유품과 유골 등이 보관되어 있었다. 현재는 30여 칸이 봉안되어 있고 각 칸은 20cm×30cm 넓이에 높이도 20cm가 안 되었다.

욕심 많은 사람에게 '죽으면 땅 한 평도 넓다'고 하는데 한 평이면 엄청난 넓이라 생각되었다. 하기야 화장한 후 잘게 가루를 만들어 뿌리면 아무것도 이 세상에는 남을 게 없으니 세상을 달리해서는 가질 수 있는 아무것도 없게 되는 것이다. 깔끔하게 정리되어 있었고 먼지 하나 없이 깨끗했다. 가장 먼저 보이는 것은 고인들의 사진과 누군가 다녀간 흔적들… 꽃 등 생전에 좋아하거나 즐기던 것들이 같이 놓여 있었다.

　담배, 라이터, 과자, 책, 컵라면, 가족사진, 갓 태어난 100일도 안된 아이랑 눈을 마주치며 얼굴을 맞대고 누워있는 모습, 아름다운 경치를 배경으로 함께한 모습, 친구들과 놀러 가 즐거워하던 한때, 짧게 자른 머리에 군복을 멋지게 입고 활짝 웃는 얼굴 등이다. 그 좁은 개인 공간에 작은 태극기에 쌓여있는 함, 그 옆 빈 공간에 이런 것들이 들어가 있었다. 그 좁은 공간이 부족하면 아래 바닥에 둔 것들도 있었다. 그중에서 특이한 점은 사진 속 모두는 하나같이 밝게 웃거나 행복한 모습들이었다. 그 사진들을 갖다 놓은 건 남겨진 사람들일 것인데…

　그 미소가 남은 이들의 자기 위안인지? 이제 세상을 달리한 사람들이 남겨진 이들에게 주고 간 감사함의 표현인지 알 수는 없으나 아무 관계도 없는 이들에게는 삶에 대한 반성과 어떻게 살아야 하는지에 대해 돌아볼 계기를 주는 것임에는 분명했다. 어찌 보면 죽은 이들로 인해 새롭게 느껴지는 '주어진 삶에 대한 감사함'일 수도 있겠다 싶어졌다. 그 작은 유품, 고인들이 아끼던 소소한 것들이 떠난 이가 주고 싶은 선물이라면 남겨진 이들에게 말 한마디 없이 불쑥 떠난 이에게 꼭 하고픈 말들도 있었을 것이다. 여기저기에 하트 모양의 포스트잇에 이런저런 사연과 기도, 다른 세상에서 잘 살기를 바라는 마음들이 꼭꼭 눌러 쓴 글씨체로 쓰여 있었다.

'이 나쁜 놈아! 뭐가 그리 힘들어서 먼저 갔냐? 오늘 ○○ 100일이다. 얼마나 이쁜지 아냐? 하늘에서 잘 보살펴 주라! 보고 싶다!'

'사랑하는 아들아! 이곳에 오면 항상 든든하고 활짝 웃는 모습이 생각나는구나! 보고 싶어도 이제는 더 이상 볼 수가 없구나! 끝까지 너를 지켜주지 못해 미안하다. 부디 좋은 곳 하늘나라에서 편히 쉬거라! 사랑하는 엄마가'

'형이다. 많이 힘들었을 텐데 못 알아 봐줘서 미안하고 그래도 형이 ○○이 미워한 적은 한 번도 없으니까 형 미워하지 말고 좋은 곳 가서 푹 쉬어라 고생 많이 했다. 형이 시간 나면 보러 올게'

'우리 아들 ○○아! 보낸 지 벌써 49일 되었구나! 울 아들 멀리 보낸 게… 엄마는 지금도 어리둥절하단다. 아직 군복 입은 니 친구들 보면 가슴이 먹먹하단다. 좋을 곳에서 좋은 일만 있어라. 어찌 됐건 ○○이 엄마 아들이니까'

'울 사랑하는 아들 ○○아! 엄마는 지금도 어리둥절하단다. 그래도 힘든 일이 있으면 엄마한테 조금이라도 내색이라도 해주지 왜 그랬는지 모르겠다. 요놈아 좋은 데 가서 잘 지내고 있어. 엄마도 나중에다 찾아갈 테니… 안 좋은 기억 나쁜 기억 다 버리고 좋은 기억만 가지고 그곳에 가 있어라. 울 ○○아. 아들! 엄마가 많이 사랑해'

'ㅇㅇ아! 엄마 아빠의 자랑스런 아들이요 너는 하나님의 자녀 천국에서 만나자. 그동안 수고했다 사랑한다 ㅇㅇ아'

'ㅇㅇ아 사랑해. 온 가족이 복음으로 하나 되어 행복한 삶을 사시기로 하셨단다. 천국에서 만나자'

'사랑하는 ㅇㅇ아! 이 땅에서 우리의 짧은 만남이었지만 우리 영원한 천국에서 다시 만날 때를 기약하며 ㅇㅇ이 가족 모두 하나님 안에서 행복하게 살 수 있도록 함께할게'

다들 떠난 사람에 대한 그리움과 갑자기 닥친 불의의 일에 놀라움과 아픔을 표현한 것들이었다. 만약 떠난 이들이 단 몇 초 만이라도 대화할 수 있는 시간이 주어진다면 뭐라 할까? 얼마나 소중한 시간이 될까? 우리가 살아가면서 사랑하는 사람과 같이 있으면서 무심코 낭비한 시간들 중 조금만 저축해서 이럴 때 꺼내서 사용할 수 있다면 얼마나 좋을까 하는 부질없는 생각도 해 본다. 하나님도 야속하게 느껴진다. '미리 알려 주었으니 시간을 제대로 활용 못한 너희들 잘못이다'라고 하실까? 아니면 영원히 죽지 않을 것처럼 살아온 인간의 어리석음인가? 남은 자와 떠난 자의 현생의 삶을 나누는 임무를 수행하면서 우리들의 삶을 다시 한번 돌아보게 되고 경건한 마음을 되찾게 된 시간이 되었다. 세상을 달리한 이들의 이승에 남겨진 마지막 흔적들을 보고 나오자니 한 시인이 생각났다. 크리스티나 로제티(Christina G. Rossetti, 1830~1890)라는 영국 런던 태생의 여성 시인, 한 번도 대화해 보지 않은 그녀의 마음이 아프게 다가왔다.

"아무것도 들리지 않고 또 보이지 않는/날이 새고 지지도 않는 어둠 속에 누워 꿈꾸면서/아마 나는 당신을 잊지 못할 겁니다./아니, 어쩌면 나도 당신을 잊을지도 몰라요"라는 부분이 스쳐간다.

진급 발표를 앞두고

중령 진급 발표일!
딱 1주일 남았다고 한다. 대한민국 모든 소령들이 자신의 이름이 중령 진급 예정자 명단에 새겨진 것을 보고자 하는 날까지…

강원도 동해안 양양에 와서 작은 부서를 책임진 지 거의 7개월! 직·간접적으로 근 40명 정도로 구성된 작지 않은 부서의 장으로서 나름 책임을 다하고자 노력해 왔다고 자부한다. 지난번 소령 진급 발표 때는 우리 부서원들에 대한 기억이 별로 없었던 것 같다. 딱 한 명이 진급 대상자였고 더군다나 육사를 졸업한 똑똑한 여성 장교였기 때문이었다. 그러니 한 부대에 있더라도 잘 알지도 못하는 사람들의 진급보다는 조금 떨어져 있지만 마음을 나누며 부족한 사람을 언제나 믿고 따랐던 그들! 온통 관심은 애정을 쏟았던 부하 대위들이었다. 한 대여섯 명 정도 되었을 것이다. 인사업무를 책임지는 사람으로서 현 소속 부대원보다 옛 전우들에 대한 소식만 기다리는 모습을 보이기 싫어, 정확히 말하면 그런 마음을 들키기 싫어 휴가를 내고 출근하지 않았다.

오전에 설악산 자락에 위치한 오색에 가서 태백의 기운을 받아 그들에게 멀리서나마 전하였다. 모두가 원하는 소식을 받는데 조금이나마 응원이 되지 않을까 하는 생각도 있었다. 참 엉터리 같은… 이런 미신에 잠시라도 의지하려 한 모습에 멋쩍은 웃음만 나온다. 백두대간의 힘을 받았으니 파란 바다에 한껏 그 기운을 뿌려 본다. 어떻게든 내 새끼들이 잘 되게 미력한 힘이나마 보태는 것이 한때라도 영혼을 같이한 사람으로서의 도리라 생각했다. 초여름의 낙산은 한가롭다. 아직 덥지 않은 데다가 파도의 끊임없는 부채질, 등 뒤로 소나무 숲을 헤치고 불어오는 바람이 어우러져 표현할 수 없을 정도의 시원함, 상쾌함, 솔바람의 간지러움, 솔 향, 여유로움 등이 주변에 가득하다. 이런 행복을 누림에 감사하지 않을 수 없다.

하지만 똑같은 하늘 아래, 동시간대에 살면서 지금 이 시간 초조와 불안, 원하지 않는 결과를 맞을 수도 있을지 모르는 기다림의 시간, 불과 몇 시간 후, 가까운 미래에 대한 불확실성으로 가득 찬 내 영혼 같은 전우들이 있다. 잠시 그들을 잊고 보던 주변의 그 좋던 것들이 달리 보이기 시작했다. 내가 이럴진대 그들은 어떨까? 이런저런 생각… 머리를 떠나지 않는 전우들… 진급 결과에 따라 무어라 격려와 위로 등을 말할까 고민하고 또 고민했다. 이번에 진급이 안 되면 전역을 준비해야 할 진ㅇ, 전역을 준비하며 집 근처로 가겠다는 걸 붙잡았던 책임이, 진급하려면 거기를 가야 한다며 원하지 않던 곳으로 보낸 승ㅇ, 연중 가장 훈련이 많고 바쁜 곳, 늘 어수선한 곳으로 보낸 책임이, 참모로서 실무를 처음 하며 힘들어하던 것을 애써 모른 척하며 다음 보직에서 인정받으려면 부족한 것을 많이 더 배워야 한다며 힘들게 했던 관ㅇ, 대대장 시절 장기만 했으면 좋겠다고 하여 전방 가서 격오지 근무 점수를 쌓아야 한다며 보낸 수ㅇ, 이제는 진급 대상자까지 되어 수많은 날들을 늦은 밤까지 고생하는데도 원하는 결과를 얻기가 어려울 것 같다며 먼 길을마다 않고 찾아온 그 마음에 대한 책임이…

바다를 보며 생각해 본다. 저 파도를 100년 전, 1000년 전에도 바라보는 사람이 있었을 것이고 그들도 저마다의 마음에 따라서 파도가 달리 보였을 것이다. 거친 파도를 헤치고 만선의 기쁨으로 바라보던 바다는 얼마나 풍족해 보였을까? 사랑하는 이를 같이 할 수 없는 곳으로 보낸 이가 바라보는 바다는 슬픈 파도의 울음소리만 들렸을 것이다. 또한 이곳 동해안에 군대가 주둔한 이후, 누군가는 진급에 떨어져 멍한 눈으로 하얀 파도의 포말을 보며 회한의 시간을 가지기도 했을 것이다.

결국 오랜 기다림일수록 기쁨도 컸던 것일까? 전파를 타고 들리는 그 목소리들이 듣기에 좋았다. 좋은 소식은 빨리도 전파된다. 다들 1년 전쯤 보직을 의논하며 방향을 정하기 위해 대화하던 때를 이야기한다. 기쁘다! 그런데 모두가 다 동시에 잘 될 수는 없다는 것을 증명하듯 한 통의 전화. 예전의 호칭을 부르며 죄송하단다. "대대장님! 좋은 소식 전해드리려 했는데 죄송합니다." 울먹이는 목소리, "어디냐? 사람들 없는 곳으로 가라, 실컷 울어라" 이런 말을 하는 사람 가슴도 미어진다. 그런데 어쩌랴? 사람이 순수만 하면 되는 것도 아니고, 또 누가 어떻게 이용할지도 모르는데….

한참 동안 울먹임으로 잘 들리지도 않는 이야기를 들으며 같이 아파했다. '실컷 울었냐? 잘 듣고 있니? 눈에 안 뜨이게 화장실 가서 세수하고 얼굴 말리면서 담배 하나 피워, 내년까지 있을 중·대령들, 부사단장들 찾아가서 인사해라. 관심 가져 주셨는데 제가 부족해서 좋은 소식 전해드리지 못했습니다.'라며… 그리고 속은 쓰리겠지만 오늘 야근하며 사무실 너 자리 주변을 정리해라! 그래야 내년을 기약할 수 있다'며 수습을 했다. 멘탈을 잘 유지하기를 바랄 뿐이다. 그 대위들이 그토록 되고 싶어 하던 소령! 그 소령이 7명이나 되는 곳, 그 가운데 중령 진급 대상자가 5명이나 된다. 두 개 과는 두 명씩, 나머지 두 개과 중 한 개과에 한 명, 1차 대상부터 5차 대상까지 참 고르게 분포되어 있다. 누구 하나 할 것 없이 최선을 다해 주어진 업무를 수행하는 반듯한 장교들이다. 모두가 결혼하여 한 가정의 가장으로서 자랑스러운 아들, 믿음직한 남편, 든든한 아빠 등의 역할에 충실한 모범적인 장교들이다. 집안의 유일한 장교, 고향에 계신 부모님의 자랑거리, 장인 장모님 어깨에 힘들어가게 한 듬직한 사위, 후배 장교들 앞에서 늘 멋지고 당당하셨던 훈육관님, 교관님, 몸도 약하고 소심했던 이등병을 늘 챙겨주시던 소대장님, 잘 되기를 기원하던 옛 부하 등 수많은 사연과 관계의 기대가 부담스러운 순수한 청년 장교들이다.

저마다 능력의 차이는 조금씩 있지만 업무가 있으면 이른 아침부터 식사도 못하고 사무실로 나와 컴퓨터 모니터 앞에서 열심히 키보드를 두드리기도, 불필요한 야근하지 마라 수도 없이 말해도 아랑곳하지 않고 늦은 밤에도 모니터가 뚫어져라 집중한다. 하얀색 A-4지에 검은색 글씨가 새겨질 인쇄물을 만들기 위해 손가락은 쉴 사이 없이 타닥타닥 거리는 소리를 내며 움직인다. 한가로운 휴일, 가끔 조용하면서도 누구에게도 방해받고 싶지 않아 사무실에 올 때가 있다. 이럴 때도 거의 한 명 정도는 먼저 나와 있거나 좀 뒤에 한두 명 정도는 저마다의 자리에서 또 무엇인가를 열심히 한다. 비교적 넓은 사무실이라도 그 긴 공간을 타고 벽을 뚫고 귀에 들리는 낯익은 키보드 두드리는 소리! 누군가가 또 종이로 인쇄될 무엇인가를 열심히 만들고 있다.

불필요한 행정, 쓸데없는 보고서, '말로 해도 될 것은 굳이 뭔가 산물을 만들지 마라!' 하는 데도 기어코 만들어 낸다. 상급자의 지시, 궁금증 등으로 인해 아까운 시간을 낭비하고 있는 것이다. 가끔씩 무슨 일하러 왔냐며 묻거나 찾아가서 모니터를 보면 한숨부터 나온다. 안 해도 되는 일, 말로 해도 되는 일, 가치도 없는 일을 하고 있다. 그것도 잘 해보겠다고 인정받아 보겠다며 열심히 만든다. 이 같은 모습이 될 수밖에 없는 건 결국, 진급하고 싶다는 간절한 마음 때문일 것이었을 것이다.

최근 지휘관 교체까지 있었던 어수선한 주변 분위기로 식사를 못했는데 드디어 간단한 자리를 만들었다. 나름 준비를 해서 싱싱한 회와 포도주, 막걸리로 갓 전입 온 대위, 자리를 예약하고 준비한 대위 둘을 합쳐 8명이었다. 무슨 말을 할까? 여러 생각들을 해 보았지만 뭐해 줄 말이 떠오르지 않았다. 그저 즐겁게 이야기하며 웃으며 밝은 분위기에서 그들의 말을 듣는 시간으로 만들려 했다. 너무 늦게까지 해도 안 되니 하고 싶은 말은 본인이 좋아 즐겨듣는 노래를 핸드폰으로 나오게 하고 그 시간 동안 하고 싶은 말을 하는 것으로 했다. 물론 벌주도 있었다. '이 자리를 마련해 주신 처장님께 감사드리며…' 바로 누군가가 '벌주!'하고 나섰다. 군대 회식에서 늘 틀에 박힌 멘트, 돈 내는 임석상관에 대한 형식적인 인사말을 하지 말라는 의미의 벌주이다. 이걸 또 이용한다. 술의 도수가 낮아서인지 준비한 막걸리, 포도주 각 두 병이 거의 비어갈 때쯤 고의로 벌주를 자처한다. 참 인간은 대단하다. 어떠한 법이나 룰 등을 만들어도 본인의 필요에 따라 유리하게 잘 활용한다. 빈병들 속 남아있는 술을 모았지만 부족했는지 소주를 하나 뺀다. '처음이자 마지막 소주다'라고 하자, 그럼 편의점 가서 사 오겠단다. 이러면서 각자의 의견을 이야기하기 시작한다.

'진급! 중요하면서도 중요하지 않다. 인생의 전부가 아니다. 현재 행복하고 즐겁게 사는 것이 최고다, 어떠한 결과가 나오든지 인정하고 부족할 경우 더욱 노력하겠다. 조금 늦게 가더라도 내 길을 가겠다, 진인사대천명(盡人事待天命)하는 자세로 주어진 임무에 최선을 다하겠다. 선배님들의 진급을 확신한다.' 등등 거의 끝나가는 시간에 위로랄까? 격려랄까?

한마디 건네었다. '내 목표는 대위였다. 국민학교 졸업식 때 군복을 입고 상장을 수여하던 예비군 중대장의 모습, 고등학교 교련 선생님의 모습, 어릴 때 공군 대위를 아버지로 둔 아이에 대한 선생님의 편애 등을 보면서 대위라는 계급이 그리 대단해 보일 수가 없었다. 이를 실현하려면 대위로 전역하면 된다는 말에 최초 목표를 그리 잡았다'고.

단테의 신곡 한 구절을 인용했다. 표범, 사자, 늑대 등 이런 짐승은 본성이 악하고 해로운 것들이어서 먹어도 먹어도 배고파하고 먹을수록 허기져 한다. 이 짐승들은 색욕, 물욕, 권력과 야망 등을 나타낸다.
어찌 보면 그 짐승들의 먹이가 바닷물 같아서 마실수록 갈증이 나는 것 같다. '미래의 행복을 위해 지금을 포기하지 말라!' 하였다. (내가 들어야 할 소리를 누구에게 하는 것인지?) 식사 시간은 심각한 이야기를 노래와 웃음 속에 묻으며 즐겁게 끝났다. 돌아오는 길에 깜빡하고 있던 추가열의 '행복해요'라는 노래가 귓전에 맴돌았다.
"말할 수도 있어서 들을 수도 있어서 사랑할 수 있어서 정말 행복해요"

올여름도 유난히 덥다. 강원도라 겨울에도 춥고 산과 바다가 함께하는 곳이라 늘 시원할 줄만 알았는데 계절은 속일 수 없음을 다시 한번 잊지 않게 한다. 사계절이 쉼 없이 돌고 돌아 또 간부들의 진급 시즌이 돌고 돌아왔다. 적과 싸워야 할 장교들이 진급과 싸우는 현실이 안타깝다. 본질에 충실해야 한다. 껍데기만 보기 시작하면 썩은 알맹이를 구별할 수 없다. 한여름 맛있는 수박을 그저 운으로 고를 수야 없지 않은가?

군복 입고 31번째 추석

　추석날 당직사령이다. 정확한 표현으로 지휘통제실장이다. 근무교대 후 예하부대와 화상회의, 휴무 계획 등을 점검한 후 여유가 생겼다. 같이 근무할 팀원들에게 '추석인데 수고가 많겠네! 같이 즐겁게 합시다. 오늘 목표는 죽는 사람과 목선만 없기를'이라는 농담과 함께 격려와 위로를 하다 보니 문득 떠오르는 게 있었다. 군복 입고 몇 번째 맞는 추석인가? 심심풀이로 세어 보니 31번째였다. 올해 초 육군에서 수여하는 근속 30년 휘장을 받았으니… 초급장교 시절에 그 휘장을 가슴에 달고 있는 분들은 정말 엄청나게 존경스러웠다. 장교든 부사관이든 관계없이 30년을 한 가지 직업으로 살아왔다는 것 자체가 인간적으로 대단하다고 여겨졌다.

　지금 와 보면 별것도 아닌데…
　어쩌면 당시의 소위, 중위처럼 지금의 그들도 그렇게 볼 것인가? 하는 부질없는 생각도 해 본다. 그때 30년 이상 군복을 입었던 그들이 진짜로 대단했는지? 어떠했는지? 알 수는 없다. 그러나 한 가지는 분명한 것이 있다. 겉으로 보기에는 여유와 경륜이 느껴졌다. 그런데 지금의 나는 어떠한가? 그때 보던 그들처럼 전문가적 지식이나 인품이나 자긍심 등이 없다. 뭐 특별히 애국심이나 충성심 등도 후배들에게 내세우기 민망할 정도이니 말이다. 여하간 30년이란 세월은 짧다고 할 수는 없을 것이다. 그 기간 동안에 가끔은 추석 때 부모님 계시는 집에 가보기도 했던 것 같다. 아마도 교육을 받았던 때였을 것이다. 그 외에는 기억이 나지 않는다. 설과 합해서 서너 번 될까?

오늘따라 눈이 빨리 뜨였다. 연휴 중간에 낀 근무라 그런지? 당직사령이라 그런지는 정확히 알 수는 없다. 일찍 잔 것도 아니다. 어제 오전에 회관, 휴양소, 이발소, 카페, 식당, 목욕탕 등 복지시설 관리병들과 함께 지휘관을 모시고 축구를 한 후 중국집에서 짜장면 한 그릇하고 달콤한 낮잠을 잤다. 저녁에는 복지시설을 총지휘하는 본부대장, 담당관, 회관, 휴양소 관리관과 식사하며 소주도 한잔했다. 그들에게 감사함을 표현하기 위해 만든 자리였다.

연휴 이틀 째, 어제 약간 무리도 했는데 이상하게 눈이 일찍 뜨였다. 초급장교 시절 그리도 싫던 명절 당직 근무도 이제 적응이 된 것일까? 사건사고, 목선 발견 등의 상황만 발생하지 않기를 바라며 편안한 마음으로 출근을 했다. 최근 내린 비 탓일까? 아침 공기가 상쾌함을 넘어 폐를 정화하는 듯하다. 20대의 중소위 시절로 돌아간 기분이다. 추석 명절이지만 여느 휴일과 큰 차이는 없다. 상황평가회의, 근무자 교대, 당직근무자 화상회의 등…

그리고 예하 지휘관들의 연휴 활동을 파악하는 것은 기본이다. 참모 직위에 있으면 모를까 지휘관들은 이런 장기간의 연휴라고 해서 마음 편히 집에서 쉬거나 할 수가 없다. 명절이나 긴 연휴 때는 어김없이 지휘관들의 동참 여부를 확인한다. 이러니 중대장 이상 녹색 견장을 단 지휘관들은 출근해서 부하들과 같이하는 게 마음 편한 것이다. 출근해서 문서 업무는 거의 없고 대개는 용사들과 아침 동석 식사를 하고 합동차례를 지낸다. 중대장, 소대장들은 주로 이후 시간을 윷놀이, 제기차기 등 민속놀이를 같이하며 시간을 보낸다. 또 한 가지가 있다면 명절 근무자들이 먹을 것을 조금 가지고 온다는 것이다. 결혼한 지 얼마 안 되어 남편의 명절 근무 경험이 많지 않은 아내들이 싸주는 것이다. 명절 날 쉬지 못하고 출근하는 남편이 안쓰러운지 아니면 홀로 지내거나 아이들과 지내야 하는 적적함을 달래고자 하는 것인지는 알 수 없다. 아마 둘 다 해당될 것이라 짐작된다. 그런데 이것도 한때 중견 간부들은 싸오는 게 없다. 대개는 아내들이 시댁이나 친정으로 미리 간다. 연휴가 짧으면 더욱 그런 경향이 짙다. 길면 하루만 혼자 지내고 나머지는 긴 기간 동안 남편들 식사가 여의치 않기 때문이다. 추석과 설도 분위기는 상당히 다르다. 추석은 진급 발표가 나고 얼마 지나지 않아 아직도 그 후유증들이 여기저기에 남아 있는 시기이다.

반면, 설은 연말 보직 변경 이후 새로운 보직에서 한참 열심히 해야 하기 때문이다. 연초에 좋은 인상을 주어야 하고 거기서 시작된 이미지가 진급에 유리하게 작용하기 때문이다. 우스갯소리로 육군, 해군, 공군 본부가 있는 계룡대의 월 단위 전기 소모량이 진급 심사 전후를 분기점으로 큰 차이를 보인다는 믿거나 말거나 하는 이야기가 있기도 하다. 그래서일까? 추석 아침 사령부는 유독 조용하고 평화롭다

설 같았으면 눈도장을 찍거나 연초부터 업무 때문에 지적받지 않기 위해 미리 일하러 들어오는 경우가 많은데…

여러 생각과 지난 시절로의 추억의 여행을 하는 동안 방해하지 않은

북괴군과 동포들의 추석도 궁금해진다. 오늘 밤 북쪽 하늘의 달도 이곳처럼 휘영청 밝을까? 바람이 거의 불지 않아서일까? 귀뚜라미 소리가 시원하게 들린다.

군인으로서의 31번째 추석날의 밤!

이제 또 떠날 시간

작년 이맘때 태백산맥 사이 고속도로를 혼자 운전하며 새로운 임지로 올 때가 엊그제처럼 생생히 떠오른다. 소위로 25년 전 왔던 곳, 군인으로서 마음의 고향에 중년이 되어 다시 올 때였다. 해는 이미 높은 산들 뒤로 넘어가고 산중 이른 어둠이 급히 올 때 머릿속에 불현듯 스치는 말이 있었다.

두려워하지 말며 놀라지 말라 네가 어디로 가든지 너와 함께 함이니라.(여호수아 1:9)

고등학교를 졸업하고 줄곧 군복을 입었고 여기저기 근무지를 옮기고 보직을 바꾸기를 몇 번이나 했던가? 1~2년을 주기로 새로운 곳에서 낯선 사람들을 만나길 반복해 왔는데 아직도 적응이 안 된다. 아직도 자리를 옮길 때면 설렘과 기대보다는 어김없이 같이 따르는 긴장과 두려움이 더 컸다. 잘해야 하는데…

그곳 사람들은 좋아야 하는데… 생활하기에는 어떨까? 등등 걱정하는 것을 볼 때면 아직 군대에 적응이 덜 된 듯하고 군인으로서 30년이 된 것을 고려해보면 직업을 잘못 선택한 것은 아닐까 생각도 해 본다. 대부분의 이동 시기가 겨울이고 새로운 곳에는 늘 어둠이 내려앉은 저녁 무렵에 도착했던 것 같다. 왜 그랬을까?

　돌아보니 낯선 곳에 조금이라도 늦게 가고 싶었고 익숙한 곳에서 잠시라도 더 있으려다 보니 오후 늦게 출발할 수 밖에 없었을 것이다. 12월 말 양양읍은 저녁시간임에도 도로에는 다니는 차도 거의 없고 길가에 행인은 가끔 보일 뿐이다. 그들조차도 거의 발목까지 오는 두꺼운 겨울옷을 머리까지 뒤집어쓴 잔뜩 움츠린 모습이다. 여기저기 저녁 먹을 곳을 찾기도 힘들다. 여기도 사람 사는 곳이라 그런지 어울리지 않게 술 취한 듯 반짝거리는 네온 간판이 보이지만 따뜻한 국물 있는 순대 국밥집 하나 찾기가 힘들다. 따뜻한 남쪽에서 출발 전 어머니가 낼 아침에 먹으라며 싸주신 떡이 생각나 편의점에 컵라면과 포장 김치를 사서 첫날 저녁을 해결했다. 사람은 먹기 위해 사는지? 살기 위해 먹는지? 케케묵은 말이 떠올랐지만, 오늘 저녁은 살기 위해 먹는 것이 분명했다. 그렇게 다시 생각하고 싶지 않은 하룻밤을 보내고 낯선 부대로 출근해 앞으로 근무해야 할 곳을 가 본다. 자신들의 상급자가 전입 신고일보다 빨리 오니 약간 놀라는 눈치이다. 반기는 사람은 전임자뿐이다. 이곳에서의 시작은 그렇게 시작되었다.

　너는 내일 일을 자랑하지 말라. 하루 동안에 무슨 일이 날는지 네가 알 수 없음이니라.(잠언 27:1)

　참 다이다믹한 시간들이 지나갔다. 늘 주어진 시간에 감사하며 살아있음이 축복임을 깨닫는 경험들이었다. 분명 어제 날씨는 좋다고 예보가 되었는데 새벽에 내린 갑작스런 폭설로 당황하며 출근한 어느 아침, 지휘관의 보직 해임을 뉴스를 통해 알았을 때의 황당함, 후임 지휘관 취임식 준비 중에 목선 사건이 발생한 소초 상황병의 불의의 사건과 장례식 현장 통제 지휘를 하라는 명령에 따라 갑자기 간 서울 출장, 산불 났다는 전화를 받고 아파트 현관을 열고 나오는 순간 어디서 날아왔는지 얼굴을 때리는 돌멩이, 그 아픔을 채 느끼기도 전에 강풍에 넘어질 뻔한 어느 봄, 한밤의 비상소집, 늘 같이하던 전우의 갑작스런 바닷가 실종, 아직도 저 동해바다 어딘가에는 있을 것인데…라며 바다를 볼 때는 가끔 생각이 나기도 한다. 하지만 그도 마음먹기에 따라서는 외롭지만은 않을 것이다. 자의든 타의든 저 바다에 있는 영혼들이 어디 한둘일까? 우리가 사는 세상은 이미 나뉘었지만 거기서도 그들과 잘 지내기를 바란다.

부대가 조용할 때는 기숙사에 잘 있던 딸아이의 몸이 좋지 않아 마음이 편치 않았다. 수능을 앞두고 집에 와 있었다. 대학이야 1, 2년 나중에 가거나 안 가도 되지만 건강은 그렇게 할 수 없는 것이기 때문이다. 이유가 어찌 되었건 같이 있게 되어 행복한 시간이었다. 이전에는 주말에만 잠시 보았고 기숙사 간 뒤로는 거의 보지 못했었다. 수시로 대학에 합격했고 졸업하면 취업할 것이고 결혼할 것이고…

이제부터는 자주 보기 어려울 것을 안다. 이 모든 것들을 이제 기억과 추억으로 포장해 가슴 한 켠에 고이 접어놓고 떠나야 할 때가 다가오고 있다. 출근하면 낯선 이들의 긴장한 얼굴들을 자주 접한다. 그들도 1년 전쯤 왔으면 지금 자신의 얼굴들을 볼 수 있었을 것이라 생각하니 웃음이 나온다. 개구리 올챙이 시절 모른다!

익숙한 얼굴들은 저마다 한마디씩 묻는다. 언제 가십니까? 신고는 언제이십니까? 이사는 언제 하십니까?

아무것도 염려하지 말고 오직 모든 일에 기도와 간구로, 너희 구할 것을 감사함으로 아뢰라.(빌립보서 4:6)

오고 가는 사람, 머무는 사람 그 누구나 사람이라면 근심 걱정이 없을 수 없다. 이곳에 왔을 때 그랬고 이제 떠날 때도 그러하고 있는 동안에도 그랬다. 하지만 매사를 감사함으로 구하며 조금만 기다린다면 행복해진다는 것을 알게 되었다. 양양에서의 가장 큰 깨달음이었던 것 같다. 매번 늘 웃고 행복해할 수는 없지만 그것들만 기억해 아름다운 마음의 포장지로 잘 싸놓으면 어디를 가거나 또 정들었던 곳을 뒤로하게 될지라도 늘 감사하며 떠날 수 있을 것이다.

늘 미안했던 동생과의 헤어짐

오늘은 양양에서 올해 볼 수 있는 마지막 장날, 그 오월의 따스한 햇볕이 눈부시던 토요일 장터 풍경이 떠올라 오후 느지막이 집을 나섰다. 기억을 되짚어가며 여기저기를 기웃기웃 거렸다. 발길이 이끄는 대로 걸었다. 늘 변함없는 모습으로 맞아주던 내 친구 대천이는 언제나처럼 조용히 흐르고 있었다. 그는 자신의 몸을 아무런 요구 없이 사람들에게 다 내어 주고 있었다. 때로는 포클레인에게 안고 있던 돌들을 내어주고 때로는 어디서 온 지도 모를 흙을 안아 주기도, 때로는 어디서 왔는지 모를 새들의 휴식처이기도 했다. 하지만 말없이 흐르기만 하는 모습은 누가 뭘 어찌하든지 변치 않고 흐르고 있다. 여기저기를 걷다 보니 잠시 목마름이 느껴졌다. 순간, 대천이의 옷자락 같은 뚝방 길 너머로 작은 영화관이 보였다. 최신 상영작 포스터가 강원도임을 잊게 하는 그곳, 커피 한 잔 2,000원!

차가워지기 시작하는 바람, 점점 길어지는 그림자가 달리기를 시작하는 시간, 추억에 젖으려는 때에 호주머니 속에서 강한 진동이 느껴졌다. 귀찮은 생각에 누군지 확인하지도 않고 받았다.

"어디십니까?"
목소리만 들어도 아는 낯익은 목소리다.

"군대에서 직속상관에게 대뜸 어디냐고?"

"뭐 하십니까?"

"왜~~~?"

"마지막 식사는 저와 하시지 말입니다"

"마지막? 누가 죽어?"

이렇게 통화하다 식사까지 하게 되었다. 엄마가 음력 생일이라 끓여 주신 맛있는 미역국을 저녁에도 먹으려 했는데…

하지만 부하들이 찾아 주는 감사함을 어찌 마다할 수 있겠는가!

원산지가 설악산이기만 한 재료들로만 만들어진 곳을 찾아갔다.

더덕 정식에 묵, 취나물, 고사리, 된장찌개 등을 안주 삼아 막걸리 서너 잔을 정겹게 했다. 너무 맛나게 먹었는데 아직 그 귀한 나물 반찬이 남아 다 먹으라고 했다. 의기양양하게 호기롭게 큰소리쳤다.

"야! 내가 사는 음식은 남기면 안되지! 얼마나 어렵게 번 돈인데"

그런데 대답은 안 하고 웃기만 하며 호주머니를 뒤적이는 모습이 이때쯤 담배를 찾을 때라는 것을 알게 해 주었다.

"너 담배 피고 싶어?"

"그럼 핸드폰 두고 딱 담배만 들고나가라"

혹 계산을 할 수도 있으니 사전에 차단하려 했다.

같이 일어나서 카운터에서 카드를 내미는데 이미 계산이 되었다고 한다. 계산할 시간이 없었는데 이상했다. 의심스러워 물어보니 답을 않는다. 옥신각신하다가 결국 말해준다.

"들어올 때 이러실 줄 알고 살짝 주고 왔습니다. 매번 사주셨는데 오늘은 상도의를 다 하겠습니다."

그리고 보니 '상도의'는 내가 자주 하던 말이었는데 이제는 그의 입에서 듣고 있다는 것이 재미있기도 했다.

"처장님 다 드셔야 합니다, 제가 계산했습니다!"

"뭐라고? 야~~~ 이제 내가 당하는구나! 한 번만 봐주라~~~"

"안됩니다. 오늘은 다 드셔야 합니다"

(오는 길에 돈을 주며 마음은 충분히 받았다고 겨우 이해시켰다) 겨우 한 번만 봐 달라 애걸하며 웃으며 마지막 추억을 쌓아갔다. 내일도 출근을 해야 하기 때문에 아쉽지만 자리는 빨리 끝내야 했다.

그는 내일도 내가 출근하기 전에 늘 해 오던 대로 사무실 창도 열어 놓고 바닥에 물도 뿌려 놓고 음악 CD도 바꾸어 돌릴 것이다.

집에 들어왔는데 문자 하나가 왔다.

'충성!' 처장님 늘 감사했습니다.

부족하고 모자란 저에게 따뜻한 말씀과 사랑, 함께 한 모든 시간이 행복했습니다. 오늘 처장님의 뒷모습은 무척 외로워 보였습니다. 짧은 저녁시간 내어 주셔서 감사드리며 처장님의 외로움을 조금이나마 달래드리려 했는데…. 저도 오늘은 잠을 못 잘 것 같습니다. 또 한 명의 전우를 떠나보내는 것이 마음이 아픕니다.

'충성! 감사하고 진심으로 사랑합니다. 편히 쉬십시오!'

뭐라 답할까 생각하다 바로 답을 보내었다. 망설이지 않고 떠오르는 대로 쓰는 것이 가장 솔직한 것임을 알기 때문이었다.

'알아주어 고마워…

너를 원사 만들고 싶었는데…'

그날 이후 그 아름답던 동해바다 파도가 애처로워 보였고, 검푸른 바다가 가슴을 시리게 해서…
이제 그 아픈 겨울바다를 안 보게 되어 감사할 뿐!

내년 슬픈 바다를 안 보는 기쁨과 너와 헤어지는 아쉬움이 교차하는 게 우리 인생인가 싶네. 슬픈 바다가 나와 멀어지겠지만 또 우리 기쁘게 내년 겨울바다를 보기 위해 노력할게. 매일 아침 오기 싫은 사무실, 있어야 할 그곳이지만 항상 맞아 주던 너의 흔적들에 늘 감사한 것은 알아주기를 바래! 나름 너의 수고, 티 내지 않고 그 바쁜 아침 시간에 아무런 대가를 바라지 않은 그 마음이 감사해 어지럽히지 않으려 노력했으니 알아주었으면 좋겠네.

지난 어느 날 우리 마주하던 소주 잔, 어릴 적 이야기, 그 글을 읽고 울던 모습에 나도 울었던 기억, 이제 그 울보 같은 중년의 착한 동생을 더 볼 수 없으니…

아우님!
내년 겨울바다는 감사가 파도처럼 밀려드는 주체할 수 없는 기쁨의 마음으로 같이 보자!

감사하고 늘 미안했던 것! 알아주었으면 하는 것이 작은 바람이오. 부디 건강하고 즐겁게 새해를 맞으시길 바라고, 어떠한 역경과 고난이 불현듯 나타나더라도 이는 이겨낸 자에게만 주어지는 선물임을 깨닫는 아우를 기대하겠네.'

앞뒤 제대로 연결되는 글인지는 모르겠으나 있는 그대로의 마음을 담아 답신했다.

이런 전우들과 같이한 1년, 양양 부사였던 연암 박지원보다 내가 더 행복한 양양에서의 마무리가 감사할 뿐이다.

떠나기 전 마지막 양양장터

잊었던 양양 장날! 4, 9일의 5일장!

어머니가 아들이 좋아하는 호떡을 사 오신 것을 보고 양양 장날임을 알았다. 오십을 넘긴 아들이 좋아한다며 찬바람 부는 겨울 장터에서부터 숨을 헐떡이시며 달려오셔서 검정색 봉지를 여시곤 식기 전에 먹이시겠다며 굳이 입에 넣어주신다. 어깨, 무릎, 팔, 다리 등 전신이 불편하셔서 거의 매주 서너 시간씩 버스와 지하철을 갈아타고 치료를 받으러 다니시는 분이 뛰어오셨다니…

어디서 저런 힘이 나시는지 궁금할 따름이다.

참! 엄마란 존재는 위대하다는 진실을 다시 한번 깨닫는다. 입속 호떡에서 느껴지는 장터의 고소함과 어머니의 자식 사랑이 발걸음을 자연스레 장터로 이끌었다. 장날이면 가끔씩 들러 시골장터의 훈훈한 정과 포장되지 않은 사람들의 진솔한 표정을 통해 어린 시절 추억을 떠올리는가 하면, 한편 가끔씩 파고드는 쓸쓸한 마음을 따뜻하게 데우곤 했던 정겨운 곳이라 그런지 떠나기 전 마지막으로 한 번 더 가보고 싶었던 모양이다. 장이 저물기 시작하는 겨울 장터엔 널찍한 좌판을 정리하는 중년의 아저씨, 그 옆에 열심히 돈을 세고 있는 할머니로 보이는 여성, 분명 둘은 삶의 무게를 같이 해온 부부처럼 보이는데, 서로 아무 말 없이 각자의 역할을 묵묵히 하고 있다. 자연스러운 각자의 역할에서

이 장터에서의 얼마나 많은 시간들을 보냈을지 상상이 되면서 그들의 장터에서의 오랜 삶의 흔적이 느껴졌다.

　어둑해지는 느지막한 시간에 낮은 건물 사이로 햇볕이 중간중간 들어오는 곳도 있다. 그 골목 한 모퉁이에는 흰색으로만 덮인 머리카락을 가지신 허리가 잔뜩 굽은 할머니가 아직도 쪼그리고 앉아 바싹 마른 나물을 팔고 계신다. 남은 나물을 팔기 전엔 자리를 털고 일어나시지 않을 기세다. 저걸 다 팔아야 집에 필요한 물건도 사고 돌아가는 짐도 덜어낼 수 있으니, 쉽게 자리를 정리하지 못하실 것이라 짐작해본다. 그들에게도 오월의 햇살을 눈부시게 맞던 화사한 봄꽃 같던 시절이 있었으리라!

　호떡집은 이미 정리한 지 오래인 듯 비닐로 다 싸 놓았다. 주변은 잠시 전까지 장날이었는지 짐작조차 할 수 없을 정도로 깔끔하게 정리까지 다 해 놓았다.
　'참 그 주인 성질 한 번 까탈스럽겠네, 조금만 기다렸다 닫지'
　그 주인은 팔 만큼만 재료를 준비해 와서 다 떨어지면 정리하고 끝낸다고 소문으로 듣긴 했다. 비닐, 캠퍼스 천으로 감겨있는 리어카 호떡집은 아마도 이 상태로 내년 첫 장을 기다릴 것이다. 문득 든 생각은 기억 저편에 있던 옛 추억도 꺼내게 해 준다. 언제인가 한 동료가 진지하게 말해 주었다.

　'사람이 너무 까탈스러우면 인간미가 안 보여, 좀 빈틈이 있어야지!'
　'군인의 정리 정돈은 누구에게 보이려고 하는 게 아니라 정전이 되거나 야간 등화 관제 시 준비 태세를 위한 거고, 전장에선 흔적을 없앰으

로써 생존성을 확보하는 거야!'

화내던 때가 생각났다. 입 밖으로 나오려던 호떡집 사장에 대한 평가를 얼른 주워 담았다. 그 잔소리하던 친구도 잘 살고 있다는 소식이 기억나 고마웠다. 그래도 주변 정리는 깔끔해야 한다는 생각에는 변함이 없다. 타인에게 스트레스만 주지 않으면 되는 것 아닌가?

걷다 보니 얼마 전 오픈한 양양 유일의 영화관, '작은 영화관'이 눈에 들어왔다. 산 좋고 물 맑고 상쾌한 공기가 공짜이지만 문화적인 면에 있어서는 소외되었던 지역에 서울과 동시에 최신작을 저렴하게 볼 수 있는 곳이다. 거기에 더해 1층 현관문을 여는 순간부터 맡을 수 있는 진한 커피 향은 옵션이다. 아메리카노 한 잔을 들고 남대천 뚝방 길로 나오니 태백산맥 너머로 울긋불긋 수채화 같은 석양이 보인다. 저 해가 넘어갈세라 둔치와 뚝방 길 가에서는 짐을 싸는 손 들이 바쁘게 움직인다.

그 많은 것들을 작은 트럭에 차곡차곡 싣는 모습이 신기하다. 어두워지기 전에 집에 도착하고 싶은 마음이 보였다. 서두르는 걸 보니 장사가 잘 된 듯 짐작되었다. 다소 아쉬워 보이는 것들은 온종일 찬바람을 맞으며 새로운 주인을 기다렸지만 선택받지 못한 진열품들이다. 하지만 따스한 겨울 햇살과 설악산의 피톤치드로 온몸을 샤워했으니 그들도 밑질 것 없는 장사였을 것이다. 이러 저런 생각의 꼬리를 끊고 다시 그 좌판이 있던 골목에 접어들자 어느새 다 사라졌다. 감쪽같다. 역시 겨울 오일장은 점심때 나와야 한다. 여름이었다면 아직도 왁자지껄 했을 것인데 겨울 해 질녘 파장은 스산하기만 하다.

마치 여기를 떠나야 하는 마음을 아는지? 다시는 오늘 같이 여유 있는 양양 5일장을 보기는 힘들 것이다. 이제 보이지도 않는 해는 그 여운마저도 걷어 가고 벌써 어둠이 장터를 채우기 시작한다.

사람은 빈틈이 있어야

논산에서의 학생생활을 한 지도 어느덧 한 달이 훌쩍 지났다. 국내 최고의 교육과정인 국방대 안보과정 11개월 중 선수과정이라 부르는 현역들만의 시간, 약 4주간이었다. 처음 얼마간은 서로에게 틈을 보이지 않으려 행동하나 말투 하나까지 신경을 쓰는 분위기였다. 육해공군 대령 진급 예정자와 대령, 해군 준장 한 명, 공군 준장 진급 예정자 한 명 등 총 70여 명이다. 모두가 각자의 분야에서는 관록이 있어 보이는 전문가처럼 보였고 몇몇은 적당히 나온 배와 희끗희끗한 머리, 좀 넓어 보이는 이마가 경륜을 살짝 보여주는 것 같기도 했다.

대부분이 초면이니 낯선 상대에게 선뜻 다가서기를 주저하며 빈틈을 보일까 애써 조심하는 눈치들이었다. 그럼에도 모두는 알고 있을 것이다. 사람은 누군가가 비집고 들어갈 틈이 있어야 인간적이고 편해지는 관계가 되는 것을 다들 모를 리 없을 것이다. 하지만 조직사회에서 익히 체득한 첫인상의 중요성과 몸에 밴 조심성은 편한 수평관계에서도 사그라들지 않고 그 진가를 유감없이 발휘했다.

돌이켜보면 대부분의 군 생활 기간은 상급자, 동료, 하급자 사이의 관계의 연속이었다. 동료들은 편했으나 상하급자에게는 허점을 보이지 않고 완벽한 모습만 보이려 한 적도 있었다. 상급자는 계급이 높으니 두 말할 필요가 없었고 하급자, 부하들은 상명하복의 지휘체계를 유지해 일사불란하게 임무를 수행하도록 해야 하기 때문일 것이다.

'리더와 공직자는 어항 속의 물고기와 같다'
사관학교 입학 때부터 줄기차게 들어온 말이다. 부하들이 다들 지켜보고 있으니 매사 빈틈을 보이지 말라는 뜻이다. 그런 누군가의 사고에 세뇌되었던 적이 있었다. 자기 생각 없이 정확한 뜻도 모르고 실천했던 시절이 있었다. 첫 지휘관 중대장 때까지 그랬다. 지금도 그 습성이 약해지기는 했지만 없어지지는 않았음을 가끔 자각하기도 했다. 매일 사무실 청소와 정리를 해주던 통신병이 전역을 하게 되어 식사를 하는 자리가 있었다.

"그동안 고마웠다! 사회 나가면 넌 분명 성공할 거야! 한 잔 받아라!"
"감사합니다!"
"지난 연대 전술훈련 평가 때 그 비를 맞으며 혼자 텐트도 잘 치고, 무전기가 안 되어 여기저기 뛰어다니며 지시도 전달하고, 중대장실도 언제나 깔끔히 치워주고… 고맙다."
"한 잔 더 받아!"
"아, 네! 근데 중대장님?"
"어, 뭔데! 말해!"
"……"
"이제 내일이면 제대인데 못할 게 뭐 있냐? 평소에도 다했잖아? 뭔데?"
지금 생각해 보면 말을 하라는 건지 하지 말라는 건지 헷갈렸을 것 같다. 그도 그리 느꼈는지 담보를 달라 한다.

"중대장님! 먼저 화내지 않으시겠다고 약속해 주십시오"
"어쭈~~ 이제 예비역 된다고, 내일 24:00까지는 현역인 거 알지?
농담이고, 그래, 임마! 뭔 남자가 미적거리냐? 내가 그리 쪼잖아 보이냐?"
그런데 진짜 그렇게 보였었나 보다.
"저~ 중대장님 모시느라 힘들었습니다. 빈틈이 안 보이셔서…"
"야! 내처럼 엉성한 장교에게 빈틈이 없다니…"
사실 이 말은 평소 부하들 교육용 멘트였다.
나처럼 빈틈 많은 장교에게 허점 보이는 건 잘못된 거다. 그러니 똑바로 해라! 뭐 그런 식이었다. 그는 약간은 주저하며 떨리는 목소리로 조용조용 이야기를 시작했다. 내가 퇴근하고 나면, 점호 전 청소시간에 중대장실을 나름 정성 들여 청소하고 정리를 했다고 한다. 그럼에도 불구하고 다음 날 아침에는 어김없이 짜증 섞인 말투로 '누구 왔다 갔냐? 펜이 삐뚤삐뚤하게 놓였잖아, 걸레 가져와라, 책상을 닦아도 제대로 해야지! 쓰레기통은 비워지기 위해 있는 것이다.' 등등.

그러고 나면 다른 간부들, 선임병들이 중대의 하루 분위기를 망치게 했다며 핀잔과 면박, 지적을 했다는 것이다. 일명, '뒷다마, 쿠션'을 돌린 것이고 이런 분위기를 알면서 그러는 것 같아 스트레스가 더 컸다고 한다. 일부는 맞고, 일부는 틀린 말인 동시에 오해도 있었고 반성할 것도 있었다. 국민학교 3학년인가? 필통에 가지런하게 깎아놓은 연필과 딱 맞추어 놓은 지우개, 노트 필기를 보신 선생님께서 '어쩌면 이렇게 정리를 잘하니!'라며 칭찬하신 기억이 떠올랐다. 중대장 때도 책상 위 검정, 파란, 빨간 플러스펜의 모나미 글자를 맞추고 연필 상표, 지우개를 반듯하게 정렬한 후 퇴근을 했었다. 책상 위 유리는 얼룩이 있거나 정리가 안 되면 불편했었다. 이런 걸 똑같이 요구했으니 스트레스가 없었다고 하면 그게 오히려 이상했을 것이다. 그의 말을 듣고 얼굴이 달아오름이 느껴졌다. 체질적으로 술 한 잔이라도 마시면 얼굴이 빨개지는 게 다행이라 느꼈던 첫 기억이었다.

청소, 정리해 주는 것만 해도 어딘데, 자신이 직접 하지 않는다고 말도 안 되는 요구를 하고 그것도 모자라 공개적으로 괴롭히기까지…

그 이후로 정리에 대한 눈높이를 좀 낮추고 어수선한 주변 환경에 짜증을 내기보다는 좀 참고 넘어가려 노력했다. 타고난 성질이 그러해서인지 잘되지 않을 때는 일부러라도 좀 어지럽히려고도 했다. 사람이 너무 깔끔하거나 빈틈이 없으면 주변이 힘들어질 수 있다는 것을 깨달았던 것이다. 빈틈없는 사람, 깐깐한 사람은 피곤하다. 특히 그 아랫사람에게는 더할 것이다.

부드러움이 딱딱함을 이기는 법!

이제 스스로 엉성해지려 하고 나만의 잣대로 함부로 재단하지 않으려는 노력이 조금씩 빛을 발하는 것 같기도 하다. 처음 보는 사람들도 어떻게 기억했는지 알 수 없지만 먼저 인사와 함께 잠시 스친 일을 말하며 스스럼없이 다가온다. 그저 잘 웃고 대화가 즐거운 사람으로 느껴지기 시작한 것일까? 남루하지 않는 웃음을 줄 수 있는 사람으로 기억되었으면 좋겠다. 그렇다면 인생의 한 목표는 이루는 셈이 된다. 오래전, 20대 초반이었던가? 40대에는 자신의 얼굴에 책임을 져야 한다는 말을 들었다. 그리고 정한 것이 있다. 미래의 자화상!

멀리서 보면 근접하기 어려운 위풍이 있으나 가까이할수록 향과 함께 해학과 통찰이 있는 사람!

즉, 매력 있는 사람이 되고자 했다. 거기에 더해 빈틈과 부족함도 있어야 누군가를 받아들일 수도 있고 누군가가 채워주려고도 할 것이다. 사람을 끌게 하는 것은 완벽함, 철두철미함 같은 좋은 것만으로는 부족하다. 약간의 빈틈이 있어야 인간의 향이 느껴지지 않겠는가!

정들었던 님을 보내며

'하룻밤을 자도 만리장성을 쌓는다.'라는 남녀관계에 관한 속담이 있다. '같이한 시간이나 기간이 중요한 것이 아니라 어떻게 지냈냐? 마음의 통함이 중요하다'는 뜻을 내포하고 있다. 얼마 전 인연을 시작해 동고동락한 지 약 5개월! 정확히는 132일째이다. 올 초여름, 전국을 떠들썩하게 했던 '삼척항 북한 목선 사건' 이후 어수선한 상황에서 구원 투수같이 한 군인이 지휘관으로 오셨다. 그즈음 그 목선의 후유증으로 부대는 속앓이와 함께 대외적으로 따가운 시선을 받는 외우내환의 연속된 시간 속에 우리는 겨우 숨만 쉬는 불쌍한 존재들이었다.

기존 지휘관이 보직해임이 되었고 각종 현장조사와 경계 작전 실태 확인, 지도방문, 검열, 재발방지 대책 마련 등으로 부대는 마치 뺑소니 사고 후 아파하는 우울증 걸린 사람처럼 되어가고 있었다. 이런 영향 때문일까? 삼척항 담당 소초의 한 상황병이 휴가 중 한강에 투신하는 일도 발생했다. 목선 사건의 정치 논쟁화로 언론은 이 사건에도 주목하며 다시 목선을 태울 기세였다. 상급부대의 지시로 장례 현장지원팀장이 되어 불을 끄고 복귀 인사를 드리던 때가 첫 번째 대면이었다. 어떤 코드, 어떻게 주파수가 맞았는지 모르지만 즐겁고 재미있게 의미 있는 시간과 추억을 함께 만들기 시작한 첫 순간이었다.

어느 날은 조용히 '예수를 알면 세상이 보인다.'라는 책을 주시며 신앙생활을 성실히 하지 않던 습관에서 구해 주기도 하셨다. 그의 손길인지 그의 손길을 빌리신 건지 알 수는 없지만 새벽 기도도 즐거운 마음으로 나가기도 했다. 그분은 새벽 기도, 오전에는 내부 업무, 오후에는 경계 작전 현장지도와 확인, 복귀 후 업무 결산, 체력단련 등의 일정을 꼼꼼히 챙기셨다. 아마도 그 에너지의 원천은 타고난 성실성 같아 보였다. 그 성실한 분이 몇 시간 후면 이곳을 떠난다. 땀 흘리며 운동하고 식사하며 업무하면서 주고받던 대화들! 그 눈빛들이 그리워질 것 같다.

'인사처장은 나의 로또야!' '이번 게임은 계급장 없이 하는 겁니다!'
'저녁에 뭐 없으시면 옹심이에 막걸리 한 잔 어떠십니까?' '따님 결혼식 사회를 제가 보겠습니다. 축송은 명태로…'
체력단련 시간에 거의 매일같이 하던 테니스장에서 오고 가는 대화, 뛰며 땀 흘리며 웃으며 즐겁게 함께했다. 그러고 보면 참 뛰기도 잘 하셨다. 우리 처와 축구 도중 부상까지 당하셨지만 하루 이틀 쉬다 다시 뛰셨다.

'끊임없이 쉬지 말고 움직여라'는 건강 비결이자 삶의 지혜를 실천하고 계셨다. 여기에 더해 코트에 나오실 때는 항상 챙겨 주시던 정(情)이라 불리는 초코파이였다. 광고 문구가 생각난다.
'초코파이는 정(情)'이다. 정도 많으신 분이었다. 올해로 군복 입은지만 30년이 된 사람을 어릴 때 마음으로 돌아가게 하는 재주도 있었다. 한 번은 송이축제 때 관람 중 과음에 흥이 한참 오른 사람들이 춤을 추자고 하는 모습을 보고는 앞으로 나가 막았던 일이 있었다.

자리가 정돈되고 돌아오는 길에 고려의 개국공신 신숭겸 장군이 왕건의 갑옷을 대신 입고 전사한 것이 떠오르기도 했다. 왕건이 부장들에게 어떻게 했는지 모르지만 이 분도 그에 못 미치지는 않을 것이라 생각되었다. 사실 팔꿈치 엘보에, 무릎관절 때문에 병원에 가기도 했지만 얼마 남지 않은 추억이 될 시간들이 아까워 포기하고 휴가 때도 함께했다. 심지어 감기 몸살이 걸렸어도 같이 운동했다. 주변에서 몸 걱정하라는 말도 여러 번 들었으나 개의치 않았다.

참! 인간이라는 동물은 이상한 것이 하나 둘이 아니다. 아프다며 쉴 만도 한데 그리하기가 싫었다. 불편한 몸, 좋지 않은 컨디션이 더 악화되지 않은 것은 함께하며 주고받은 긍정과 밝음의 기운, 에너지 덕인 것 같기도 하다. 운동 후 함께했던 옹심이에 막걸리 한 잔! 참 편하게 해 주신 분이셨다. 이런 저녁식사도 오래 하지 않았다. 여덟 시 반을 넘긴 적이 없었다. 물론 과음도 없었고… 부담 없는 즐거운 식사들이었다. 그래서인지 계급과 직책을 떠나 허물없는 대화를 주고받았다. 언제인가는 '저는 가시고 나면 병원에 한 1주간 입원해야겠습니다! 체력이 감당이 안 되고 여기저기 아파서 종합병원이 되었습니다.'라며 엄살(?)을 부리기도 했다. 나이 오십 된 대령이 어린아이가 되는 순간! 이런 걸 '옹심이 추억'이라 해야 할까?

여름에 만나 늦가을까지 태풍과 각종 검열과 감사, 이런저런 사건사고 뒷수습 등을 함께한 우리는 내일이면 헤어져야 한다. 다른 표현을 빌리자면 공식적인 지휘관계가 끝나고 전우가 되는 시간이다. 그걸 하늘도 아는지 오랜만에 겨울비가 참 많이도 내리는 날이다. 불현듯 이런 말이 떠오른다.

장강후랑추전랑
(長江後浪推前浪 장강의 뒷물결이 앞물결을 밀어내니)
전랑사재사탄상
(前浪死在沙灘上 앞물결은 모래톱 여울에 스러지네)
전랑불사회해상
(前浪不死回海上 앞물결이 쓰러지지 않고 바다로 돌아가면)
욕화중생성후랑
(欲火重生成後浪 꺼지지 않고 되살아나 다시 뒷물결 되리)

더 큰 바다로 나아가며 40년 청춘을 불살라 몸담았던 곳을 떠나 더 큰 곳! 또 다른 의미와 가치가 기다리는 그 곳!
그 분의 뜨거운 열정을 꿈틀거리게 하는 가슴 뛰는 일들과 매일 그곳에서 마주하시기를 기도한다.

오늘은 참 이상하고 신기한 날이다. 이 글을 쓰기 시작하면서 비가 내린다. 밤새워 내리려나… 자연인으로 돌아가실 먼 길 불편하지 않게 얼른 그쳤으면 좋으련만… 그리고 보니 오늘이 군 숙소에서 주무시는 마지막 밤! 찬비가 내려 더 따뜻하게 느끼시려나?

3부

사람 살아가는 이야기

가족이란

우리 가족은 부모님, 아내, 아이 둘이다. 조금 더 범위를 넓히면 동생과 조카 둘, 사촌 형제들 정도이다. 그 외 가족은 법적으로 친척이라 부른다고 한다. 문득 가족이란 무엇인가? 궁금해지기 시작했다.

가족관계를 정의한 법을 살펴보았다.

민법 제779조(가족의 범위) ① 다음의 자는 가족으로 한다.
1. 배우자, 직계혈족 및 형제자매
2. 직계혈족의 배우자, 배우자의 직계혈족 및 배우자의 형제자매
② 제1항 제2호의 경우에는 생계를 같이하는 경우에 한한다.

건강가정기본법 제3조(정의) 이 법에서 사용하는 용어의 정의는 다음과 같다.
1. "가족"이라 함은 혼인·혈연·입양으로 이루어진 사회의 기본단위를 말한다.

위의 법률적 정의에 의하면 가족은 나와 피, 몸, 영혼 중 적어도 어느 한 가지를 나누어야 한다. 가족의 의미를 전통적 유교적 보수적 개념에 의해 종합적으로 정의한다면 '나와 가장 유사한 유전적 형질을 공유하며 생계를 비교적 장기간 했던 사람들' 정도일 것이다. 서구의 경

우도 거의 비슷할 것으로 생각된다. 영어 Family의 어원인 라틴어 Famulus는 하인, 노예라는 뜻이다. 여기서 유래된 Familia는 로마에서 노예를 나타내는 단어로 쓰였다고 한다. 즉 가족을 경제 단위이자 농업 생산을 위한 생산도구로 여겼던 것이다. 과거 역사를 보면 가족제도는 남성 중심으로 그 구성원을 매매도 하는 등 처분의 대상자였다고도 한다. 영어가 거의 공용어가 된 현대에 와서 Family는 최근 할 일 없는 사람들에 의해 'Father and Mother I Love You'라 해석되기도 한다. '아버지, 어머니 사랑해요' 정도로 해석해도 큰 무리는 없을 것이다. 잘 엮어 그럴싸하게 정의했다.

가족을 식구라고도 부른다. '같이 밥을 먹는다.'는 뜻이다. 단어의 뜻, 유래와 어원이 어찌 되었건 현행 법률적 정의에 의하면 현재 나를 기준으로 한 가족은 부모님, 아내, 아이 둘, 동생 등 여섯 명으로 구성되어 있다. 처가와 동생 가족은 생계를 같이 안 하니 제외되는 것이다. 그 여섯 명은 현재 부모님과 나 세 명은 같이 살고 딸아이는 기숙사, 아들은 처가, 아내는 직업상 떨어져 세 명은 또 각각 따로 거주한다. 그중 제일 어른은 아버지이시다. 그도 한때는 할아버지 가족의 한 어린 구성원이었다가 이제는 가장(?)의 자리를 거쳐 은퇴한 것이다.

아버지의 가족 구성은 어떻게 되는가? 현재 총 구성원은 10명이다. 엄마, 아들 둘, 숙부, 고모, 손자 셋, 손녀 하나이다. 나를 포함한 세 명만이 같이 살고 나머지는 다 떨어져 각자 산다. 이들 중 가끔 전화하는 동생, 한 달에 한 번 정도 오는 손녀, 가끔 전화 통화하시는 작은 아버지, 고모와 생신, 설, 추석 등 명절에 전화 오는 사촌 누나들…
　이들이 아버지의 가족이다.

아버지도 분명 부모님이 계셨다. 하지만 지금 아버지에게 엄격한 의미의 가족은 엄마, 아들 둘, 손녀가 전부이다. 손자인 태영이야 여러 이유로 떨어져 있고 의사소통도 잘 안되니… 일반적인 우리들의 상식(?)에 의하면 인위적으로 분리가 될 수 없는 존재는 나와 유전적 형질의 공통점과 삶을 공유한 사람들, 즉 희로애락의 시간을 같이, 함께한 추억을 가진 존재일 것이다. 하지만 여기에 또 덧붙일 수 있는 존재들이 있다. 법적으로는 친척이지만 친가 쪽은 어느 집안 못지않은 끈끈한 본드 같은 가족이다. 끈끈한 정과 의리, 도리로 뭉친, 마치 마피아 영화에 나오는 family들 같다. 우리 친척들이다.

이에 반대되는 '콩가루 집안'이라는 말은 완전 남들의 이야기이다.
사촌 누이들은 아버지, 어머니 생신 때면 꼭 안부 전화를 준다. 평소에도 자주 연락을 하는 것 같다. 감사한 일이다. 물론 큰엄마에게 나름대로 나도 그리하려 한다. 그러나 누나들과는 비교가 되지 않는다. 할아버지가 돌아가시고 큰아버지가 뒤를 이으셨다. 우리 집안의 제일 큰 어르신이자 연장자가 되신 것이었다. 짧은 재임 기간을 마치시고 벌써 오래전에 돌아가셨다. 살아 계실 때 좀 더 잘 해드릴 수 있었는데 하는 반성이 늘 따른다. 그분에 대한 아련한 기억은 지금도 여전하다. 점점 흐린 기억 속으로 조금씩 사라지며 희미해지고 있으니 이렇게 잠시 글로 써서 잡아 두는 것도 나쁘진 않을 것이다. 꽤 오래전 우리는 세상을 달리했다. 조카는 여기서 가끔 그리워할 따름인데 큰아버지는 위에서 내려다보고 계실 수도 있을 것이다. 지금은 하늘 위 저세상에 계시며 같이 할 수는 없지만, 조카, 그중에서도 나에 대한 애정이 대단하셨다. 어린 조카 녀석이 육사 시험 보러 간다고 하자 당뇨 환자분이 멀리 시골에서 야간열차를 밤새 타고 오셨다. 그리고 다시 부산에서 서울까지 동행해 주셨다. 심지어 늦잠을 자 시험을 제대로 못 볼까 하는 걱정으로 밤새 한 잠도 안 주무셨다는 것을 나중에 듣기도 했다. 참 감사한 분이다. 가끔 '지금 나는 조카들, 가족들에게 어떠한가?'를 반성한다.

또한 큰어머니는 어떠한가? 작년쯤 ○○리 근처에 있는 ○○동 사격장에 박격포 사격 현장통제를 하러 갔다. 오는 길에 큰엄마를 어렵게 뵈었다. 그 좁은 시골 마을이 그리 넓은 줄은 몰랐다. 한참을 기다리다 유모차에 의지해 어딘가를 다녀오시는 길에서 만났다. 허리도 제대로 펴지 못하는 우리 집안 제일 어른의 모습이었다. 늘 보시면 하시는 인사말 '밥은 먹었냐?' 30~40여 년 전 국민학교 때부터 듣던 구수한 사투리, 큰엄마 특유의 억양이다. 명절 때 큰집에 가면 늘 반갑게 맞아주시며 하셨던 그 말씨는 그대로였다. 식사를 못한 것을 아셨을까? 으레 하시는 말씀일까? 중요하지 않다. 이제 얼마를 더 사시고 또 몇 번이나 더 뵐 수 있을까? 그 당시 어린아이로 돌아가 큰엄마 손에 이끌려 국밥 한 그릇을 먹었다. 운전병은 맛있다며 후다닥 먹는데… 목이 메어 그 맛있다는 국이 넘어가지를 않았다. 시간은 왜 이리 빨리 가는지… 벌써 밥값을 내시려 한다. 나이 오십된 조카와 실랑이다. 재미있다. 운전병이 먼저 나갈 때 살짝 돈을 주어 계산하게 한 것을 못 보신 모양이다. 주인께서 난감해 한다. 끝끝내 계산하셨다. 하기야 언제 또 큰엄마가 사주시는 밥을 먹겠냐며 '많이 먹었다'고 둘러대었다. 세상살이 3남 1녀 집안, 맏며느리로 시집와 딸만 연이어 넷을 본 후 아들 하나 보시기까지 얼마나 마음고생하셨을까?

남편 수발까지… 게다가 그 귀한 아들도 먼저 보내시는 등 삶의 녹록지 않은 상처가 깊게 패인 주름과 잔뜩 굽은 허리로 나타나는 걸까? 식사하는 동안 머리에 이런저런 생각이 맴돌았다. 차에 타려 하는데 배웅하시겠다며 따라 나오시는 모습에 갑자기 눈물이 울컥 나려 했다. 꼭 손을 잡고 '건강하세요'라고 한 후 돌아보지 않고 왔다. 돌아볼 엄두가 나지 않았다. 달리는 차창 밖을 보는데 계속 눈물이 흘렀다. 아마도 40여 년의 시간을 불과 한두 시간 만에 오락가락했으니 그 세월의 희로애락을 씻으려면 눈물이라도 필요했을 것이리라.

정말 감사한 분들을 가족으로 둔 것이 너무 감사했다. 어떤 이는 살면서 가족에게 가장 큰 상처를 받는다지만 나는 반대다. 비록 가진 것 없고 많이 배우지도 못했지만, 그저 내가 행복하기만, 잘 되기만을 바라는 우리 가족들이다. 뭔가 빚진 느낌을 주는 향이 나는 존재들이다. 단 한 번이라도 빚을 갚으라고 말한 적 없는 그들이다. 이런 인간미 넘치는 가족애를 느끼니 얼마나 행복한가!

아버지의 고향

내게는 고향이 없다. 정확히는 태어난 곳, 자란 곳이 다르다. 아버지의 그곳과는 다른 곳이다. 아버지는 태어나 자라서 결혼하고 아들을 둘 낳은 후 30대 중반의 나이에 객지 생활을 시작하셨다. 나도 그렇다. 고등학교를 졸업하고 서울로 학교를 가면서 시작했다. 아버지보다 십여 년 빨리…

아버지 고향에 대한 기억은 아버지와 관계된 어른들로부터 들은 것도 있지만 대부분은 아버지가 만들어 주신 것이다. 그래서 애착이 가는 것일까? 그곳을 어쩔 수 없이 떠나 살면서도 아버지는 그리워하셨고, 명절, 제사, 할아버지 생신 등에는 꼭 가려 하셨다. 몇 번을 가보았다. 어릴 땐 아버지 손에 이끌려, 용돈 등의 꼬임(?)에 속아… 먼 거리를 주로 버스로 이동했다. 가끔은 설, 추석 명절 때 아버지 회사에서 임대해 준 버스 편으로 감사해하며 갔다. 회사원들을 이처럼 위하는 좋은 회사에 다니시는 아버지가 존경스러웠다. 네다섯 시간 지금 시내버스 수준의 불편한 버스를 타고. 그때는 기차나 버스에서 담배 피우는 게 당연한 시절, 하지만 담배 연기는 매웠다. 오징어, 삶은 달걀 냄새도 숨을 편히 쉬지 못하게 했다. 그래도 즐겁게 가시는 어른들이 신기한 동시에 못내 미웠다. 학교 안 가는 긴 휴일을 얼굴도 모르는 어른들에게 인사만 하며 사투리를 듣는 게 싫었다. 그중에 용돈 주시는 분은 조금 감사했다. 장거리 운행 중 휴게소에서 잠시 내려 소피를 해결하고자 긴 줄을 서서 기다리는 진풍경도 있었다. 몇몇 분은 자리를 적당히 잡아 자연에 방사하기도…

지금 중국 춘절 분위기라 할까? 바리바리 선물을 싸 들고 평소에 자주 입지도 않는 옷을 어색하게 입고서 뭐가 그리 즐거운지 신기하게만 보였다. 마치 소풍 가는 아이들이 재잘거리는 것과 오버랩 되었다. 가끔 TV로 중국의 그들을 보면 애틋하면서 재미있기도… 그냥 입가에 미소가 그려진다. 사람 사는 건 거기서 거기인 듯하다. 아! 어른들은 장롱 한구석에 고이 보관하던 옷을 꺼내 입었지만, 나 같은 아이들은 새 옷 한 벌이 생기는 명절이기도 했다. 때깔 좋은 옷도, 신발도 엄마가 사 주셨다.

명절 전 대목이라며 시장에 같이 가자시던 30대의 젊은 엄마와 함께! 어머니는 그때가 즐거우셨단다. 시장에 아들 둘을 데리고 가시면 평소 아시던 장사하시는 분들이 아들들 말만 들었는데, 사위 삼고 싶다는 둥 장군감이라는 둥 뻔히 보이는 장사치의 상술인 줄 알 것인데도 좋아하셨다. 지금 생각해 보면, 몸이 불편한 태영이를 잘 데리고 다니지 않는 나와 비교해 봐도 그러신 게 당연했을 법하다. 반면 지인들과 만나 하영이 이야기만 나오면 겸손한 척(?) 한다. 혼자서 알아서 잘하는 똑똑한 딸이 아빠를 닮았다느니… 쓸데없는 소리 하지 말라면서도 이런 날은 나갈 땐 꼭 내가 계산한다.

피곤에 절어 졸다 깨다를 반복하다 내려서 또 차를 몇 번 갈아타고, 새벽에 출발해서 오후 늦게 구불구불한 골목 끝, 시끌벅적한 큰집에 도착했다. 꼬마 적 그 골목을 이루던 높은 담 너머 우람한 감나무 가지가 이제는 축 늘어져있다. 폴짝거리며 따보려다 놓치길 수차례, 주인아저씨가 지나가다 따 주신 것을 먹던 그 맛이 생각나 한 입 먹어보니 그 맛이 아니다. 입맛이 변해 버린 걸까?

완전히 시골 화장실 아니 변소도… 바로 옆에는 소가 울고, 거기가 큰 집이었다. 할아버지가 마루에서 곰방대를 드시고 타향살이에 찌든 아들, 손자를 맞아 주시던, 바로 아버지의 고향집이었다. 낯선 이라 멍멍 짖는 강아지, 꼬꼬대 소리치며 뛰어다니는 닭, 처마에 달린 메주, 마당의 장작불에 처음 맡아보는 냄새와 함께 무언가 끓고 있는 큰 솥, 우물 등이 시골임을 증명하고 있었다. 또한 그 생소한 호칭의 주인공들은 이미 와 계셨다. 작은 아버지, 고모, 당숙네 뭐시기, 거시기, 조카 사위, 누구누구네 아들 등등… 입에 달라붙지 않는 단어들을 가계도와 맞추었다. 양반집 아들 흉내를 내기 위해 외워야 했다. 서먹서먹한 또래의 사촌 형, 누나, 누이, 육촌에 누구… 친구 뻘 되는 아이들이 많고, 그중에는 삼촌, 작은 아버지 등 어른으로 불러야 하는 경우도 있었다. 하루도 안 지났는데 벌써 보고 싶어지는 친구들을 그리던 그곳이 아버지의 고향 집이었다. 아니 아버지가 어릴 적 숨바꼭질할 때 숨으셨을 법한 그곳을 찾고 싶어지게 했다. 아버지의 고향을 갓 태어난 아이가 어쩔 수 없이 부딪혀야 했던 처음 만나는 그 세상(?)과 비교하면 지나친 것일까?

학교 밖 아련한 어린 시절

나는 유치원을 다닌 적 없다. 유치원은 잘 사는 집 아이들만 가는 곳이었다. 보통 2~3년 다니는 듯했다. 대부분은 유치원이 아닌 집 밖에서 천진난만하게 뛰어놀았다. 그때는 너무 어려서인지 뭘 했는지 기억도 나지 않는다. 그저 동네 친구들과 해 질 녘까지 뛰어놀았다. 정확히는 무엇을 하며 시간을 보냈는지 기억이 나지 않는다. 초등학교에 입학한 후에는 머리도 좋아진 것 같다. 개구쟁이로 놀기만 하던 모습들이 아련히 조금씩 기억난다. 어릴 적 모든 추억은 내가 자란 곳 부산에 전부 다 모여 있다. 그전 기억은 거의 없다. 부모님 손을 잡고 야간열차를 타고 부산에 왔던, 저녁 무렵 시간, 피치 못할 사정으로 고향을 떠나야 했던 30대 초반 슬픈 얼굴의 아버지에 대한 기억만 가물거린다. 추측하건대 고향에서 장사를 하셨다는 사실과 약주를 하시면 '고향이 그리워도 못 가는 신세'라는 아버지가 자주 부르시던 노래 가사가 아직도 귀에 맴돈다. 뭔가 말씀하시기 곤란한 사연이 있을 것이라 짐작된다. 그러나 지금도 여기에 대해서는 알려고 하지 않는다.

부산은 서울 다음가는 제2의 도시, 아시아 최대의 항구도시이다.
당시엔 몰랐지만 우리 집은 경제사정이 어려웠었던 것 같다. 뭐 그때, 70년대는 다들 그러했지만… 하지만 유치원을 다녀야 할 시기의 기억은 어둡지만은 않다. 물론 지금은 자세히 기억나지는 않지만…

형들 따라다니며 놀고, 하숙을 하셨던 부모님 덕에 월급날이면 삼촌들에게 용돈도 받고 짭짤한 수입도 맛보는 시기였다. 하드(아이스크림)가 5~10원이었던 같은데 천 원도 받고 했던, 꽤 큰돈이었다. 장기, 바둑도 알려 주셨고 나중에는 나와 내기도 하셨던… 그때 실력이 지금까지 변함이 없으니 참 내 머리도… 여하간 받아쓰기, 산수 문제도 내주셨던 분들이다. 지금은 그중 막내 삼촌도 환갑이 넘어 칠순을 내다보고 손자, 손녀도 보시며, 전국 방방곡곡에 흩어져 사신다. 그중에는 연대장 취임식 때 '대령 김대연'이라 각인한 만년필을 주신 분. 아직도 그분들에게는 유년 시절의 나다. 물론 세상이 그러하듯 먼저 하늘나라로 가신 분도 있고… 이래서 있을 때 잘하라 했던가?

감사함을 갚아야 하는데도 바쁘다는 핑계, 앞만 보고 달려온 무관심, 주어진 것에 대한 당연하다는 생각이 후회스럽다.

초등학교에 입학을 했다. 호적에 생일이 늦게 되어 또래 아이들보다 입학이 늦어진다며 걱정하셨던 부모님, 어울려 놀던 아이들이 학교에서 형이 된다는 사실이 받아들이기 어려웠지만… 지금이야 출생신고를 늦게 해 주신 덕에 정년도 길어지니. 인생은 새옹지마라는 말이 맞기도 한 듯하다. 어색한 이름이 불리기 시작했다. 태어나 계속 들어왔던 이름이 내가 아니란다. 웃기는 세상이라는 생각이 들었다.

이름이 바뀌다니, 멍멍 짖어대던 동네 개들도 복날 다른 나라로 가거나 개장사에 팔릴 때까지는 강아지 때 붙여진 이름이 그대로인데…

이런 거 하나 제대로 못 처리하시는 아버지가 미웠다. 산에 널려있는 아카시아 꽃잎도 따먹어보고, 산에 가서 칡도 캐 보았다. 계곡에 가서 잡아 온 개구리 뒷다리를 이용해 가재도 잡았다. 도마뱀을 잡아 키우다 꼬리를 잘라 보기도 하는 자연 생태 학습을 누구 지도도 없이 친구들과

산으로 들로 다니며 해 보았다. 딱지놀이를 해서 부잣집 아이들에게 팔아 용돈도 버는 알바(?)는 그중 최고로 재미있었다. 내 생애 최초의 경제활동이랄까?

가끔은 황토 흙을 버무려 동그란 공을 만들어 굳게 한 다음, 위에서 떨어트려 부서지게 하는 해서 누구 것이 더 센지 내기하던 놀이, 동네 뒷산이 조그맣다 하여 꼬마 산이라 부르던 곳에서 대나무를 얼기설기 엮어 풀을 붙여 만든 연을 날리며 겨울 찬바람을 이겨내기도 했다. 버려진 책을 접어 딱지치기, 돌 옮기기, 땅따먹기, 자치기, 축구 등…

그중에서도 딱지놀이와 함께 구슬치기는 집중력을 올려 주었고 주먹 속에 홀짝을 맞추던 내기는 거의 도박(?) 수준이었던 것 같기도 하다. 이것 또한 경제 활동이었다. 여름이면 버스를 타고 해운대, 송정, 광안리 해수욕장에 친구들과 물놀이도 갔다. 희희낙락하며 흙, 산, 계곡과 물 등 자연을 놀이터, 장난감 삼아 노닐었다. 세파에 찌들려 옳고 그름을 분간 못해 살아가는 요즘 가끔 나를 미소 짓게 한다.

어려운 가정환경으로 인해 갖고 싶은 것, 먹고 싶었던 것도 많아 불만스러웠던 그때가 나이가 들수록 그리워지는 건 무엇 때문일까? 갱년기? 호르몬 불균형? 늘어가기만 하는 주름, 흰머리가 늙어가는 징조이겠지만 어느 것 하나 바람직하지 않고 좋은 것도 아니다. 어떤 이는 불우한 유년 시절을 되새기기 싫어 언급 자체도 피하려 한다고도 한다. 사실 그 말에 동의한다. 가난과 배우지 못하신 부모님, 내세울 것 없는 집안 내력 등으로 공적 관계, 사회적 관계에서는 언급을 안 해 왔다. 하지만 이제는 숨기려 하지 않는다. 그때가 그립기 때문이다.

또 봄이 왔다. 앞으로 몇 번이나 이 변덕스럽고 짓궂은 친구를 더 맞을 수 있을까? 언제쯤 친구 녀석들과 작은 계곡에서 물장구치며 산에 널린 진달래 먹고, 온갖 이름 모를 수없이 많은 꽃잎들을 따며 다람쥐 쫓아 큰 나무에 올라 타잔을 따라 하던 순박했던 그 시절로 돌아갈 수 있을까?

앞으로 몇 번의 봄을 더 보내야 따스한 햇살을 온몸으로 느끼게 될까? 유난히 올봄은 새벽에 잠을 설친 후 희미하게 그려지는 꿈처럼 느껴진다.

사주팔자에 없는 착한 아들

　우한 코로나 덕에 재택근무를 몇 주 하고 나니 한가로운 주변이 하나 둘씩 보이기 시작한다. 하루 종일 접하는 사람의 숫자는 네 다섯 명을 넘지 않는 것 같다. 지금 함께 있는 강아지와 가족 넷에, 가끔 가는 편의점 아르바이트생 등이다. 최근에는 이곳이 너무 시골이라 따분해 하던 딸아이가 이모 집에 가서 더욱 조용하다. 가끔 카드로 무얼 사는지 올리브영이나 커피숍 등에서 날아오는 문자가 안부를 대신 전해 준다.

　아들 녀석은 더 조용하다. 나이는 벌써 21살이나 되었지만 유치원생들도 가지고 논다는 그 흔한 핸드폰도 없으니 이해가 안 되는 것도 아니다. 지난 설 때 잠시 봤으나 이렇다 할 대화도 없었다. '심심해. 대전 가고 싶어, 테니스 좋아'가 전부였던 것 같다. 같이 있을 때는 할아버지나 할머니 핸드폰을 만지작거리기도 했었다.
　부모님께서 전화하는 것 연습시킨다며 1번을 꾹 누르게 하여 짧게나마 통화를 시켜 준 것이 고작이었다. "아빠 언제 와요? 밥 먹어요?"등 말을 하고 할아버지나 할머니를 바꿔 주는 것으로 통화는 끝났다.
　스스로 전화도 못 하니 어쩔 수 없는 것임을 안다.

　날이 좀 풀리면서 저녁 무렵이면 가까운 학교 운동장에 가서 트랙을 돌거나 주변 아파트 단지를 산책하다 보니 전에 못 보던 것들이 보이기

도 한다. 팔 동작을 앞뒤로 크게 하며 걷는 좀 뚱뚱한 사람들,

 살을 빼려 하는 것처럼 보이는데 한심하기도 하다. 정상적인 몸을 만들려는 노력이 가상하다.. 그들의 특징은 좀 하다가 곧 사라진다는 것이다. 먹는 걸 줄이거나 강도 높은 다른 운동이 필요하고 그보다는 좀 더 오랜 시간을 움직여야 할 것 같다. 또 어떤 이들은 초등학생으로 보이는 아이들과 가족이 함께 나와 공놀이도 하고 부모를 따라 트랙을 뛰거나 걷는다. 유치원생으로 보이는 남자아이는 축구 골대에서 아빠가 차는 공을 막다가 다시 역할을 바꾸어 슛을 하기도 한다.

 아빠의 슛은 너무도 느리게 굴러 아이가 쉽게 잡아낸다. 아이의 슛은 골대 안으로만 들어오면 아빠가 다이빙을 해도 도무지 막지를 못 한다. 가만히 서 있기만 해도 막을 수 있는 공은 차는 족족 골이 되고 사내아이는 두 손을 들고 골 세리머니도 한다. 아마도 그 아빠는 30대 중반의 대위쯤으로 여겨진다. 이곳에서 석사과정 공부를 하고 있을 것으로 짐작된다.

 태영이도 공놀이를 좋아했다. 저 아이처럼 축구공이나 농구공을 주면 시간 가는 줄 모르고 뛰어놀았다. 10여 년 전쯤이나 지금이나 똑같다. 바뀐 게 있다면 공이 좀 작아져서 테니스 공으로 바뀌었다는 것뿐이다. 같이 있을 때는 거실에 둔 퍼팅 연습기로 엉성한 폼을 잡고 할아버지와 아빠를 따라 했는데 지금은 외가에서 장인을 따라 테니스를 친다고 한다. 설날 집에 잠시 와서도 마치 유치원생처럼 스윙 흉내를 내기도 했다. 나이가 21살인데도 그때나 지금이나 덩치가 좀 큰 것 빼고는 변한 게 없다. 지금은 테니스에 푹 빠져 여기로 오려고도 안 하니 없는 아들 같기도 하다. 오늘 같이 어린 사내아이가 엉성하게 공놀이하

는 것을 볼 때나 생각이 난다. 사주팔자나 운명을 믿지는 않지만 사주팔자에 아들이 없다고 들었던 기억이 연이어지기도 한다. 한 20여 년 전 결혼을 앞두고 아내와 부산 여행을 겸해 부모님께 인사를 드리러 갔었다. 해운대 바닷가 근처에서 식사를 하고 바닷가를 겸해 산책하였다.

파라솔을 쳐놓고 사주팔자와 운세, 점을 보는 곳이 길을 따라 즐비했다. 심심풀이로 둘의 사주를 넣어보니 아들이 없고 딸만 하나 있다 했다. 그 딸이 아빠를 닮아 똑똑하고 효녀라 했다. 아들이 없다는 말에 애써 웃어넘기며 지나쳤던 게 떠올랐다. 아이 둘 정도는 가지기로 했으나 형제자매가 많은 사람들이 부럽기도 했기에 기회를 엿보아 더 가지겠다는 상상도 했었다. 최근 써놓은 글을 읽던 이가 딸 이야기는 많은데 아들 이야기가 없다고 했다. 돌아보니 정말 그랬다. 사주팔자에 없는 아들이니….

가장 먼저 떠오르는 것은 갑자기 출산한다는 연락을 받고 가던 길이다. 초여름인데도 불구하고 그날은 유독 비가 많이 내렸다. 차 밖에서도 차 안에서도 내리는 비를 어찌하기 힘들 정도였다. '내가 무슨 잘못을 했다고 이런 시험을 주는가?' 아이가 태어나는데 염색체 돌연변이로 다운증후군이 확실하다, 머리가 커서 제왕절개를 해야 한다.

임신 몇 개월쯤 장애아라는 것을 알고 낙태를 할까 망설이며 갈등하고 고민하던 일, 한 교회에 혼자 가 맨 뒤에 앉기도 했다. 예배 말씀 제목이 '하나님은 감당할 수 있는 시험만 주신다, 초등학생에게는 산수문제를 주시지 수학 문제를 시험으로 주지 않는다.'는 말씀을 들으며 흐르는 눈물을 남몰래 닦던 일, 그날 교회 정원의 장미가 유난히 붉고 아름다워 보였다는 등 지금은 담담히 떠올릴 수 있는 기억들이다.

아들은 의사 표현이 정확하지 않다. 지체장애 1급이니 그럴 수밖에 없을 것이다. 논리적으로 따지면 의사소통이 안 되는 것이 먼저일 것이다. 지능지수가 50~60 정도로 평균 5~6세의 어린이와 비슷하다고 하니 어쩔 수 없는 노릇이다. 반면 감정 표현은 정확히 한다. '배고파, 재밌어, 싫어' 등 대부분의 시간은 웃으며 행복하게 보낸다. 세상살이에 대한 걱정과 고민이 없는 듯 보인다. 언제인가 또 다시 가족들 사주팔자를 보았더니 아들은 최고의 사주를 타고났다고 했다. 지금도 절대 동감이다. 항상 누가 붙어 있어야 하니 마치 24시간 수행 비서를 데리고 다니는 듯하고, 그 또래 남자아이들이 하는 성적, 군대, 이성문제, 취업, 결혼에 대한 걱정도 없다. 아이도 가질 수 없으니 자식 때문에 돈을 벌어야 하거나 속이 타거나 신경 쓸 일도 없을 것이다. 때로는 부러운 적이 한 두 번이 아니었다. 나이가 들어감에 따라 또래 아이들이 군에 들어오기 시작했다.

대부분은 그들의 부모들이 부럽다는 생각을 했다. 군의 특성이랄까? 정상적인 아이들보다는 그렇지 않은 경우의 이야기들이 귀에 많이 들어온다. 우울증, 학창 시절 왕따, 게임중독, 공황장애, ADHD, 자살시도 등의 단어가 마구 섞인 보고서를 보고, 현역 복무 부적합 심의를 위해 서로 다른 그들과 주기적으로 마주했다. 초점 없는 눈동자에 구부정한 자세, 삐딱한 태도, 더듬거리며 앞뒤가 안 맞는 의사 표현 등을 보면 군 생활을 떠나 전역을 하더라도 이 힘든 세상을 어떻게 살아갈지, 그 부모들의 속은 어떨지? 차라리 '태영이가 낫다, 효자다'라는 생각을 한 게 한두 번이 아니다. 심지어 불의의 일로 부모보다 세상을 먼저 떠나는 경우도 보았다. 그 부모들의 모습을 가까이서 볼 때는 여러 마음이 들기도 한다. 어떤 작가는 외아들이 불의의 교통사고로 요절하자

'하느님, 사랑 깊은 아이로 점지한 내 아들이 왜 죽어야 했는지, 더도 덜도 말고 딱 한 말씀만 하소서'라고 했다. 이순신 장군도 아들의 전사 소식을 듣고 그 슬픔을 남기기도 했다. '하늘이 어찌 이렇게 어질지 못 하실 수가 있는가. 내가 죽고 네가 사는 게 올바른 이치인데 네가 죽고 내가 사는 것은 무슨 괴상한 이치란 말인가. 온 세상이 깜깜하고 햇빛 조차 색이 희미해 보인다. 슬프다. 나의 죄가 네게 화를 미쳤구나. 나는 세상에 살아있지만 장차 어디에 의지하랴. 부르짖고 서글피 울 뿐이다. 하룻밤을 넘기기가 한 해와 같도다.'

'저런 상황이 된다면 나는 어떨까?' 생각해 보기도 했다. 현대에 와서야 그들의 평균 수명이 50대 정도로 늘었다고는 하지만 보통의 사람들 보다는 짧으니…

여하간 그런 마음의 준비는 일찍부터 하고 있으니 불의의 사고만 없다면, 옛사람들이 썼던 '참척(참혹할 慘, 슬플 慽, 자식 잃은 부모를 표현)'에 해당되지는 않을 것이다. '이것 또한 효도가 아닐까?'라고 생각해 보기도 한다. 실제 효도도 많이 했다. 가족 중에 장애가 있다며 육군에서 추석, 설 등 1년에 두 번 위로금도 주고 아무나 살 수 없던 LPG 승용차도 면세로 타기도 했다. 그 흔한 학비니 성적이니 하는 걱정도 안 하게 해 주었다. 심지어 공원 등에 갈 때는 동반자랍시고 한 명을 공짜로 입장하게 해 주었다. 그 효자는 나이가 스물이 넘어 성인이 되었지만 언제나 천진난만하게 아빠를 30대 중반으로 데려가 준다. 피곤하고 스트레스 심한 날, 퇴근 후 술 한 잔하고 집에 들어오면 소파에서 다리를 쩍 벌리고 자거나 누워있기도 한다. 편하게 자라며 일으켜 깨우면 깜짝 놀라며 아빠 볼을 사랑스럽게 쓰다듬고 뽀뽀를 하기도 한다. 그것도 잠시 술 냄새난다며 한 손으로 코를 막고 한 손으로 가리며 '아빠 미워, 싫어, 냄새나'하며 뺨을 때리기도 한다.

　미안하다고 웃으며 고개를 절레절레 흔들며 안방으로 들어간다.
　그냥 웃음이 나온다. 그의 뒷모습을 볼 때면 미안함과 연민이 느껴진다. 태어나고 꽤 긴 기간을 아이의 상태에 대해 받아들이기 싫었다. 어떤 모임이나 대화에서든 아이들 이야기가 나오면 애써 피하려 했다. 그런 자리가 예상될 때면 일부러 데려가지도 않았다. 아버지로서 도리를 못한 것이다. 그래서인지 아버지란 호칭을 들어본 적이 없다.

　세 글자씩이나 되는 긴 호칭을 부르기가 불편하기도 할 것이지만 가끔은 아버지와 아빠의 그 미묘한 차이를 아는 듯도 하다. 지금이라도 아버지가 되고픈 마음이 있다는 걸 알아 달라고 말하고 싶지만 즐겁게 잘 지내고 있는데 또 내 생각에만 얽매여서는 안 됨을 안다. 이런 쓸데없는 생각을 안 할 것 같은, 겉으로라도 본능대로 받아들이고 표현하고, 즐겁게 사는 것처럼 보이는 아들이 부럽다. 사주팔자에 없는 아들이지만 웃음을 주고 겸손도 알게 해 주었다. 어린 아빠를 철들게 하는 내 인생의 선물! 천사 아들에게 감사함을 느낀다.

못 가진 슬픔을 일찍 알아버린 아이

어린 시절 나는 가난했다. 좀 더 정확히 표현하면 당시 부모님은 경제적 여유가 없었다. 아버지는 1~2주 간격으로 주·야간 교대 작업을 하셨다. 어머니는 공장도 다니시고, 작은 가내 수공업 회사에서 개당 얼마씩 하는 일거리를 받아 오셔서 옛날 삯바느질처럼 작업을 하시기도 하셨다. 인형 눈 붙이기, 이쑤시개 리본 달기 등 또 있는데 잘 기억나지는 않지만 무엇인가 가정에 도움이 될 만한 것들을 끊임없이 하셨다. 주변 아이들 집도 그랬고, 주변 아는 분들도 다들 그러고 살았다.

우리 가족이 살던 동네는 주변에서 '30가옥'이라 불리던 지금의 다세대 주택촌 같은 곳이었다. 희미한 기억 속 타향인 부산에서의 첫 번째 동네, 집, 우리 가족의 모습이었다. 방 하나, 이어진 작은 부엌, 연탄아궁이가 있었다. 가끔 연탄가스에 중독되어 죽은 사람도, 병원에 실려 간 사람도, 식초로 응급처치해 겨우 살기는 했으나 공장엔 못 갔다느니… 지금은 들을 수 없지만 그 시절엔 흔한 이야기였다.

물은 다 같이 사용하는 공동 세면장의 우물을 이용했다. 아침이면 늘 북적거렸고 겨울엔 바닥 물이 얼어 미끄러웠다. 물을 길어다 아궁이에서 데워 씻기도 했다. 화장실도 공동으로 사용했는데 언제나 줄을 서서 기다려야 했다. 그나마 우리 집은 멀찍이 떨어져 있어서 냄새가 안 나 다행이었다. 어른들도 다행이라 말씀하시곤 했다. 요즘으로 하면 도시의 빈민가(?) 정도였을 것이다. 아마도 중국 대도시 어느 변두리에 사는 농민공의 생존환경과 비슷했을 것이다.

그때까지는 아직도 어렸고 기껏 만나거나 보는 것이 그 오밀조밀한 가난한 동네, 거기 사는 또래 아이들이어서 그랬는지 다들 그리 큰 불만 없이 살았다. 비교 대상도 안 보여서 상대적 박탈감도 없었다. '모르는 게 약'이라는 속담을 연상해도 되려나?

문제는 초등학교 입학 후 다른 동네에서 온 친구들과 비교하고, 비교 당하면서부터 시작되었다. 나보다 조그만 하고, 운동도 못하고 어리숙한데 때깔은 분명 달랐다. 잘 먹고 곱게 자란 귀티 같은 게 보였다. 마치 영화, 드라마에 나오는 부잣집 도련님, 아기씨처럼! 그럼 나는 뭐야? 곁눈질로 보니 말쑥한 옷차림, 뽀얀 볼 살, 튼튼하고 사용하기에도 좋아 보이는 가방, 메이커가 붙어있는 TV 광고에 나오는 운동화, 비싼 학용품, 왠지 저걸로 공부하면 못하던 공부도 잘할 것 같던 필기도구까지 수없이 많았다. 비싼 운동화를 신어 그런지 그들은 하나같이 나보다 잘 뛰지 못했다. 달리기 시합을 하는데 누가 빠른가? 나이키 운동화는 제일 느렸다. 남들에게 메이커를 자랑하려고 슬로우 동작으로 뛰고, 그보다 조금 빠른 게 프로스펙스, 내가 신는 구루마제가 제일 빠르다. 창피해서 신발 안 보이게 빨리 뛴다는 우스개 농담도 있었다.

그렇지만 그런 나이키 친구들도 나를 많이 따랐다. 돈 많은 부모님의 과잉보호 속에 곱게 자라신 도련님, 아기씨들이 개구쟁이 시절 각종 놀이, 그들은 과외니 학원 등으로 시간 낼 틈이 없어 할 수 없었던 자연과 함께한 생태체험놀이 등 매일 마당쇠처럼 뛰놀던 경험을 가진 나와 친해지려고 했던 것은 당연하였을 것이다. 적어도 학교에서는 그랬다. 녀석들은 학교가 끝나면 서로들 집에 가서 뭔가 재미난 장난감을 가지고 자랑하며 끼리끼리 다니는 듯했다. 애써 모른 척했다. 우리 집을 보이고 싶지 않았기 때문이다. 그들 대부분은 맨션이라 부른 곳에 살았는데 엄마도 '거기는 부자들만 사는 곳'이고 세간살이 챙기느라 이사 힘들게 하는 우리와 달리, 할 일없이 맨손으로 들어가 살기만 하면 되는 좋은 곳이라 하셨던 바로 그 아파트였다.

그중에 같은 반에 급우로 잘 따르던 조그만 녀석이 하나 있었다.

'너희 아버지 뭐 하시노? 변호사! 어머니는? 대학교수!'

그러던 어느 날 같이 놀고 싶어 하고 잘 따르던 녀석이 우리 집에 가서 놀자고 조르고 또 조르기에 한 번 데려갔다. 아직 퇴근 시간이 아니니 엄마는 공장에 계셨다. 늘 하던 대로 내가 점심을 차려 같이 먹었다. 나만 맛있게…

그런데 다음 날 '경연이 집에 갔더니 찬밥 주더라!' 하면서 친구들에게 놀리듯이 떠들어 대는 것이 보였다. 창피했다. 배신감, 두고 보자는 복수심, 있는 집 아이들은 의리도, 싸가지도 없다는 선입견이 생기는 계기였다. 열등감과 불만으로 가득한 그때 그 아이가 지금도 눈에 보이는 듯하다. 당연히 녀석을 두고두고 티 안 나게 괴롭히고 따돌렸다. 그 녀석이 학창 시절 우리 집에 온 처음이자 마지막 놈이었다.

한편으로는 이런 수치를 받아야 하는 원인을 제공한 아버지가 미웠다. 어떤 집은 사우디 가시거나 외항선을 타서 돈도 많이 벌어 와 좋은 집도 사고, 멋진 장난감도 선물해 주신다는데…

비교하기도 싫었다. 더불어 우리나라도 싫어졌다. 미국, 유럽은 일 안 해도 나라에서 돈도 주고, 집도 준다는데 우리는 같은 민족끼리 전쟁으로 거지꼴이고, 그 중 우리 집은 더하니 이런 불공평한 세상이 어디 있나 싶었다. 차라리, 또 전쟁이라도 나 모두가 다 같이 굶는 게 좋겠다는 생각도 자주 했다. 세상, 사람은 변한다고 했던가? 그러던 아이가 중년이 되어서는 20대 초 젊은이들에게 불평불만하지 말고 열심히 살아야 한다며 교육도 한다. 그 처음이자 마지막으로 집에 데려와 망신 당했던 숨기고 싶은 기억을 사례로 설명도 한다.

'세상은 불공평하다! 인간은 태어나기 전 엄마 뱃속에 있을 때부터 나누어진다. 가진 자와 못 가진 자!' 빈부의 차이는 인간 사회에서는 없어질 수 없다. 이러한 불공정, 불평등, 불공평은 우리의 의사를 무시하고 인정하거나 말거나 바뀌지 않는다. 이것을 깨닫는데 오래 걸렸나 보다. 어쩌면 적절한 시기이고, 아니면 좀 이르거나!

그런데 그때가 그립다. 좋았던 것 같다. 지금과 그때 중 어디로 가고 싶냐? 선택하라면, 돌아갈 수만 있다면 당장이라도 돌아가고 싶다. 그때는 주어진 현실이 지금과 비교해도 불편하고 불만족스럽고 못마땅한 것들로 둘러싸여 있었지만 내일, 미래에 대한 희망과 도전, 의지가 지칠 줄 모르게 용솟음쳤다. 머릿속, 마음으로 그리기만 하던 먼 미래, 올해보다 나아질 내년, 오늘도 즐겁지만 기대되는 내일이 늘 같이했다. 눈은 언제나 멀리 보았다.

지금의 나는 어떤가? 그 못 가진 슬픔으로 가득 찬 어린 시절로 마음은 달려간다. 다시 시작해서 잘못된 지난 시간을 반듯하게 하고 싶다.

돌아가련다

돌아가련다.
그 꿈 많고 고민 많은 그 시절로!

언제인가는 돌아가련다.
그 희망 품은 그 시절로!

머지않아 돌아가련다.
그 철없는 가슴 두근대던 그 시절로!

당장, 내일이라도 돌아가련다.
설레는 가슴 안은 그 시절로!

소위로 왔던 곳을 대령이 되어
다시 오고

　통일전망대에서 선녀와 나무꾼 이야기, 저 너머 북녘땅의 지명에 얽힌 사연 등을 포함한 멋진 브리핑을 듣던 소년이 그 부대에 다시 왔다. 정확히는 모르겠지만 대략 수학여행을 다녀간 7~8년 후 추측된다. 청운의 꿈을 가슴에 품고 소위로 와서 약 5년을 설악산과 같이하며 20대를 보냈다. 마지막일 수도 있다는 첫 지휘관 중대장 직위를 많은 우여곡절 끝에 만료하고 '군인으로서의 마음의 고향'을 떠났다.

　훈련 때마다 원시림 같던 설악의 숲을 누비던, 구석구석 땀과 눈물과 혼을 뿌리던 그곳이었다. 떠난 지 약 20년 만에 전국 방방곡곡을 돌고 돌아 연어처럼 찾아왔다. 이제 다시 오십 즈음이 되어 한가롭게 저곳을 바라보니 예전 생각들이 마구마구 하나둘씩 일어 올랐다. 주변의 도로, 큰 건물 등과 희미하게 보이는 저 미시령 고개, 목우재 고개, 학사평 순두부촌, 척산 온천, 워터피아, ○○, ○○콘도미니엄 등 건물은 그대로인데 일부는 세월을 못 이기고 이름을 바꾸며 변한 곳도 보였다. 주말이면 북적이던 설악동은 한산한 여유가 쓸쓸하게 보였다. 비도 오고 구름인지 안개인지 산을 타오르며 바람에 날리는 동양화 같은 절경을 보고 있노라니 타임머신을 타고 돌아가 있는 듯했다. 약 20여 년 전 일들과 함께 시 한 편이 떠올랐다.

　오백 년 도읍지를 필마로 돌아드니,

산천은 의구한데 인걸은 간 데 없네
어즈버, 태평연월이 꿈이런가 하노라

고려 말 삼은 중 한 명인 야은 길재가 쓴 시인데 마지막 구절 중 '태평연월'을 '청춘시절'로 바꾸면 꼭 내 마음이다. 세월은 흐르고 흘러 사람은 떠났거나 없어졌건만 설악산과 그로부터 흘러내리는 계곡물, 바다로 이어지는 그 물소리, 나무, 풀 내음, 구름 안개의 어우러짐은 예전 그대로 푸르고 싱그러운데 지나간 세월에 20대가 이제 50대가 되었으니…

등 푸른 명태

명태가 왔는가? 나도 왔소!
어디 갔다 왔는가? 나도 둘러 둘러 예 왔소!
어려 떠난 고향 산하 그립던가?
나도 그 시절 그리워 예 왔소!

명태 등색이 뭐든가? 내 색도 모르고 예 왔소!
푸른 명태든가? 푸른 청춘이 사제되어 예 왔소!
희고 푸른 파도 타고 왔는가?
푸른 산천 타고 흰 푸른 파도 타러 예 왔소!

작년부터 동해안에 명태가 잡힌다고 한다. 한동안 사라졌던 명태가 마치 나와 같이 동해로 돌아온 것은 아닐까? 어려서 떠난 바다로 다시 돌아오는 것이 생각지도 않게 다시 온 나의 아바타처럼 느껴진다.

아마도 그들도 어린 시절을 지나 저 먼 북태평양, 일본 북부, 오호츠크해, 베링해 등의 북태평양 등에서 살다가 고향으로 온 것은 아닌지?

요사이는 그 때 젊음의 육체와 지금 영혼의 젊음이 혼란스럽게 섞여 있다. 이제 지나간 시간은 일장춘몽처럼 느껴지기도 한다. 지나가는 바람처럼… 나는 그대로인데…

청춘은 영원하다!
나이는 스스로가 인정할 때 정해지는 것이다!
나무의 나이는 스스로 나이테를 세는 만큼 정해진다!

비 오는 창 너머로 설악산과 금강의 경계를 눈짐작으로 이어 본다.

이를 아는 사람들은 많지 않다. 산이야 다 이어져 있으니 굳이 나눌 필요가 있을까 싶지만, 대략으로라도 나누어 부르는 것이 산에 대한 예의일 것이다. 쉽게 나누면 미시령 옛길을 따라 북쪽이 금강산, 남쪽이 설악산이다. 바다로 선을 이어보면 청초호는 설악산 물, 영랑호는 금강산 물인 것이다. 저 미시령은 중위 시절 사단장님을 수행해서 수없이 넘어 다녔던 곳이다. 지금은 사라진 대우 자동차의 영광, 프린스를 타고… 한여름 굽이굽이 고갯길을 넘을 때는 힘이 약해 에어컨이 나오지 않았다. '우리나라 차는 왜 이렇게 비실비실할까?' 윗분을 모신답시고 차려입은 옷, 가끔 대외 행사 참석으로 정복을 입을 때는 하정복을 왜 만드는지 이해가 안 되었다. 동정복과 차이가 없었다. 차가 힘들어하니 안에 탄 사람도 따라서 힘들어 하라며 에어컨을 가동 못하게 장치를 했다는 소문이 맞다는 확신이 갔다. 그 시원하다는 설악의 계곡 바람도 굳게 닫힌 차 안으로는 들어오지 못했다. 이 바람에 이마, 목, 겨드랑이, 엉덩이 등 땀이 흐르지 않는 곳은 없었다. 뒷좌석 창문은 열려도 앞 좌석은 달랐다. 세찬 바람을 바로 맞으시는 것을 막아야 했고 신문 보시는 것을 방해해서도 안 되는 것이었다. 그러니 창문을 열 생각을 할 수가 없었다. '앞의 것을 열면 뒷좌석으로 바람이 쏠리니 불편하실까 봐서…'

당시 그분의 나이는 지금 나와 동갑이셨다. 참 정감 있고 인간적인 분이셨다. 주례도 해 주셨다. 부하들을 끔찍이도 챙기셨다. 단, 가까이 있는 우리는 제외! 특히, 매번 뭐라 하시면서도 꼭 데리고는 다니셨다. 어떤 날은 24시간 중 서너 시간 자는 걸 빼고는 좌측 일보 뒤에는 언제나 내가 있었다. 휴가를 가시더라도 같이…

지금도 기억한다. 하루 일과! 다섯시에 기상하여 취사병이 일어났는지 확인 후 공관 경계초소 순찰, 닭장 문을 열어 주고 다섯 시 삼 십분에 당번병 기상 확인, 지휘통제실로 전화해 간밤에 이상 유무 확인, 방으로 돌아와 샤워, 전투복 입고 여섯 시에 다시 가서 운전병 확인, 초소 가서 일일 시간 계획 내용 숙지 후 거실에 위치시켰다. 여섯시에 당번병이 기상시켜 드렸다는 보고받고… 확인…

출근해서 오전 일과, 점심 후 바둑 둘 참모 순서 확인, 없으면 대타로 뛰고, 오후는 전방 또는 예하부대 현장지도, 십오 시~십육 시 어간 체육복 넣어드리고 테니스장으로 수행, 테니스장으로 향했다. 누군가 없으면 난타로 몸 풀어 드리고… 이런 경우 땀은 거의 내 몫이었다. 같이 샤워 후 회식 수행, 복귀 후 바둑 맞상대, '우리 사단장님은 나 없으면 혼자서 할 줄 아는 게 없는 분인가?' 가끔 엉뚱한 생각도 해 보던 시기였다. 그래도 그분은 좀 나으셨다. 한 번은 동기 가족 내외분이 오셨다. 전속부관은 동기였다. 정원에서 담소를 나누시다 큰 목소리로 부르셨다. '부관~~ 우리 집 전화번호가 어이 되노?' 동기는 뛰어나가 보고를 드렸다. 나중에 귓속말로 우리끼리 중얼거렸다. '우리는 본인이 할 건 스스로 하자'며 미래에 같이 사단장이 된 것처럼 약속했다.

부관 전임자는 일 년 선배였다. 테니스는 수준급! 바둑은 아니었다. 부족한 테니스는 기동력으로 커버했다. 요리조리 볼 받으러 뛰다 놓치면 '젊은 녀석이 체력이 약하냐?'며 재미있어하셨다. 전임 선배는 머리 나쁘다는 지적을 많이 받았다고 했다. 심지어 바둑 두다 말고 '너는 육사 어떻게 졸업했냐?'라는 놀림도 많았다고 한다.

반면 우리는 전투 바둑이었다. 그런데 불리해지시면 몇 수를 물리셨다. 엄청난 짜증이었다. 한 번은 물리시며 놀리시길래 싸움을 걸어 덤비다 대마가 몰살당하는 일이 발생했다. 크게 좋아하셨다. '김중위 이 놈은 성깔이 있어서… 욕심 봐라! 먼저 살고 봐야지!' 하며… 화가 단단히 나서 다음 판 포석을 하다가 너무 힘을 주었던지 손가락에서 알이 튀어 살짝 맞으셨다. 다음 날 점심 식탁에서부터 한 일주일 교보재가 되었다. '우리 김중위 조심해야 돼! 부관이 바둑 두다가 화난다고 사단장에게 돌을 던졌다' 되게 재미있어하시며 농담을 하셨다. 식사 후 참모들과 바둑을 하시다가 나와 비슷한 실력의 참모들과 게임도 붙이셨다. 한 명 한 명 이겨 나가고 내기해서 수박을 디저트로 낼 때는 엄청나게 좋아하셨다.

"김중위 이놈은 사단장과 하면 실력이 줄어들어! 이런 짜웅은 누구에게 배웠을까?" 참모들이 "사단장님께서 졸업시키고 소위 임관도 시켰지 않습니까?" 이런 말이 나오면 함박웃음이셨다. "저놈 성격만 고치면 최곤데… 인물도 그렇고 소개시켜 달라는 사람도 많은데…"라며 많이 웃으셨다.

이런 하루에서 개인적인 자유는 없었다. 그나마 사모님이라도 오시면 얼마나 좋았던지 모른다.

인간에게 자유란 무엇인가? 얼마나 소중한 것인가? 피부로 느끼던 때였다. 지금 돌아보면 그분도 마찬가지였다. 우리 모두는 구속된 상태로 누군가의 자유를 지켰던 것이다. 자유란 공짜로 주어지는 것이 아니라 보이지 않는 다른 이의 희생을 통해 주어지고 지켜지는 것이었음을 깨달았다. 지금은 자연인, 자유인이 되신 그분에게 안부를 여쭈어 본 지도 몇 개월 지난 것 같다. 여름에 한 번 모셔야겠다. 정이란 상하를 떠나 같이 있는 시간에 비례한다. 맞는 말임에 분명하다.

그러나 사모님은 전임 선배에게서 들었던 것과 반대로 잘 챙겨주셨다. 심지어 언제인가는 속초 공항에서 누군지도 모르는 분을 모시고 안내 좀 하라고도 하셨다. 공항에 나가 어떤 손님일까 하며 기다리는데 어떤 여성이 다가와 "화진포 호수를 보고 싶어요", "여기서 좀 먼데 버스를 타시더라도 한참 가야 합니다. 제가 귀한 분을 모시기 위해 대기 중이라 죄송합니다" 하며 다시 눈을 들어 나오는 사람들을 뚫어져라 살폈다. 사모님은 분명 말씀하셨다. '좀 덥더라도 지난번 백화점에서 골라 드렸던 그 옷을 입고 있으면 알아서 찾아올 거예요'라고 하셨지만 찾는 사람은 없었다. 탑승객들은 다 나오고 마지막으로 스튜어디스들이 깔끔한 유니폼을 입고 잠시 쉬러 나오는 것이 보였다. 나이가 얼추 또래로 보였다. 가서 말이라도 붙여볼까 해서 걸어가는데 공항 지점장이 아는 척을 한다. "사단장님 오셨어요?", "손님 모셔오라 해서 기다리는데 없습니다. 혹 예약하거나 티켓팅하고 탑승 안 하신 분이나 아직 안 나오신 분이 있습니까?" 없다고 한다.

"사무실 가서 전화 좀 써도 되겠습니까?" 하며 가려는데 아까 길을 물었던 그 여성이 눈에 스쳤다. 눈이 마주쳤는데 '바보야!'라고 말하는 듯했다. 고개를 갸우뚱하며 걸어가다가 돌아서서 다시 보았다. '아차! 혹 저 사람이?' 사모님께 여쭤볼 필요가 없었다. 일거수 일투족을 쭉 지켜보고 있었던 것이다. 조수석 뒤에 모시고 안내를 했다. 화진포 콘도 숙소까지…

다음 날 출근 대기하는데 "그 학생, 어려운 걸음 했으니 하루 더 안내해 주세요"라 하신다. 청간정, 통일 전망대, 설악동 등을 돌다 다시 화진포까지 갔다. 아버지가 군인이란다. 역시나 스타! 그것은 중요하지 않았지만 사모님의 손님 안내가 임무였다. 공무 수행을 데이트와 혼동하면 안 되는 것이었다. 공사가 분명한 멍청한 장교였다. 사실 아버지 직업 빼고는 뭐 그럭저럭이었는데… 너무 딱딱해 보이는 친구였다. 나중에 들으니 우리가 왜 만나는지 알고 있었다나… 너무 긴장한 그 아가씨! 지금은 어떻게 살까?

그나마 썩 끌리지 않는 스타일이어서 다행이라 생각된다. 만약 뇌하수체 이상으로 호르몬 분비가 균형을 잃었더라면… 이런 글을 쓰며 그때를 생각하면 불편했을 것이다. 그래서 사람들은 이런 말을 하는가 싶다. '예전 애인을 만나서 잘 살면 배가 아프고, 못 살면 가슴이 아프고,

같이 살면 머리가 아프다' 역시 추억을 현실로 끌어내는 것은 아니다. 추억은 추억일 때 가장 아름다운 기억으로 남는 것이다.

선생님

우리 선생님! 내게 선생님은 스승님이다. '선생 = 스승'이라 해도 될 것이다. 요즘은 많이 달라진 듯해 씁쓸하다. 하지만 나는 선생님이라 부르고 스승님으로 모시는 분이 계신다. 단, 한 번도 스승님이라 입 밖으로 부른 적 없지만 그분도 아신다. 입으로 부르지 않는다 해서 단 한 번이라도 단지 선생으로 생각한 적도 없다. 문득 선생님이란 뜻이 궁금해졌다. 찾아보니 선생님이란 '가르치는 사람'을 의미하는 선생에 존대격 파생접사 '임'을 붙인 말 '스승(임)'과 쓰임새가 비슷하다고 되어있다. 원래 '가르치는 사람'에게만 붙이던 호칭이었다 한다. 그러다 교육직에 종사하지 않는 사람에게도 이 호칭을 남발하게 된 것은 일제 강점기 이후라고 한다. 여하간 일본의 영향은 우리 삶 여기저기에 두루 스며있는 것은 확실하다.

본디 '선생'이란 말 자체가 존칭이기 때문에 그 뒤에 '임'을 또 붙이는 것은 존칭 중복이다. 이는 한자를 우리말과 병용한 데서 기인한 현대 한국어 특유의 현상으로 다른 한자 문화권에서는 없다 한다. 직책만 불러줘도 충분히 존칭이 되기 때문에 이중 존칭은 불필요한 것이다. 처갓집, 역전, 목사님, 회장님 등등 이런 현상은 특히 선생님의 경우가 심한데, 한편으로 선생님의 존재를 그만큼 대단하게 여겼기 때문이었을 것으로 추정된다. 사실 현대에 와서 의사 선생처럼 특정 직업이나 사람에 따라서 2인칭 대명사로 쓰기도 하는 등 존경의 의미가 남아 있기도 하다. 순수하게 남을 가르치는 직업이라기보다는 전문 지식과 인생의 노하우, 삶의 방향을 가리키는 존경하고 따를 만한 사람을 일컫는 개념이라고 할 수 있다.

조선시대까지만 해도 선생(先生)이란 표현은 학식과 덕이 높은 어른에게만 붙이던 것이었다. 현대에는 낯선 타인에게 호칭이 애매할 경우 '김 선생, 이 선생' 하는데 당시에는 이런 표현을 쓰면 큰 실례가 되었다고 한다. 그래서인지 퇴계 이황은 대학자임에도 불구 '선생'이란 칭호를 꺼려 후손들이 묘비에 멋대로 퇴계 선생이란 칭호를 쓸까 봐 스스로 '퇴계'라고만 썼다. 이 얼마나 대단한 단어였던가?

최근에 와서는 '스승님, 선생님'은 '멘토'라는 말과 유사하게 쓰이고 있다. 사부란 그리스신화에 나오는 오디세우스가 트로이전쟁에 참전하면서 아들 헨레 마커스를 친구(Mentor)에게 보살펴 달라 부탁한 것에서 유래하였다. 스승은 직접 가르치는 쪽에, 잠재력을 이끄는 것 정도의 어감의 차이가 느껴진다. 예전에는 서당 훈장의 그림자도 밟지 않을 정도로 그 신뢰와 위엄은 대단했다. 하지만 지금은 학생이 교사를 함부로 대하는 것은 예사고 심지어는 폭력도 행하는 시대에 살고 있다. 반대로 교사가 자질을 갖추지 못함으로써 문제가 되는 경우도 언론을 통해 가끔 본다. 그래서 '스승다운 스승이 없고, 제자다운 제자가 없다'는 말이 발생한 듯하다. 주변에도 스승과 제자 사이라 볼 만한 경우, 화제가 되는 것을 보면 틀리지는 않은 것 같다.

이러한 현상은 왜 생겼을까? 선생님의 원 뜻은 '가르치는 사람'이라는 뜻이다. 여기서 무엇을 가르치는 것인지가 중요하다. 단순히 지식만을 전달하는 것은 학원 강사이다. 학교에서 그러는 사람은 교사, 특정직 공무원이다. 둘 다 개운치 않은 표현이면서 어감 또한 좋지 않다. 물건을 사고파는 것과 비슷하다는 느낌을 지울 수 없다.

얼마 전 고3 때 담임 선생님이 오셨다. 멀리 부산에서 작은 가방을 하나 메고 버스를 타고, 집에서 나선 시간까지 합하면 7~8시간 불편한 차를 타고 오신 것이다. 두세 차례 통화를 하면서 만나봐야겠다는 생각을 하셨단다. 설악의 기운이 동해안으로 흘러가는 바닷가에서 자연산회 식사에 소주도 한잔 곁들이며, 이어 맥주도. 사제지간의 의를 나누었다. 죄송스럽게도 호텔에서 외롭게 주무시게 했지만 아침을 같이하고, 테이크아웃 커피를 들고, 하조대 절경을 거닐었다. 아마도 하륜과 조준이 조선의 비상을 꿈꾸며 그랬듯이 두 사제는 시간 가는 줄도 모르고 바다를 보았다. 참 짧은 시간 동안 많은 이야기를 또 이어가며 강릉 버스터미널까지 친구처럼 동행했다. 재미있고 즐겁고 다시 정신과 마음을 곧추세울 수 있는 대화를 했다. 또다시 그 오신 긴 길을 가셔야 한다니 마음은 편치 않았다. 집으로 오는 길에 찡한 말씀들이 귓가에 맴돌았다.

   나 : 저는 샘이 제일 부럽습니다. 제자들 전국 방방곡곡, 가시기만 하면 식사+소주+대표 음식+커피…
   샘 : 내는 네가 자랑스럽다.
   나 : 하기야 샘을 스승으로 대하고, 샘을 챙기는 제자가 있다는 게 부러움과 동시에 그 제자인 저도 자랑스럽습니다.
   그러자 선생님께서는 당신의 교직 생활 시절 갈등, 기업에서 승승장

구하던 대학 동창들과의 비교, 신념을 실천할 수 없었던 현실 등등을 얘기하셨다.

지금 50세에 즈음한 제자에게 조심스런 조언 등을 곁들여 주셨다.
당시 학교 운영에 중책을 맡으셨는데, 어떤 건의를 하셨단다. 돌아오는 답 '그거는 먼저 네가 할 수 있는 입장이 되었을 때 해라! 그게 아니라면 불평불만일 뿐이다' 그 순간 머리를 망치로 쾅 맞는 기분이었다. 잠시 멍한 순간, '내일을 생각하기보다는 오늘을 잘 살아야 한다.' 물론 나도 교육할 때 여러 번 인용하는 말이다. 그러나 같은 말이라 할지라도 선생님께 들어서 그런 지 30년 전 고등학생이 되었다. 벌써 30년 전이다. 올해도 예전처럼 스승의 날이 곧 온다. 매년 5월 15일이면 기념식에서 부르던 노래 가사가 희미하게, 아련하게 떠오른다.

스승의 은혜는 하늘 같아서
우러러볼수록 높아만 지네
참되거라 바르거나 가르쳐 주신
스승의 은혜는 어버이 시다
아아, 고마워라 스승의 사랑
아아, 보답하리. 스승의 은혜

노랫말이 가슴에 와닿으며 생각나는 선생님, 아니 스승님이 계신다. 나는 참 복 많은 사람이다!

오징어회 한 접시

　오징어잡이 배는 둥근 유리 등으로 온몸을 주렁주렁 감싸고 설악산 제일 북쪽 계곡에서 내려온 물이 잠시 고인 청초호를 뒤로하고 밤바다로 나아간다. 뒤로는 내일 아침 만선으로 다시 돌아오겠다는 듯 긴 물살을 남기며 서서히 어두운색으로 변해가며 설악산 너머에서 오늘의 마지막 석양을 반사 중인 바다로 나아간다. 그 배의 돛대는 아바이 마을로 이어지는 설악대교 밑을 지나가며 약간의 잔물결을 만들어 보낸다. 옆쪽에서 삼삼오오 호수와 바다가 만나는 곳에 드린 낚싯줄도 살짝 흔들며 방파제 사이 한가운데 뚫린 작은 포구의 어귀를 지나 나아간다. 그리고 보니 오징어 배가 며칠 사이부터 보이기 시작했다. 언제인가 엄마는 양양 시장에는 죽은 오징어만 있다고 하셨던 기억이 났다. 여기 오고 나서 몇 번인가 사드린 기억이 났다. 여기저기서 찾아오는 선후배 등과 식사를 할 때면 설악항 상원이네 집에 가서 회를 나만 먹고 다녔다. 물론 가끔은 아버지가 좋아하시는 매운탕, 회를 포장해 드리기도 했지만… 바닷가에서 직접 사드린 적은 한두 번밖에 없었던 것 같다. 그러나 회는 바닷가에서 짠물 냄새 맡으며 먹어야 한다고 하지 않았던가?

　아버지에게 오징어회 드시러 가자 했다.
　최근 주변에는 늙거나 나이 든 중년의 고아들이 늘어간다. 다들 하는

'부모님 살아 계실 때 맛있는 것 많이 사드려라'는 것이다. 나도 알고는 있지만 잘되지 않는 그런 말이다. 아니나 다를까 두 분 다 자연산 해삼이라 해도 그 맛있는, 씹는 맛이 제격인 해삼 껍데기에 쌓인 그 알맹이를 손도 안 대신다. 그러시면서 할아버지가 이 좋을 때 딱딱한 맛 나는 것 많이 먹으라 하셨다는 말씀도 잊지 않으신다. 어머니는 초장에 오징어를 잔뜩 찍어 드신다. 두 분이 빨간 고기(?) 생선구이까지 드시며 집에서는 이런 맛이 나지 않는다고 하신다. 하기야 친구나 말벗도 없이 아들 하나 밥 챙기기 위해 낯선 땅, 우리나라에서 제일 춥다고 알고 계시던, 한여름에 에어컨도 필요 없을 정도로 춥다고 알고 계시던 곳을 따라오셨다. 약 25년 전쯤 부산에서 그 꼬불꼬불한 산길 국도를 따라 지금과는 비교도 안 될 정도의 구형 버스를 타고 멀미하며 오셨던 기억을 지금도 가끔 말씀하신다. 한 번도 살아보지 않은 아주 추운 곳에 아들 식사 거를까 하는 걱정으로 오셨으니 얼마나 대단한 사랑인가!

아는 지인도 없어 외식할 기회도 흔치 않으셨을 것이다. 기껏해야 아들과 함께하는 것이 전부인데 무심했던 지난 시간들이 아쉽기만 하다.
해삼에 이어 오징어회가 한 접시 나왔다. 초장에 찍어 드시며 조용하시다. 체하실까 봐 중간에 '맛은 어떠세요?'라며 한숨 돌리시게 하고는 소주 한잔하시겠냐며 권해 드렸더니 흔쾌히 '참이슬'로 답하시며 몇 잔을 드셨다. 젊었을 적 힘든 객지 생활을 이겨내느라 자주 드시기는 했지만 아들 결혼하고 며느리에게 실수하면 안 된다고 끊으신 분이다. 그런데 오늘은 몇 잔씩이나? 인사하러 온 주인에게 한 잔 받고 따라 주기도 하신다.

맛있게 드시는 모습을 보고 있자니 마음이 흐뭇해지며 예전 어른들 말씀이 생각났다. 부모들이 제일 좋아하는 소리는 자식들 책 읽는 소리와 입으로 음식 넘어가는 소리라고…

   그런데 지금은 내가 바꾸어 말하고 싶다. 중년의 나이가 되어서야 알게 되었지만 자식도 듣기 좋은 소리가 있다. 부모님이 음식 맛나게 드시는 소리라고… 갑자기 마음속에서 '오지다'라는 단어가 떠오르며 입가에 미소가 번졌다.

   오징어, 해삼 한두 점에도 난 이미 배가 부르다.

익숙함과의 이별, 새로운 만남

요사이 주변에 오고 가는 사람들이 많다. 군이라는 조직에서 장교들은 보통 1년 단위로 보직을 변경하며 2~3년 간격으로 부대를 옮긴다. 통상 1년이 지나면 대략 50% 내외로 밀물과 썰물처럼 가고 온다. 이러한 움직임은 11~12월 연말에 집중되어 있다. 대령에서 장군 진급 결과가 발표되면 육본-작전사-사단, 연대급까지 심의를 거쳐 부대가 분류되고 보직이 결정된다. 이어서 후임자를 받아 업무를 인계하고 전임자는 이제 자신이 후임자가 되어 새로운 곳으로 떠난다. 최근같이 있던 과장 네 명이 모두 교체되었다. 가고 오는 모습들을 한두 번 본 것도 아닌데 올해는 유달리 마음이 뒤숭숭하다. 찬바람 불던 지난겨울, 다들 이곳 낯선 곳에서 처음 만나 마음의 문을 먼저 열지 못하고 상대의 문 밖에서 노크를 할까 말까 망설이던 시기도 있었다.

그러나 그것도 잠시! 한 팀이 되어 매일같이 아옹다옹 거리며 사계절을 같이했다. 그래서일까? 정말 다이내믹하게 12개월을 보내다 보니 이제는 헤어짐에 대한 아쉬움이 크다. 연초에는 영혼 없는 속마음을 들키지 않으려는 지휘관의 의도 파악을 하느라 많은 것을 낭비했다.

'자기는 지침이 없으니 알아서 잘하라'고 하면서 본인에게 약간의 비난성 여론이 들리기라도 하면 '보고를 제대로 하지 않았네, 한두 번 보고한다고 다 기억하느냐?'는 둥 모른 척의 달인에게서 있는지 없는지도 의문스러운 의도 파악을 함께 하려 노력도 했다. 이 와중에 밤을 낮처럼 지새우던 전쟁 모의훈련, 양간지풍이란 말을 새삼 느끼게 한 세찬 봄바람, 그 바람에 고성, 속초를 쓸어버린 산불 피해 복구 등의 임무와 자연과 싸우며 버티어 냈다. 겨우 숨을 돌리려 할 때쯤, 초여름 북한 목선 사건, 그로 인한 지휘관 보직해임, 각종 검열과 후속 조치로 여름, 가을의 대부분을 보냈다. 그 좋다는 동해 바닷물에 발도 제대로 담가 보지도 못했고 그 좋다는 설악의 피톤치드를 마음껏 마셔보지도 못했다.

여름이면 어김없이 찾아온 태풍, 피해 복구, 이 어수선한 상황 가운데 발생한 인명사고, 방파제에서의 고급장교 실종사건 등 산전수전을 다 이겨내고 겨우겨우 여기까지 달려왔던 긴 여정을 함께했으니 정이 드는 것은 인지상정인 듯하다. 한 명 한 명 보낼 때 묻어 나오는 아쉬움도 잠시, 떠난 이들의 후임으로 새로운 사람을 맞이하고 그들의 적응과정을 지켜보는 재미도 쏠쏠하다. 새로이 전입 온 이들에게서는 저마다의 목표 성취와 새로움에 대한 설렘이 보인다. 첫인상이 중요하다 했던가? 내년 한 해를 가름할 수 있는 첫 발걸음이어서 그런지 무엇인가를 해보겠다는 열의가 대단해 보인다. 그들과의 첫 대면은 대부분 정형화되어 있다. 먼저 하급자가 경례를 한다. '이사는 어떻게 해요? 가족이랑 같이 오나요?', '혼자 옵니다. 주말부부 한 지 오래되었습니다.'라는 문답이 오고 간다. 간혹 '남편에게 자유를 주기 위해 아이들과 혼자 옵니다.', '아파트는 바로 배정되나요? 이사는 언제 해요?' 등 의식주에 대해 묻는다. 혹 인상이 낯익을 경우, '전에 어디서 본 것 같은데… 어디에서 근무했죠?', '고향은 어디예요?' 무슨 신상파악을 하는 것도 아닌데 사적인 것들을 아무렇지도 않게 묻는다. 이러니 계급 낮은 사람들은 같은 대답을 수차례 할 수도 있다. 재미있는 모습이다. 이런 대화는 뉴페이스가 아닌 시기가 될 때까지 계속 반복되어진다. 간혹 두발 상태가 불량한 경우에는 지적부터 받을 수 있고 이로 인해 첫인상에 영향을 줄 수 있으니 주의도 해야 한다.

특히나 원활한 근무를 위해 부대 출입을 위한 지문, 차량의 부대 출입을 위한 전산 등록, 지휘 통제실 비상 연락망에 핸드폰 번호 입력, 식당, 목욕탕, 이발소 등 편의시설 이용을 위한 자동이체 신청, 전자결재 시스템 계정 생성 등으로 분주하다.

이런 분야를 다루는 부서는 대부분 담당 사무실이 흩어져 있기 때문에 여기저기 돌아다니면서 발품도 팔고 얼굴을 내보여야 하니 깔끔한 용모 유지에 각별히 신경도 써야 한다. 첫인상! 중요하다. 이러니 부대를 바꾸어 새롭게 적응하는 것은 쉽지 않을뿐더러 스트레스가 보통이 아니다. 대다수가 근무지를 옮기고 보직을 변경하는 이 시기 연말은 군인에게 혼란의 시기이다. 새로운 사람, 업무와의 조우와 해후, 이별, 헤어짐, 낯설음 등이 마구 뒤섞인다. 그래서일까? 겨울은 삭막하고 춥고 스산한 기억이 대부분이다. 아마도 한겨울에 부대를 옮기다 보니 그렇게 느껴지는 것은 아닌가 싶기도 하다! 오늘 전입 온 과장들과 따뜻한 곳에서 온기 나는 식사에 소주나 한잔해야겠다.

언제나 귀찮은 이사

사람이 익숙한 곳을 떠나 새로운 곳으로 가야 한다는 것은 어떤 의미일까? 쉬운 표현으로 좋은 것인가? 아닌가? 이러한 뜻을 가진 많은 단어들이 있다. 사는 곳을 다른 데로 옮긴다는 이사, 일이나 유람, 휴식 등을 위해 일상에서 벗어나 다른 지역으로 떠난다는 여행, 휴식을 취하기 위해서 야외에 나갔다 오거나 학교에서 자연 관찰이나 역사 유적 따위의 견학을 겸하여 야외로 갔다 오는 소풍, 다른 지방이나 다른 나라에 가서 그곳의 풍경, 풍습, 문물 따위를 구경하는 관광 등이 있다. 이 중에서 이사를 제외하고는 다들 설렘을 주는 것들이다. 그렇다고 이사가 전혀 그렇지 않다는 뜻은 아니다. 기존보다 더 좋은 환경이나 여건이 갖추어진 곳으로 옮기는 일은 기대와 희망을 주기도 한다. 이러한 단어들의 공통점은 그 상황을 바라보는 시각이 감성을 통해 표현된다는 것이다. 마치 어떤 프레임, 스펙트럼을 통한 감정의 시각화로 표현하면 너무 건조한 것일까?

그보다 더 드라이한 말은 전속!
소속부대가 변경된다는 뜻이다. 대개의 경우는 부대가 바뀌면 주둔지도 따라서 옮겨지고 생활권 자체도 낯선 곳으로 가야 한다. 명령이 발령되면 그다음부터는 번거롭고 귀찮은 일들의 연속이다. 먼저 깔끔하게 떠나야 한다. 대한민국 화장실 어디 가든 볼 수 있는 '아름다운 사람은 머문 자리도 아름답다'라는 말은 떠나는 사람에게 너무나 관대한 표현인 것 같다. 어떤 경우가 되었든지 지저분한 흔적을 남기면 후환이 따른다. 전쟁에서 군인에게는 죽음이다. 전장 정리가 안되면 적이 그 흔적을 추적하기 때문이다. 군대라는 조직은 전쟁을 준비해서 그런지 특히 그러하다. 만약 그것이 비밀자료나 금전 관련 사항이라면 치명적이다. 인수인계서에 후임이 서명을 하면 책임은 어느 정도 면해질 수 있으나 완벽히 없어지지는 않는다. 사안에 따라 징계 관련 공문이 추적 레이더를 달고 자신을 따라올 수 있음을 잊어서는 안 된다. 추가해서 각종 편의 복지시설 등의 사용료, 숙소 관리비, 공과금(전기, 상하수도, 가스) 등을 빠짐없이 체크해야 한다. 여기까지는 외형상 드러나는 것들이지만 마지막 흔적은 평판이랄까? 남겨진 사람들에 의해 전해지며 새로운 부임지에도 전령처럼 먼저 와 기다리는 특성이 있다.

머물던 곳을 떠날 때는 남겨진 사람들의 마음속에 무엇이 남을지 두려워해야 함을 늘 경계하며 되새겨야 할 것 같다. 이렇게 마무리를 하고 나면 명령에 근거해서 새로운 부대 인사부서에 신고 일자, 숙소 등을 문의하면 된다. 부대 내에서의 일이야 규정대로 하게 되어 있는 대로 따라 하면 된다. 그러나 개인적으로 처리해야 할 일이 한둘이 아니다. 이삿짐센터도 알아봐야지, 주민등록 이전도 해야지, 각종 리스, 렌털 가전제품 주소 이전, 가스 연결 신고, 부대 출입 서류 제출, 그동안 못 간 병원도 가야지…

참 할 일이 많다. 하지만 빨리할수록 좋다. 이삿짐은 왜 이리 많은지 짐이 많으니 이사 화물비도 많이 나온다. 한 푼이라도 아끼려면 여기저기 알아봐야 한다. 다음 출근 일이 정해진 후에는 손 없는 날, 있는 날

가릴 틈이 없다. 연말, 집중적인 보직 교체 시기에는 1~2달을 기다리는 것은 흔한 경우이기 때문이다. 이런 상황에서 운(?) 좋게 숙소가 이른 날짜에 정해지면 행운이다. 숙소 배정을 받고 나면 이사 일자를 확인한 후 업체와 계약을 해야 한다. 보이지 않는 신경전, 깎으려는 자와 더 받으려는 자의 개싸움!

최근 이사한 동료들이 소개해 주기도 하지만 어쨌거나 저렴하면서 잘 정리해 주는 곳을 정하는 것은 쉽지 않다. 이사화물비가 일부 지원되지만 100% 충족은 안된다.

배정되는 집이 넓고 새집이면 좋다. 이런 곳의 분리수거장은 많은 전입에도 불구하고 깨끗하고 한산하다. 반면 오래되고 좁은 아파트들이 모인 곳은 쓸 만한 가구, 집기류 등이 재활용품으로 많이 쌓인다. 그동안 손때 묻어 정들었던 것들을 버려야 할 때 마음이 어땠을까?

이번에 배정된 아파트는 새것이어서 그런지 역시나 넓고 쾌적하다. 다 그런 것은 아니지만 동거 가족이 많으면 큰 집을 주는 것이다. 부모님, 아내, 아이들 덕에 가장 넓은 38평짜리를 배정받았다. 수납공간도 나름 여유가 있어 가구, 옷, 신발 등과 잡동사니 정리도 수월하다. 그러나 세상일에는 양면이 있는 것처럼 부대시설과 숙소를 제외한 편의시설은 거의 아무것도 없다. 버스는 하루에 서너 번 오는 등 대중교통은 전형적인 시골 시스템이다. 주변 여건 때문인지 아파트 관리 직원들도 컨츄리한 느낌이다.

"이삿짐 들어오니 ○동 ○○○호 비밀번호 알려주세요."
"입주 안 되고요, 사무실 와서 신청서 등 작성하고 배정받은 후 시설

물 점검받아야 들어갈 수 있는데요."

사무실로 찾아가니 떨떠름한 표정으로만 맞는다.

"배정이 되었으니 들어갈 집에 이사 오는 거고 입주자가 시설물 점검을 받는 게 아니라 관리 책임이 있는 곳에서 열쇠도 주고 각종 보안 시스템도 설명해 주고 수리할 게 있는지 확인해야죠!"

"…"

아파트 인수인계서 가져와 사인만 하라 한다. 알아서 체크한 후 책임만 지라는 것이다.

"전에 살던 사람 퇴거 때 체크한 리스트를 줘 보세요. 비교하며 확인할게요!"

놀란다. 하기야 자기도 본 적이 없는걸 가져오라 하니…

한편, 초보 관리인에게 미안하기도 하다. 난 군 생활 31년째, 사관학교 50개월간 10번의 관물 이동, 기혼이사 또는 독신이사를 1년에 한 번 꼴로 한 사람인데…

어쩔 수 없이 이렇게 해야 하는 이유는 따지고 보면 돈과 기분 때문이다. 올해 딸아이 대학 등록금 내고 기숙사비 등 준비하려면 한 푼이 부족하다. 또한 나중에 다시 이사 나갈 때 명확한 근거가 없으면 전에 살던 사람이 망가뜨린 것까지 변상할 수도 있다. 들어올 때 꼼꼼히 챙겨야 하는 이유이다. 아파트에 못 하나 잘못 박으면 벌금 5천 원이라고도 한다. 이사도 잘했는데 매일 쓰던 모자가 안 보인다. 전에 이사 때부터 풀지 않은 박스도 있는데… 짐에 쌓였는지? 이삿짐 아저씨들이 챙겼는지… 언제인가는 나오겠지 하며 포기한다. 여유 될 때 풀어보지 못한 박스들을 열어보면 되고 혹 한참 후에 발견하면 횡재가 될 수도 있다고 자위도 해본다.

참, 피곤하다. 이리저리 옮기는 것은 어디가 되었건 피곤하다. 언제나 떠돌이 삶 안하고 좀 쉴 수 있을까?

마음의 봄, 춘래불사춘(春來不似春)

흐린 토요일 오후, 요사이 늦잠으로 시작하는 하루가 짧기만 하다.

뭐 하루의 길이가 짧아졌다 길어졌다 하지는 않겠지만, 눈 뜨고 있는 시간 중 해가 떠 있는 낮 시간을 기준으로 그렇다는 것이다. 대신 밤에 눈 뜨고 있는 시간이 늘어나니 그게 그거라고도 할 수 있는지도 모르겠다. 어제는 학교 숙제를 하느라 눈뜬 낮 시간은 집 안에만 있다가 저녁에 딱 한 번 집 밖으로 나가 보았다. 학교 운동장에는 트랙을 열심히 걷는 이십여 명 남짓한 사람들이 평소와 같이 열심히 걷고 있었다. 마스크, 두꺼운 모자, 장갑, 겨울 패딩 등 아직도 겨울의 흔적을 잔뜩 걸치고 있었다.

얼마 전까지 있던 동해안에서는 시간만 나면 바다로 나갔다. 좌우, 앞으로 확 트인 그곳에 가면 닫혀 있던 가슴도 무엇인가로부터 활짝 열리는 느낌이 들었다. 거기도 계절의 변화 없이 늘 그대로인 것들이 많았다. 파도와 백사장의 모래, 바람을 타고 허공을 나르는 갈매기, 얼굴에 부딪혀 오는 짠 내음 등은 계절과 무관하게 언제나 그 자리에 있는 것들이었다. 눈앞에 펼쳐진 경치를 한 폭의 그림이라고 한다면 등 뒤로는 사계절 언제나 푸른색의 해송이 병풍처럼 있는 곳이다. 언뜻 봐서는 계절을 찾기가 쉽지 않은 곳이다.

봄은 누구에게나 희망과 생기를 주는 이상한 힘을 가지고 있다. 가까운 곳에서는 찾기 힘들었다. 학교를 오가는 길가에는 아직도 누런 잔디와 앙상한 나뭇가지, 마스크로 얼굴을 가린 사람들뿐이다. 산책길에 눈을 씻고 나무니 화초니 하는 것들을 허리를 굽히고 고개 숙여 자세히 보아야 간혹 푸른 싹이 보일 뿐이다. 좀 더 생기를 느끼고 싶어졌다. 아직은 이르지만 분명 대지를 적시는 이른 봄비도 왔고 도로가에 황량했던 논이나 밭에서도 이랑과 고랑이 드문드문 보이기 시작했으니 말이다. 뒤집힌 흙도 조금이나마 물기를 먹은 채로 농부의 손길을 기다리고 있는 듯 보였기 때문이다.

가까운 곳에 탑정호라는 저수지랄까 작은 호수라 할까 물을 담아 놓은 곳을 찾았다. 아직은 산등선은 흑갈색과 중간중간 소나무만 보일 뿐이었다. 호수 주변에 도착하니 맞아주는 건 바짝 마른 갈대, 생기 없는 줄기에서 볼썽사납게 뻗어나간 나뭇가지들뿐이었다. 아직은 이른 듯했다. 물 위로 자연스레 놓여진 산책로를 걷다 보니 지나 온 반대편에 푸른 기운이 희미하게 보이는 듯했다. 발걸음을 돌려 가까이 가보니 아주 조그맣게 가지 끝에서 싹들이 움을 틔우고 있었다. 그 작은 줄기는 물기를 약간 먹은 듯한 것이 싹이 없는 것과 비교되었다. 한 걸음 뒤로 물러보니 크고 작은 나무들도 비교가 되었다. 물이 올라온 것, 오르는 것, 오르기 시작하는 것, 아직 좀 더 기다리고 있는 것들 다양도 했다.

봄은 벌써 와 있었던 것이다. 해뜨기 전이 가장 어두운 것처럼 나뭇가지에 매달린 마른 잎들도 찾기 어려울 정도이다. 지난해 푸르름의 흔적도 거의 사라진 것이다. 겨울비인지 봄비인지 헷갈리게 내리던 것들도 없다. 길가에 일년생 잡초들 밑으로는 파릇파릇한 아주 작은 싹들이 올라오고 있었던 것이다. 단지 그것을 보지 못했을 뿐이다. 보이지 않는다고 없는 것이 아닌데 대충 보고 쉽게 평할 것이 아니다.

그러고 보니 여기 입고 나온 옷도 가벼워졌다. 두꺼운 것들은 몸에 사라지고 한참을 걸어도 춥지 않다. 지난 겨울과 비교해 보면 이미 봄은 온 것이다. 성격 급한 사람들에게 여기저기에서는 마치 골리기라도 하듯이 나무줄기, 가지에는 물오름을 보여준다. 그 끝마다 푸르스름한 싹을 움트게 하고 있는 중이었다.

봄의 전령은 제비나 개나리, 매화, 산수유 꽃이 아닌가 보다. 쑥·달래·냉이 등의 새싹도 아닌 것 같다. 산 너머 남쪽 나라에서 오는 것도 아니고 누가 가져다주는 것도, 제 발로 걸어오는 것도 아닌 것 같다.

마음이 겨울에 머물러 있으면 추울 것이고 삭막한 산과 들만 보일 것이다. 그 아래 스스로도 주체할 수 없이 올라오는 생명의 물오름, 그 봄의 전령은 마음으로만 볼 수 있는가 보다.

백수생활 체험

주말이면 어지간하면 약속을 잡지 않으려 한다. 평일에는 사람들 틈에 끼어 혼자만의 시간을 갖기가 어려웠다. 아마도 인생에서 마지막 공교육이 될 가능성이 높아서 그런지, 현직에서 잠시 벗어나 그런지는 알 수 없다. 나이가 들면 어린애가 되고 극과 극은 통한다는 말이 맞아서 그런지는 모르겠지만 다들 재미있고 즐겁다. 학생 대부분이 다양한 직종의 전문가들이다 보니 대화 자체가 새롭고 호기심을 자극한다. 연구소 센터장님, 방송국 본부장님, 조종사, 국영기업체 지사장님, 정부 중앙부처 국장님, 지자체 국장님, 경호관님 등 학생들의 면모가 각양각색이다. 같이 식사하고 이야기하다 보면 방금 시작한 것 같은데 식사가 나오고 연이어 차나 과일이 나오며 즐거운 시간은 끝난다. 요사이 회식문화 때문인지 1차로 끝나는 것을 다들 못내 아쉬워한다. 매일매일 시간이 바쁘게 지나갔다. 약간의 강의와 다양한 경험과의 대화 등 정해진 일과도 즐거웠다. 공과금 납부, 차량 정비 등 살면서 안 할 수 없는 일 등도 빡빡한 스케줄에서 아주 잘 처리해 나갔다. 지루할 틈 없는 일상의 반복이었다.

너는 내일 일을 자랑하지 말라! 하루 동안에 무슨 일이 날는지 네가 알 수 없음이니라!(잠언 27:1)

아침 눈 뜨고부터 하루 종일 분 단위로 이리저리 옮겨 다니며 시간을 확인하고 사람들 틈바구니에 끼여 있다가 녹초가 되곤 했었다. 퇴근 후에도 징징거리거나 칭얼거리는 덩치 큰 중년의 아이들을 달래기도 아우르기도 해야 하는 육체노동과 정신노동의 연속이었다. 가끔은 갑자기 걸려 온 지휘통제실 전화 한 통으로 한밤중에 다시 출근도 하고 출장을 가기도 했다. 인생은 한 치 앞을 알 수 없기에 살만한 가치가 있다고 누가 말했는지? 기억은 없지만 틀리진 않은 듯하다.

비상, 사건, 사고, 상황 등의 단어가 사라진 이곳 생활에 나름 잘 적응하고 있었는데, 어디선가 슬금슬금 코로나바이러스라는 단어가 들리기 시작하더니 급기야 학생을 백수로 만들어 버렸다. 거기에 더해 온 세상을 떠들썩하게 하면서도 길거리에서 사람 보기도 어렵게 만들어 버렸다. 졸지에 출근할 곳 없는 신세가 된 것이다. 평소 일 없이 푹 쉬어 봤으면 좋겠다. 그게 안 되더라도 '좀 여유 있는 시간을 가졌으면 좋겠다.'라는 희망을 늘 품고 살아왔다. 드디어 꿈은 이루어진 것일까?

학교에 오지 말고 자율학습을 하란다. 일종의 재택근무이다. 정해진 시간에 부담 없이 학교에 놀러 갔었는데 오지 말란다. 첫 하루 이틀은 좋았다. 밤새 보고 싶었던 영화도 보고 책도 보고 음악도 실컷 들었다. 새벽에 잠자리에 들고 늦잠을 자도 아무렇지도 않았다. 한 1주일쯤 지나자 정신이 이상해짐이 느껴졌다. 의욕이 없어지고 시간이 부족하다는 핑계로 가끔 쓰던 글도 전보다 더 쓰지를 못했다. '할일없이 빈둥거린다.'는 말이 있다. '빈둥거린다.'는 '아무 하는 일 없이 놀기만 하다'라는 뜻이다. 코로나바이러스가 전염된다니 함께 시간을 보낼 사람도 없었다. 어떤 친구는 '백수 연습한다' 생각하고 그냥 푹 쉬란다. 그래도 먹고 살 걱정 없으니 부럽다는 말도 덧붙였다.

　같이 공부하는 동료는 '우울증이 올 것 같다'라고도 한다. 가끔 밖에 나가 산책도 하고 운동을 좀 해도 개운치가 않다. 전역 후 연금 받아 사는 실업자, 백수가 된 것 같았다. 퇴직 후 일이 없으면 병이 나거나 빨리 죽는다는 말이 실감 났다.

　백수란 만 19세 이상이면서 대학생이나 대학원생이 아닌 자들 중에서 직업이 없는 사람들을 뜻하는 말이라 한다. 일제 강점기 때는 잉여인간, 그전에는 한량, 건달 등 비슷한 단어가 있었고, 일본에서는 18~19세기에 고등유민, 최근에는 니트족, 뿌따로 등으로 불린다고 한다. 직업이 있지만 일이 없으면 백수라 할 수 있을까? '하는 일 없이 빈둥거리면서 먹기만 하는 행동'을 무위도식이라 표현했다. 옛날에는 시문이나 읊조리면서 놀고먹는 사람들을 가리켜서 무위도식하는 놈들이라 비하하며 지칭하기도 했다고 한다. 그런데 직업은 있으나 일을 안 하고 무위도식하는 사람은 무어라 불러야 할까? 농땡이? 일 따위를 하지 않으려고 게으름을 피우며 요리 조리 빠지는 것이라 하니 이건 아닌 것 같다. 군대 용어로 비슷한 것은 무보직, 보충대 대기 등이 있는데 이것은 사건사고로 관련된 상태이니 이것도 아닌 것 같다.

　이제 몇 년 있으면 전역을 할 것이다. 공식적인 일이 없게 되는 것이다. 욕 안 먹고 우울증 안 걸리고 건강하게 살려면 무엇인가 일을 해야겠다는 다짐이 다시 선다. 그러고 보니 백수생활 체험을 이렇게 좋은 환경과 조건에서 하고 있음이 천만다행이다. 몇 주 하지 않았는데도 일과 함께 하던 스트레스가 그리워진다. 그 중간중간의 휴식과 여유가 꿀맛 같던 이유를 체감하고 있는 중이다.

코로나가 만들어 준 백수생활, 주변을 돌아보니 온 세상과 나라가 시끌벅적하고 어수선하기만 하다. 이로 인해 갈등과 마찰, 다툼 등 좋지 않은 것만 있는 줄 알았는데 꼭 그런 것만은 아닌 듯하다. 어떤 상황이건 자세히 들여다보고 살피면 배울 점이 한두 가지는 분명히 발견된다.

일 없는 백수생활 재미없다! 평생 일하는 것은 복이다!

4부

본질에 충실한 삶이란

지체와 정체

지체와 정체라는 단어를 들으면 고속도로에 길게 늘어선 차들의 행렬이 연상된다. 추석이나 설처럼 보고 싶은 사람들을 만나러 가는 길, 일상에서 벗어나 휴식을 취하러 떠나거나 돌아오는 길, 직장과 집을 오가는 출퇴근 시간도 떠오른다. 좀 심하면 교통지옥이라 부르기도 한다. 명절에 고향을 가 보거나 출퇴근 시간에 막히는 길을 다녀본 적이 없으니 정확히 이해한다고 말하기도 어렵다. 그저 한적한 반대편 도로, 달리는 차 속이나 TV 등으로 본 것뿐이다.

시속 100km가 넘는 속도로 달리는 차에서 바라볼 때, 반대편 도로는 긴 주차장처럼 느껴졌다. 움직이지 않는 차들을 보며 저 속에 있지 않아 다행이라 생각한 적이 한두 번이 아니다. 너무 빨리 달리다 보니 산속의 주인공인 나무는 볼 수 없고 그저 먼 산의 외형과 허공이 잠시 스치기만 한다. 아쉽다! 이쪽은 차도 별로 없으니 좀 천천히 가도 되는데도 속도를 줄이지 않는다. 반대편 주차장의 사람들은 어떨까? 주변의 아름다운 꽃나무도 보면 좋은 곳에 같이 가는 정겨운 사람들과 여유 있는 대화도 할 수 있을 것이다. 또 누군가는 반대편에서 쏜살같이 달려 사라지는 차를 보며 투덜거리기도 할 것이다. 동행자 중 한두 명만 더 가세하면 그 안은 지옥으로 변할 것이다. 스스로가 만들어 버리고 빠져버린 지옥!

조금 빠르고 느리고의 차이인데 어떻게 받아들이느냐의 태도, 기다림의 미학을 아느냐 모르냐가 큰 차이를 가져오는 것이다. 얼마 전 한 친구가 이제 고 3이 되는 아들 녀석 자랑을 했다. 제발 서울에 있는 대학만 가면 좋겠다고 한 기억이 있다. 언제인가 공부는 안 하고 살을 빼겠다며 운동만 하더란다. 뭐라고 말을 하고 싶었지만 참았다고 한다. 그렇게 참기만 했는데 이제 공부를 운동하듯이 한다고 한다. 성적도 당연히 예전보다 오르고 in seoul을 넘어 집에 가까운 곳을 갔으면 좋겠다는 말도 살짝 흘린다. 그 어린아이도 공부 잘하고 싶었을 것이다. 그 기간을 지체구간, 정체구간으로 느꼈을 것이다. 지겹고 어려운 시간, 답답함을 운동으로 이겨내느라 얼마나 힘들었을까?

지금은 혼자서 시간 관리도 하며 스스로 잘 하고 있으니 뭐라 잔소리할 것이 없다고 너스레를 떤다. 한 번도 보지 않았지만 대견하다며 머리라도 쓰다듬어 주고 싶다. 이제는 지체인지 정체인지 모르겠지만 거기서 벗어나 소통이 원활한 구간을 달리고 있는 것이다. 혼자 힘으로 지루하고 답답한 기다림을 이겨내는 성취를 했으니 앞으로 또 언제인가 찾아올 삶의 역경도 잘 이겨내리라 믿어진다. 대견한 아이에게 성취의 맛을 알게 해 준, 잘 참아 준 친구가 멋있어 보였다.

요즘 새로 시작한 사업이 어렵다지? 그때의 지혜로운 기다림을 기억 속에만 묻어두지 말고 다시 꺼내 보라고 말해주고 싶다. 듣기 좋은 허울로 온갖 구린내를 감출 수 있다고 착각하는 어리석은 위정자들과 코로나니 바이러스니 하는 것들이 만들어버린….

너의 주변을 휘감는 그 어떤 정체와 지체가 있을지라도 그 아이를 네가 지켜보았듯이 누군가 늘 함께하고 있다고…

잔소리

잔소리도 영리하게!

사전을 찾아보면 잔소리란 '필요 없이 듣기 싫게 꾸짖거나 참견하는 말'이라고 정의되어 있다. 듣는 이의 입장에서 잔소리를 정의한 것이다. 말하는 사람과 듣는 사람의 입장을 동시에 반영하여 잔소리를 정의한다면, '타인의 잘못을 강조하면서 훈계하기 위한 발언(화자) 또는 성격 나쁜 사람이 타인의 흠을 빌미로 하는 화풀이(청자)'로 양측 입장이 극과 극이다.

이러한 잣대로 보면 잔소리의 형태 모두는 누가 누구에게 왜 하느냐에 따라 이름을 달리한다. '지도, 지적, 훈계, 조언, 정신교육, 금언, 격언, 잠언, 충언, 간언' 등 수도 없이 많다. 아마도 쓰임 빈도, 영향 등을 보았을 때 다양할 수밖에 없을 것이다. 하지만 본질은 변하지 않는다. 듣는 사람이 잔소리라면 단지 잔소리일 뿐이다. 아들 둔 엄마들 사이에 유행하는 말이 생각난다. '엄마의 잔소리는 좋은 말이건, 나쁜 말이건 아들 귀에는 윙윙거리는 소리'일뿐이란다.

'좋은 약은 입에 쓰지만 병에는 이롭고, 충성스런 말은 귀에 거슬리지만 행동에는 이롭다. 양양고구 충언역이(良藥苦口 忠言逆耳)'라는 말도 있다. 역시 약의 상태보다도 먹는 이에게 나타나는 효과에 초점을 맞추었다. 시대, 사회상이 변하면 말도 표현도 변해야 한다. 입에 단 좋은 약은 없을까? 듣기 좋은 충성스런 말은 안 될까? 요즘은 그 어느 시대보다 의학 기술이 발전했다. 적어도 먹는데 달콤하지는 않지만 쓰지 않는 약까지는 조금씩 만들어지고 있는 듯하다. 약의 본질은 유지한 채 살짝 달콤한 설탕을 바르는 것들이다.

김소월의 이런 시구가 있다.

나는 세상모르고 살았노라,
고락에 겨운 입술로는 같은 말도 조금 더 영리하게…

잔소리같이 좋은 약에 살짝 달콤함을 입힐 수는 없을까?
플라시보효과가 여기에도 해당되는 것일까? 여하간 상대에게 하는 말은 아무리 좋고, 누가 들어도 맞는 말이라 할지라도 듣는 사람이 안 받아들이면 공허한 메아리일 뿐이다. 심지어 하나님도 성경에서 말씀하셨다. 잠언 19장 13절, '잔소리 심한 아내는 쉴 사이 없이 떨어지는 물방울과 같다.' 재미있는 표현이다. 성경이 쓰여진 시대에도 아내들이 잔소리를 한 것이다. 하나님도 아셨다. '잔소리 = 쉼 없이 떨어지는 물방울' 곧 시끄럽지만 크게 신경 쓰지 않아도 되며, 이 소리에 적응하면 자장가 같아져서 잠도 편하게 들 수 있다는 것이다.
마치 무더운 여름 날 소낙비처럼…

상대방이 거북하지 않는 방향으로 말을 한다면 긍정적인 영향을 주지만 대부분 기분이 나쁘기에 아무리 좋은 말이라도 역효과만 있을 뿐이다. 잘 생각해 보자!

잔소리의 몇 가지 특징

잔소리는 약이다! 단, 좋은 마음으로 주고받을 때만!

삶을 가치있게 건강하게 올바르게 살아가게 하는 것이니 약이라 해도 될 것이다. 그러나 아쉽게도 아무리 좋은 것일지라도 먹지 않거나 의사의 잘못된 처방 등으로 예기치 않은 부작용이 종종 일어난다. 아무리 좋은 약도 받아들이는 사람의 건강 상태, 신체적 특징에 맞아야 한다. 그렇다고 이 둘만 고려하면 되는 것인가? 아니다. 그날의 컨디션도 중요하다. 같은 약이라도 증상에 따라 독이 되기도, 명약이 되기도 한다. 마약이 그렇다. 극심한 고통에 시달리는 환자에게처럼 투약하듯이 멀쩡한 사람에게 그리한다면 어떻게 되겠는가?

잔소리라는 약을 투약할 때, 우리는 우선 알아야 할 것이 있다. 약과 투약 받을 대상의 특징이다. 약을 먹는 건 치유가 목적이다. 아픔을 없애거나 적어도 줄여야 한다. 가장 최선은 예방을 통해 아프지 않은 것이다. 그렇지 않은 것을 약이라 할 수 없다. 잔소리도 그렇다. 잔소리는 잔소리일 뿐…

자신의 말을 '잔소리 = 사랑의 표현'이라고들 착각을 한다. 어리석음이다. 그리되려면 최소 몇 가지 조건이 필요하다. 듣는 이를 올바른 방향으로 이끄는 방향성, 비정상적인 것을 정상화시키는 교정성, 반듯한 언행을 이끄는 유도성, 외적 자극, 자발적으로 받아들여지게 하는 흡수성, 공감 능력 등이다. 듣는 이의 가슴에 침투되지 않는다면 그것은 허공에서 낭비되는 에너지, 쓸데없는 잡음이 될 뿐이다. 사랑하는 대상을 잃는 자책골이 될 수도 있다. 이러한 독성은 동전의 양면과 같은 한 몸이다. 이 같은 조건이 충족되지 않는 건 단지 잔소리일 뿐!

특히, 옳지 않은 일을 고치려고 하는 게 아니라, 단지 누군가에게 화풀이를 하려는 비난 그 이상도 이하도 아닌 수준의 잔소리를 하는 부모, 교사, 그리고 직장 상사, 애인, 친구 등이 많다. 이런 병적 잔소리의 경우 심리학적으로 보면 자기애나 불안감을 포함하는 경우가 많은데, 자기애성 성격장애나 수동 공격성 성격장애를 가진 사람들이 도가 지나친 잔소리를 하게 된다고 한다.

대표적인 사례로는 '난 예전에 안 그랬다'인데 상대의 과거를 어떻게 알겠는가? 알기 힘들다. 또 어떤 인간관계든지 결국 개인 대 개인이기에 상급자가 어쨌든 말든 하급자와는 전혀 무관하다. 부모가 공부를 잘했든지 못했든지는 자식의 성적과는 아무 관계가 없다. 이에 대해 이의를 제기하려고 하면 '어디서 어른이 말하는데 말대꾸냐?' 또는 '그렇게 잘 아는 놈이 왜 자기 일은 그 꼬라지냐? 내 말 중 틀린 게 있느냐? 너 잘 되라고 하는 말이다. 기분 나빠하지 말고 잘 들어라, 본디 좋은 약은 입에 쓰다' 등의 응수가 반드시 따른다. 이런 것 자체가 잔소리임을 모르는가? 그 목적, 지향점, 원하는 반응이 좋지 않은 잔소리는 없다. 다만, '같은 말을 해도 좀 더 영리하게' 해야 한다. 김소월의 '나는 세상 모르고 살았노라'의 한 구절이 참 인상적이다.

내 귀한 에너지가 잔소리로 낭비되고 싶은가? 사람을 교정할 때 필요한 것은 한 인간에 대한 공감과 이해, 논리적인 설득력, 적절한 보상, 부담 없는 기대치 등이다. 결코 자기중심적인 화풀이성 잔소리는 안 된다. 누군가가 아무리 말을 해도 변함이 없고 고집스럽게 느껴진다면 스스로를 돌아보아야 한다. 잔소리를 해서 얻고 싶은 게 무엇이고 왜 하는지? 적절한 타이밍인지? 같은 말을 영리하게 사랑스럽게 전할 수 있는지? 말 한마디가 천 냥 빚을 갚는다고 했다. 내 소중한 에너지가 낭비되고 누군가 또는 심지어 사랑하는 사람에게 독이 되는 것은 아닌지? 돌아봐야 할 것이다.

잔소리도 아깝다! 사람 보아가며
'귀 있는 자는 들을지어다!'
성경에 여러 번 등장하는 말이다. 왜? 듣고 깨달으라고 반복했을까? 좋은 말을 아무리 외쳐도 반응하지 않았기 때문일 것이다. 그렇다면 왜 반응하지 않았을까? 아마도 그것은 현실에 대한 만족, 옳고 그름을 분간하는 분별지의 부재, 고정관념 등으로 인한 것으로 생각된다. 이것은 잔소리를 듣는 자의 자세가 얼마나 중요한지를 역설적으로 표현하는 것이라 생각할 수 있다. 잔소리하는 사람이 훌륭한 인품과 영리한 말솜씨로 듣는 사람과 공감을 한 상태로 최적의 시점에 한다면 원하는 결과, 반응 등을 얻을 수 있을까?

그렇게만 된다면 최고일 것이다. 단, 그 대상이 사람일 경우에는 가능할 것이다. 만약 그렇지 않다면…

오래전부터 이와 관련되어 내려오는 이야기가 있다.
'제대로 된 사람이 아니라면 도(道)를 전하거나 맡기지 말라'며 중국의 왕희지가 제자들에게 했다고 한다.
'비인부전 부재승덕'(非人不傳 不才勝德)
간단히 풀어보면, 사람됨이 영~~ 아니면 무엇이라도 전하지 말고, 재능을 덕(인격)보다 앞세우지 말라는 것이다.

'비인부전(非人不傳) 비기자부전(非器者 不傳)'이란 말도 있다. '인격이 결여된 자에겐 기술을 전하지 말고 감당할 만한 그릇이 아니면 기술을 전하지 않는다.'는 뜻이다. 재주와 기술이 월등히 탁월하더라도 사람이 아니라면 비기(秘技)를 전수(傳授) 해서는 안 된다는 것이다. 이러한 예는 우리나라에도 있다. 우리 역사 최고의 명의 허준과 그 스승 유의태 이야기이다. 그는 아들 대신에 허준을 제자로 삼아 자신의 의업(醫業)과 의술을 전수한다. 아들 유도지와 허준이 의과 과거시험을 보기 위해 가는 중 전염병 창궐 지역을 지나가게 된다. 유도지는 처방전만 한 장 써주고 과거를 보러 갔지만 허준은 전염병 치료를 하느라 과거에 응시하지 못한다. 이에 유의태는 낙방을 이유로 허준을 쫓아냈지만 그 후 진실을 알고 아들과는 절연하면서 허준에게 그의 의학 기술을 전수했다.

아내의 잔소리를 잘 받아들여 최고가 된 경우도 있다. 당태종은 쓴소리를 해대는 신하에게 "저 영감을 죽이고 싶다"라며 분을 못 삭이자 황후는 정장을 하고 큰절을 올린다. "아니 황후! 왜 이러시오?" 하자 "충신은 성군 밑에 태어나는데 당신은 죽음을 불사하고 저렇게 쓴소리 하는 신하를 둔 것을 보면 분명 성군입니다. 감축드립니다." 하고 절을 올린다. 태종은 크게 깨달아 그 신하를 더욱더 아끼고 가까이 했다. 그가 죽자 "하나의 거울을 잃었다"라며 슬퍼했다.

성경(마태복음 7:6)에서도 비슷한 말씀을 하셨다. '거룩한 것을 개에게 주지 말며 너희 진주를 돼지 앞에 던지지 말라 그들이 그것을 발로 밟고 돌이켜 너희를 찢어 상하게 할까 염려하라'
즉, 무엇을 주거나 말을 하더라도 사람에게 하라는 것이다. 비인(非

人)! 아무리 가치 있는 것도 사람이 아닌 아무에게나 주면 그 가치가 땅에 떨어지고, 도리어 해를 당할 수도 있다는 것이다.

사람이 아닌 개나 돼지 같은 짐승에게 준다면 해를 당할 수도 있다는 무서운 말이다.

연산군에게 충언을 하다 죽음을 당한 내시 처선이 그렇다. 연산군에게 다리가 짤리고 혀가 뽑혔다. 기록에 그는 연산군을 업어 키웠고 최측근에서 보좌했다고 한다. 그래서인지 충언으로 분노하여 삭탈관직을 시켰다가도 하루 만에 복직시키기도 했다. 하지만 거기까지, 잔소리도 사람에게 해야지. 짐승에게 물린 꼴이다. 그 잔소리를 듣지 않은 연산은 1년 후 결국 폐위된다.

'어리석은 자는 아무리 달(月)을 가르쳐 주어도 손가락 끝만 본다.'
'미련한 자는 잔소리를 들으면 속뜻은 보려 하지 않고, 반발부터 한다.' 달을 보라 하면 달을 보고, 잘 돼라 하면 그대로 따르면 될 것을…
무지의 장막과 자존심, 아집 등에 둘러싸여 빠져나오지 못하는 그들이 가련하고 불쌍하다.

잔소리를 듣지 않는 그들은, 단지 애정 어린 눈빛, 지그시 바라보는 기다림의 인내, 말 대신 조용한 기도만이 필요한 사람들일 뿐!

자유의지를 향한 잔소리
지구상에 존재하는 최고의 잔소리(?)는 성경이다. 그중에서도 잠언! 물론 성경을 보느냐의 차이는 있을 것이다. 그러나 현대 사회를 주도하는 문화는 성경에 바탕을 둔 것임은 분명하다. 세계 인구 중 기독교인이 역시 최다이다. 기독교와 천주교, 유대교 등 유사 기독교를 더하면 거의 20억에 이른다는 보고가 있다. 우리나라도 2015 인구 주택 총 조사'(10년 주기)에 따르면, 종교가 있는 국민은 43.9%, 이 중에서 개신교 19.7%(967만 명), 불교 15.5%(761만 명), 천주교 7.9%(389만 명) 순으로 나타났다. 그러므로 그중에서 가장 많은 인구가 믿고 있는 사랑의 종교라는 기독교의 Bible에 나타난 잔소리에 대해 살펴보았다. 앞에서 알아본 잔소리의 개념으로 볼 때 성경은 하나님의 잔소리(?)! 곧 그 자체라 해도 과언은 아니라는 결론에 도달했다.

이 잔소리는 어떻게 구성되어 있는가? 성경은 총 66권, 구약 39권과 신약 27권으로 이루어져 있다. 저자는 약 40명이며, 기원전 1500년 경부터 기원후 96년경까지 약 1600년에 걸쳐 기록되었다. 그중에서도 잠언은 가장 직설적인 잔소리로 정평이 나 있다. 영어로는 'proverb' 속담이란 뜻이며 한자 잠언(箴言)은 '바늘로 찌르는 말씀'이란 뜻이다. 솔로몬이 직접 지었거나 편집했다고 하는데, 주 내용은 삶의 방법, 이롭고 지혜로운 처신, 해로운 일 등에 대한 경계를 중복하여 강조하고 있다.

기독교 신자들조차 지루하고 졸린다고 하여 '잠 오는 말(言)'이라서 잠언이라는 농담을 한다. 그러면서도 '지혜의 책'이라 불린다. 그러나 첫 시작은 지혜보다는 '내 말을 잘 들으라!'이다.
일종의 지시성 제안이다.
'내 아들아 내 말을 지키며 내 계명을 간직하라. 내 계명을 지켜 살며 내 법을 네 눈동자처럼 지키라. 이것을 네 손가락에 매며 이것을 네 마음 판에 새기라'(잠언 7:1~3)

마치 엄마의 잔소리 같다. '옳고 바른 말이니 잘 새겨들어라, 명심하고 잊지 말라!'는 이야기를 하고 있는 것이다. 무엇을 지키려면 보아야 한다. 그 볼 수 있는 신체 부위가 눈이다. 이리 중요한 눈을 지키 듯 잔소리를 지키고, 눈 뜨고 있는 시간 동안 잠시도 쉬지 않고 움직이는 손가락에 매어 놓을 정도로 온 신경을 써 지키라는 것이다. 엄청난 강조이다. 게다가 이 정도로는 못 미더워 마음 판에 새기라고까지 했다. 마음의 판을 볼 수는 없겠고, 있는지도 알 수 없지만, 모든 생각을 할 때 이 계명을 고려하라는 뜻으로 짐작된다. 하나님도 이 정도면 엄청난 잔소리꾼(?)이라 해도 과언은 아닐 것이다. 그런데 여기서 그치지 않으셨다.

추가해서 '내 말 잘 듣지 않으면 혼난다.'라고 징계에 대한 경고도 하셨다.

'도리어 나의 모든 교훈을 멸시하며 나의 책망을 받지 아니 하였은즉, 너희가 재앙을 만날 때에 내가 웃을 것이며 너희에게 두려움이 임할 때에 내가 비웃으리라'(잠언 1:25~26)

잔소리 제대로 듣지 않고 한 귀로 듣고 한 귀로 흘리며 무시하다 나중에 벌받아도 그때는 딴소리 말라 하셨다. 일반적인 잔소리 패턴은 지금도 보전되고 있다. '나중에 후회 말라'는 것이다. 동서양, 고금을 막론하고 똑같은 것으로 보인다. 인류 역사상 최초의 잔소리로 기록되는 것으로 아담과 이브에게 선악과를 먹지 말라는 경고도 지켜지지 않았다. 애초부터 선악과를 만들어 놓지 않으셨으면 좋았을 것이다. 더군다나 인간에게 '자유의지'라는 선물과 벌을 동시에 주셔서 우리를 이처럼 힘들게 하시는 이유도 궁금해진다. 참 야속하시다!

'자유의지'는 잔소리를 따르지 않았을 때 두려움의 존재를 인식하게 한다.

'너희의 두려움이 광풍같이 임하겠고 너희의 재앙이 폭풍같이 이르겠고 너희에게 근심과 슬픔이 임하리니 그때에 너희가 나를 부르리라. 그래도 내가 대답하지 아니하겠고 부지런히 나를 찾으리라. 그래도 나를 만나지 못하리니'(잠언 1:27~28)

감성과 육신은 이성대로 움직이지 않는다. 도대체 언제쯤에나 이런 고민, 갈등, 번뇌 등으로부터 해방될 수 있을까? 내 안의 로고스와 파고스의 충돌에서 언제나 자유로워질 수 있을까?

좋아하지 않는 사람의 잔소리
'소중한 사람이 이유 없이 화를 낸다고 생각되면 먼저 자신을 돌아보세요!'
'당신은 믿었던 사람한테 상처받은 적 있나요? 그 아픔이 그 어떤 일보다 몇 배 더 크게 느껴진 적 없나요?'

신영란의 '나를 위한 저녁 기도'의 일부이다. 참 좋은 시이다. 그러나 조직 생활을 하는 우리에게는 가슴에 그리 크게 와닿지 않는다. 내용을 조금씩 뜯어보면 더욱 그렇다. 먼저, 첫 구절의 소중한 사람이 화를 내면 투덜거리지 말고 나부터 돌아보란다. 맞는 말이다. 그런데 조직, 단체 등에 소속되어 있는 우리에게는 다르다. 왜냐하면 조직은 그 구성원들을 보이지 않는 경쟁구도 속에 처하게 해야 하는 특성이 있다. 또한 조직의 목표를 달성하기 위해 상급자는 부단히 달달 볶는다. 이럴 때는 마치 솥 속에서 음식을 볶듯이 열이 자연스레 난다. 콩이 볶일 때와 별

반 다르지 않다. 솥이라는 조직 속의 우리들, 그 구성원들은 볶이는 콩과 다르지 않다.

'콩깍지를 태워 콩을 볶는구나. 솥 속의 콩은 울고 있다. 어찌 한 뿌리에서 자라났는데 어찌 이리도 급하게 볶아 대는가' (삼국지, 조식)

삼국지에서 조조의 후계 다툼에서 밀린 조식이 형 조비가 자신을 죽이려 하자 살려달라며 읊은 시이다. 여기서 볶는다는 것은 '사람을 죽을 만큼 괴롭히다'라는 뜻이다. 하물며 어떤 이는 '엄마의 잔소리도 힘들 때가 있다'라며 하소연도 한다. 내리사랑의 결정체인 엄마로부터 듣는 잔소리도 싫다는 것이다. 일단 잔소리라는 프레임이 형성되기 시작하면 짜증, 거부, 차단, 저항, 도피 등의 단어로 표현되는 정신적 태세가 형성된다. 물론 화자가 의도했던 '잔소리 기대 효과'는 사실상 없어진다. 도리어 부작용만 발생한다. 이 세상에서 가장 소중한 사람의 잔소리도 이런데 그렇지 않은 경우는 어떨까? 궁금해진다.

대표적인 것이 시어머니의 며느리에 대한 잔소리이다. 요즘이야 많이 줄었다고는 하지만 우리 어머니 세대에는 어렵지 않게 들을 수 있었다.

'어릴 때 엄마는 잔소리가 없으셨고 분명 화를 내야 하는데 가만히 계시는 것이 가장 무서웠어. 어렸을 때부터 그렇게 자라다가 결혼을 했는데 시어머님의 잔소리는 하룻밤도 부족했어. 잔소리란 같은 소리를 반복하는 것이지. 내 가치관은 매일 흔들렸고 대화를 하고 싶지 않았어. 지금은 물론 너무 연로하셔서 가여운 마음이 앞서고 어머니가 많이 변하셨으니까 괜찮아졌는데 전에는 정말 피하고 싶었어. 아무리 많이

들어도 기억나는 이야기가 없어. 정말 들어야 할 중요한 말도 걸러 듣기 일쑤였고…'

아직도 시어머님이라는 표현을 할 정도로 예의 바른 여성의 경험담이다. 이걸 보면 마치 정신병자가 정상인을 잔소리로 미치게 만들 수 있다는 것을 느낄 수 있다. 심지어 반복되고 쉼 없는 잔소리는 뇌에서 일어난 거부반응으로 인해 중요하면서도 필요한 말까지 받아들이지 않는다. 사람은 누구나 그렇다고 하면 지나치다고 할 수 있을까? 아무리 좋은 이야기라 할지라도 세 번만 들으면 듣기 싫다는 말이 있다. 사람은 잔소리를 들으면 나를 공격한다는 심리가 작동하고 방어기제가 형성되는 듯하다. 잔소리를 많이 하는 사람, 즐겨 하는 사람, 불필요한 말을 많이 하는 사람들의 공통점은 조바심 많거나 자기가 한 말을 잘 잊는다는 것이다. 어떤 이는 말한다. '내가 한 이야기를 자꾸 까먹고 했던 이야기를 또 하게 되더라.' 오죽하면 노인이 되면 지갑은 열고 입은 닫으라고 했을까? 잔소리하고 싶은 날에는 한 번 더 안아주고 좋은 점도 꼭 같이 이야기해주고 잔소리는 웬만하면 짧게 하는 것이 가장 좋은 것 같다.

같은 말을 해도 예쁘게, 좀 더 영리하게 하는 지혜가 필요하다. 더불어 칭찬을 많이 해서 단점을 바로잡으려는 노력보다는 장점을 극대화해서 단점을 가리면 좋겠다. 고래도 칭찬받으면 춤을 춘다는데 사람이야 더 말해 무엇 하겠는가!

오늘이 인생에서 가장 늙은 날

꼰대가 서울 가는 길!

최근 2~3년 사이 안양, 충청도, 강원도, 다시 충청도에서 살게 되었다. 지방을 전전하더라도 가끔은 서울에 올라갔다. 세 시간 남짓 운전을 해야 하는 짧지 않은 거리이다. 요즘같이 봄풀도 낮잠 자기 좋은 시기에는 지루함도 시간만큼이나 더욱 그렇다. 게다가 고속도로 1차선, 추월차선에서 뒤 차들을 길게 줄 세우며 느릿느릿 가는 운전 매너는 또 무엇인가? 입속에서 무심결에 '아유~~ 굼벵이 같은 놈'이라는 말이 절로 나온다. 도로주행 상태 변화는 고려하지 않고 저속으로 혼자 고집대로 가는 모습이 좋아 보이지 않는다. 고속으로 뒤따라오는 운전자가 잠시 졸기라도 하면 통계상으로 최소 둘 중 한 명은 사망이다.

빨리 가려고 과속하느라 집중하다 보니 피곤하고 잠깐 졸음도 오는 것 같아 쉼터에 차를 세우고 내렸다. 도로변 만개한 벚꽃에서 날리는 꽃잎들을 보며 화무십일홍이니 오늘이 우리 인생에서 가장 젊은 날이니 하는 말들을 떠올리며 집에서 내린 커피와 엄마가 먼 길 간다며 준비해 주신 삶은 계란과 감자를 먹는데 호주머니 속 진동과 함께 귀에서 전화 신호가 들린다. 친구다. 반갑다. 10여 년 전부터 가끔 짧게 통화하다가 요즘은 횟수도 시간도 부쩍 늘어난 친구다. 예전에는 통화는 짧게 했었다. 친구와도 그랬고 업무도 그랬다. 길어야 1분, 짧으면

20~30초면 용건을 충분히 나누는 편이었다. 그런데 언제부터인가 통화시간이 늘어나기 시작했다.

그 이유는 무엇일까? 핸드폰과 블루투스라는 전자 기술의 발전 때문일까? 오래 통화해도 핸드폰이 열이 나거나 뜨거워지지 않고 손으로 들고 귀에 바짝 붙이지 않아도 되는 편리함 때문만은 아닐 것이다. 그러한 기술들은 더 오래전부터 사용되었기 때문이다. 그렇다면 주변에서 흔히 말하는 것처럼 여성호르몬 탓일까? 인정하기는 싫지만 시기적으로는 그럴 가능성이 농후하다. 이제 이와 관련된 선입견과 고정관념을 하루속히 바꿔야 할 때가 온 것일까?

남자는 입이 무거워야 한다. 여자는 말이 많고 수다스럽다. 여자 셋이 모이면 접시가 깨진다. 여자들은 하루 종일 통화하고도 전화 끊으면서 중요한 이야기는 만나서 하자고 한다는 이야기도 있지만 남자들도 만만치 않다는 생각에 웃음이 나온다. 그것도 중년이라는 나이도 무거운 남자들은 특히.

우리의 잡담과 수다는 시시콜콜한 일상사, 예전 어릴 때 이야기, 사랑 이야기 등 이런저런 주제들로 다양하다. 가끔은 시사적인 것들도 포함된다. 민감한 사회 이슈도, 인생의 본질이나 인간으로서의 본능에 관한 것도 편하게 이야기하는 둘도 없는 친구이다. 얼마 전부터는 군대 이야기도 단골 소재로 등장했다. 아들이 부사관으로 임관한 후로는 부쩍 늘었다. 대부분의 민간 지인들이나 동창들은 마치 장님 코끼리 만지듯 그 짧은 경험으로 때로는 허풍으로, 때로는 어디선가 본 영화 속의 주인공과 헷갈려 하며 떠들어들 댄다.

특히, 술이라도 한 잔 들어가면 월남전에 스키부대로 참전했는데 그 해는 눈이 안 와 고생했다는 70~80대 어르신들의 과장에 버금갈 정도의 뻥도 친다. 방위병 출신이 낙하산을 탔다거나 총을 잃어버려서 휴가 때 부산항에서 러시아 선원에게 100달러를 주고 사서 몰래 채웠다는 말도 안 되고 팩트를 검증할 수도 없는 것들이다. 마치 '서울 가본 사람과 서울 사는 사람이 싸우면 서울 사는 사람이 진다'는 말이 그냥 나온 말이 아니라는 것을 실감하게 한다. 말끝에는 언제나 내게 동의를 구한다. '내 말 맞째?' 맞장구를 안 쳐주면 '장교들은 우리 밑바닥 쫄 생활 잘 모른다. 니도 그으~래!'하며 삐지기도 한다.

이쯤 되면 가끔은 곧 군에 가거나 입대한 지 얼마 안 되는 아이를 둔 사람의 황당한 청탁(?)이 쇄도하기도 한다. 피하고 싶은 상황이다. 이런 경험 때문인지 군대 이야기가 나오면 화제를 돌리거나 슬쩍 자리를 잠시 뜬다. 그런데 이 친구는 특이하다. 입대 사실을 뒤늦게 알려 주었거니와 어쩌다 군대 이야기가 나왔을 때 '아들 면회하러 같이 갈까? 잘하고 있는지 알아볼까?' 해도 손사래를 친다. 여지껏 부담은커녕 도리어 도움을 준다. 그 또래 병사들의 사고방식과 변화된 군대 문화에 대한 이야기들은 참고할 만한 것들이 많다.

오늘은 병원 가는 김에 서울에서 만나기로 했었는데 여의치 않다고 전화를 준 것이다. 아들 녀석이 일요일 당직 후 일이 있어 늦게 퇴근하고 좀 쉬다가 서울로 친구 생일 파티를 가야 한다는 연락을 받았다고 한다. 이동 수단이 여의치 않으니 다음에 보자는 것이다. 아들이 차를 가지고 다닌다. 하기야 본인은 사업장이 집 근처에 있어 걸어 다니기 때문에 딱히 차가 필요 없을 것이다. 이해된다. 하지만 '초급간부가 집에서 차를 운전해서 출퇴근한다?' 참 군대 문화도 많이 바뀌었다는 것을 실감하면서 소위 때 전방 생활이 떠올랐다.

 전라도 광주 상무대, 지금은 상무지구라는 명칭의 아파트 단지로 변한 곳에서 초군반 교육을 받고 간 첫 임지가 강원도 최동북단 금강산 자락의 계곡에 위치한 철책을 지키는 경계부대였다. 광주의 금남로와 도청 앞 네온사인이 눈에 아른거리게 하는 곳, 낮에는 산과 하늘, 밤에는 하늘의 별만 보이는 곳이었다. 전방 경계부대이니 출퇴근은 할 수 없고 휴가도 부대에서 가까운 버스정거장까지 나오는 데 만 반나절이 걸리던 곳이었다. 또 당시에는 초급간부가 차를 운전한다는 것은 아주 특이한 케이스였다. 당직 근무는 어찌나 많은지 1주에 최소 두 번, 많을 때는 네 번까지 투입했다. 농담 반 진담 반으로 당직사관 완장을 전투복에 박음질해야 한다는 말도 있었다. 당직 후 휴식 보장은 어떠했는가? 소대장으로서 매복, 수색정찰, 교육훈련으로 거의 오침은 생각도 하기 어려웠다.

 그런 상황에서 군 생활 오래 한 영관장교나 주임원사는 예전에는 당직 근무를 1주 동안 전담하는 주번사관도 했다는 말을 하며 요즘 군 생활은 좋아졌다고 했다. 그들이 이해가 되지 않았다. 그런 식으로 하니 당직 때 자고 불침번 병사들도 따라 자고 군대가 엉망이 된 것이다'며 불합리한 사고방식을 비판하기도 했다. 운전하는 동안 언제나 정겨운 목소리와 대화를 하니 졸리지도 않고 옛일도 떠올랐다.

 심술궂은 봄바람이 되었건 쌩쌩 달리는 자동차에 의해서 건 날리는 꽃잎들이 아름답게 보인다. 살짝 아쉽기도 하다. 저 날리는 꽃잎도 방금 전까지 나뭇가지에 붙어 예쁜 생명력을 내뿜었을 것이다. 한창때인 그 아이도 밤샘의 피로를 짧은 오침으로 회복하고 친구들과 노니러 간단다. 마치 날리는 꽃잎처럼 즐겁게 날아갈 것이다.

또 느림보 차 한 대가 앞을 막고 소신껏 간다. 조금 전 교통 문화를 들먹이며 투덜거렸다는 여유의 부족이 부끄럽다. 친구의 차를 아들 녀석이 타고 다닌다는 이야기를 들으며 예전 우리 때는 꿈도 못 꾸었는데 좋은 시절에 살아 좋겠다는 생각도 부끄럽다. 차창 밖 날리는 하얀 벚꽃들이 참 아름답다. 이를 표현할 만한 더 좋은 적절한 어휘가 분명 있을 것인데…

조용히 따라가기만 하는데 앞차가 알아서 차선을 변경한다. 앞이 트인다. 그냥 실웃음이 나온다. 내 모습이 완전 꼰대다. 예전과 비교하기를 자주 하고 참을성도 부족하고 버럭 화를 내었다. 뭐가 그리 급하게 했을까?

오늘이 인생에서 가장 젊은 날임과 동시에 가장 늙은 날임을 알아야겠다.

'라떼 이즈 호올스(말)'

참새는 항상 바쁘다

나를 포함한 주변 다수의 사람들은 일상에서 바쁘다는 말을 입에 달고 산다. 늘 그렇다. 어떤 이는 인사말로 바쁘지? 요즘 바쁘지? 바쁘지 않아? 등등 예전 어른들의 '식사했소?' '밥은 먹었니?'와 쓰임이 비슷한 듯하다. 그럼 바쁘지 않은 것이 정상인가? 바쁜 게 정상인가? 정상과 비정상으로 나누는 것보다는 일상 상태로 구분하는 것이 맞으리라.

늘 바쁘다는 건 늘 바쁘지 않다는 의미가 아니던가? 바쁘다는 뜻을 고려해 판단한 결과이다. 보기 드물지만, 많은 양질의 일을 빡빡한 시간 속에 척척해나가는 사람을 볼 때 그들의 특징적 공통점은 바쁘다는 말을 하지 않는다는 것이다. '바쁘다'는 도대체 어떤 뜻일까? 사전을 찾아보았다. '바쁘다'는 뜻은 '일이 많거나 급하여 겨를이 없다', 마땅히 다른 일도 해야 함에도 불구하고 매달려 마음의 여유가 없다. 해야 할 어떤 일이 있어서 시간적 여유가 적다'라고 사전에 정의되어 있다.

서양과 영미권에서는 바쁘다를 'busy'라 표현한다. 어원을 살펴보면 business로 busy와 ness가 합해진 것이다. business는 anxiety에서 왔다고 한다. 불안감, 염려, 걱정거리 등. business가 일, 업무, 사업 등의 뜻이고 이를 하는 사람들은 다들 바쁘다고 인정하는 것을 보았을 때 사람들이 저마다 바쁘다고 느끼는 것은 동서양이 거의 같다고 해도 될 것이다. 사람이 한 세상을 살아가면서 일 안 하고 살 수는 없으니 삶 그 자체가 바쁜 것이라 해도 과언은 아닐 것이다.

이와 관련해 전해 내려오는 일화가 하나 있다. 스님 두 명이 산책을 하는데 마당에 참새 떼가 내려와 계속 부리로 땅을 쪼아댔다. 요리조리 움직이며 콕, 콕, 콕 바닥을 쪼며 잔걸음질 하는 모습을 보고 스님이 말했다.

"아니, 어째서 참새는 저렇게 바쁜 겁니까?"

그 말을 들은 다른 스님이 갑자기 신발을 훌러덩 벗고 땅바닥을 '탁! 탁! 탁!' 세게 내리쳤다. 동료 스님이 깜짝 놀라 물었다.

"스님, 왜 신발을 벗어서 땅바닥을 때리십니까?"

"바쁜 참새를 쫓으려고 그런다네."

이야기는 여기서 끝이다.

해석은 우리 각자의 몫이다. 그 모습을 그려보면 어떨까?

참새는 항상 바쁘다. 참새의 행동 자체가 그렇게 보이는 것이다. 코끼리는 언제나 여유있게 보인다. 참새나 코끼리의 평소 움직임 자체가 그런 것이다.

가을 들녘을 보았을 것이다. 참새들을 쫓아내느라 허수아비를 세워 놓는다. 바람이 불어와 허수아비 팔이 흔들리면 참새들은 깜짝 놀라 바쁘게 도망간다. 참새는 항상 놀라고 바쁘다. 모이를 한두 번 먹는 것도, 허수아비를 한두 번 보는 것도 아니다. 참새가 정말 스스로 바쁘다고 느끼는지는 말이 통하지 않으니 확인할 수는 없다. 다만 보는 사람의 판단에 달렸다. 바쁘다고 생각하면 바쁜 것이고 그렇지 않다면 또 그렇지 않은 것이 아닐까?

우리의 삶도 그럴 것이다.

적어도 바쁜 참새보다는 나은 사람이 되어야 하겠다. 우리의 일상과 삶 자체가 그러하니, 먼저 마음부터 여유를 가져야 할 것이다.

물건에도 정을 준다

물건들 중에도 유난히 정이 가는 것이 있다. 사람이 정을 줄 수 있는 것은 주변에 수도 없이 많을 것이다. 집, 악기, 자동차, 성경 책, 보석, 골프채, 사진, 일기장 등은 스스로 생각하거나 움직일 수도 없고 호흡도 생명도 없다는 공통점이 있다. 그럼에도 불구하고 사람에 따라서는 '마음이 가고 의지가 되는 것들'이라고도 한다. 죽어가지 않는 것들… 누가 망가뜨리지만 않으면 우리보다 더 오래 존재할 수 있는 것들이다.

이러한 것들과 물리적 거리를 느낄 때 허전함이 밀려온다. 눈에서 사라지거나 손에 잡히지 않는 순간, 뭔가 이상하다는 느낌을 갖게 된 것들이다. 내게는 만년필이 그러하다. 하루 온종일 손에서 떨어지지 않고 업무할 때나 잘 때, 심지어 산책을 하거나 소주 한 잔을 마실 때도 호주머니 안에 있거나 가슴 앞부분에 꽂고 있어야 마음이 편하다.

분신처럼…

늘 손바닥으로 전해지는 그 느낌, 생각이 복잡하고 어떠한 결정을 할 때는 책상 위에서 돌려 보기도 한다. '너 같으면 어떻게 할래? 너가 돌다가 가리키는 방향으로 갈게!' 그래도 답이 없을 때는 '야! 대답이 없냐? 말이 없어?' 어떨 때는 이러고 있는 모습을 깨닫고는 혼자 웃기도 한다. 말도 못 하는 존재에게 뭐하고 있지? 누가 알면 뭐라 할까? 정신

나갔거나 미쳤다고 할 것이다. 그렇다. 남들이 볼 때는 이상하다고 할 수 있겠지만 우리는 영혼의 대화를 하고 있는지도 모른다. 때로는 그 친구를 만지며 사랑을 하고 있는지도 모르겠다. 그 친구를 만지며 표면 코팅의 부드러운 촉감을 통해 영감을 받는지 모르겠다. 그런 대화를 언제 어디서든 종이 위에 끄적일 수도 있다. 그러다 보면 부족한 지혜가 아지랑이처럼 보이기도 한다.

마치 영혼의 친구 같은 존재가 되는 것이다. 다른 세상에 있는 또 다른 나와 소통할 수 있는 통로라 할까? 손잡이랄까? 아니면 그 자체로 친구인가?

어떤 시인은 '모든 죽어가는 것들을 사랑해야지'라며 살아 있는 것들에 대한 애정을 노래하기도 했다. 죽어가는 것이란 생명이 있는 것들을 두고 한 말일 것이다. 예전에는 난, 화분, 어항 속의 물고기 등이 생명 있는 사랑의 대상이었다면 요즘은 애완견, 고양이 등의 반려동물에게 정을 주는 모습을 어렵지 않게 볼 수 있다. 강아지 이름이 아들아! 예쁜 딸! 애인! 등 사람에게 쓰이는 호칭들을 스스럼없이 사용한다. 그들이 죽으면 염을 하고 장례까지 치러주는 경우가 많다고 한다. 일상에 외로운 사람들은 강아지들과 대화를 하는 듯하다.

하물며 사람에게는 말해 무엇하겠는가? 계산하지 않고 변하지도 않고 내게 뭔가를 요구하지도 않는다. 그저 같이 있기만 해도 즐겁고 위로가 되고 든든한 soulmate 같은 친구!

이런 친구가 있음에 감사한다. 죽어가거나 죽을 수 없는 것들과 영혼을 나누는 삶 자체는 축복받은 인생이다. 결국은 내 영혼과 친구 사이가 되는 것이니 얼마나 기쁜 일인가?

그 옛날 군자나 선비들이 문방사우라 부르던 지필묵연 같은 존재, 그런 자신만의 물건들에 정을 주고 행복을 느끼며 함께하는 삶! 누가 만들어 주지 않는다. 스스로 행복을 창조해야 한다. happy maker! happy virus! 되어야 한다.

정신지체 정상인?

중국 우한 코로나로 인해 고등학교 졸업식과 대학 입학식도 없이 학교와 기숙사도 한 번 가보지 못하고 이모 집에 가있는 하영이가 궁금해졌다. 그 행적을 알 수 있는 건 문자로 날아오는 카드 사용내역과 가끔 부모님과 통화하다가 듣는 목소리뿐이다. 이어 처가에 가있는 태영이에게도 생각이 미쳤다. 아이들 모두 아빠에게 필요한 것이 없나 보다. 아니면 느끼지 못하거나! 하영이가 대학 1학년이니 태영이가 장애가 없었다면 대학 3학년이거나 군대 가서 일병이나 상병쯤 되었을 것이다. 어찌 되었건 또래들처럼 이성에 눈을 떠 물불 안 가리고 사랑하고 아파하고 좌절하고 할 시기일 것이다. 그런 일로 신경 쓰게 해줘서 고맙기도 하다. 돌아보니 크게 신경 쓰게 만든 적이 없었던 것 같다.

중 3때 한 번 빼고는!

같은 반 여학생의 얼굴을 귀엽다며 쓰다듬다 선도위원회에 회부되었으니 출두하라는 연락을 받았다. 아버지는 중 3 때 선도부장, 아들은 선도위원회 회부, 아빠는 학창 시절에 친구들 괴롭힌 일이 없는 것 같은데 아들 문제로 학교에 오라는 것이다. 조금 이상했다. 장애가 있는 태영이가 누구를 괴롭힐 정도만 되면 얼마나 좋을까? 또래 아이들처럼 이성에 눈을 떠 아빠의 경험을 물어보면서 이야기도 하면 좋겠다는 생각은 몇 번 해본 적이 있기는 했다. 병사들이 고민하거나 사고를 치는 대부분의 경우에 이성문제는 거의 빠지질 않는다. 사고만 치지 않는다면 이는 아이들에게 지극히 정상적인 과정이다.

혹시나 그 몇 안 되는 특이한 케이스인가? 장애를 가진 아이들 중에서도 우리 아이는 똑똑한 편이라 그런가? 선진국에서는 결혼한 다운아들이 아이도 가지려 해 반대하며 걱정하는 부모도 있다고 한다. 그러나 기회가 되고 가능만 하다면 독립생활을 시켜주려는 생각을 가지고 있었던 때였다. 진급을 하고 야전부대로 가게 되어 이사할 곳을 찾을 때 고려 요소 중 하나가 아이들 교육 환경이었다. 특히나 정신지체 아이들은 어떻게 교육하느냐에 따라 사회 적응 정도가 천차만별이라는 것을 알고 있었기 때문이다. 우리나라에서 제일 좋다는 특수학교가 있고 초등학교, 중학교도 일반학생과 같이 통합교육을 받을 수도 있다는 정보에 다소 무리를 해 이사했다. 덕분에 아파트 단지 내에서 도로도 건너지 않고 초등학교를 잘 다녔다. 중학교도 교육의 효과인지 혼자서 신호등 색을 구분하고 도로를 건너 교실까지 찾아다닐 정도가 되었다. 가끔 몸에 상처가 있었지만 워낙 장난을 좋아해 그럴 것이란 생각을 하기도 했다. 가끔 아이를 돌봐주시는 아버지가 괴롭히는 아이들을 나무랐고, 선생님들에게 뭐라 하셨다고 하시면 너무 그러지 마시라 말씀 드리기도 했었다.

선생님? 교사? 공무원?
이런 아이들 지도하려면 선생님들이 얼마나 힘들 것인가 짐작도 해보았다. 그래서인지 일반학급 담임 외에 특수교육 선생님이 추가로 있다는 말에 기쁘기도 했다. 두어 달에 한 번꼴로 집에 와 데리러 갈 때 두세 번 인사는 했었다. 대부분이 기피하는 특수교육을 전공하고 그리 좋지 않은 처우를 받으면서도 언제나 웃는 얼굴의 천사 같은 존재들이다. 그 통제 안되는 아이들을 믿고 맡길 수 있는 친절하고 고마운 사람들이었다.

전화를 준 교사는 담임이었다. 얼굴도 잘 기억나지 않았고 선호지역인 신도시에 발령받은 선택 받은 교사들이어서 그런지 거만하게 느껴졌다. 아니면 모든 학부형들에게 갑이어서 그럴 수도 있을 것이다.
그러고 보니 학교에서는 내가 을이었다. 잠시 착각!
갑? 을? 어떻게 만나느냐에 따라서.

작은 부대라서 병사들의 부모를 가끔 만나야 때가 있었다. 대부분은 직접 만나지 않아도 되지만 심각한 경우는 어쩔 수 없이 봐야 한다. 오라고 하면 깜짝 놀라기 때문에 신중하게 판단해서 정중하게 알리게 한다. 그런데 지금은 입장이 바뀌었다. 학교에서 나를 오라 한다. 휴가를 내었지만 급한 업무를 마무리하고 가느라 옷도 못 갈아입고 전투복을 입고 겨우 시간에 맞추어 도착했다. 학교에 도착해 교실을 찾아가다가 한 교실에서 혼자 무엇인가를 열심히 쓰고 있던 태영이와 눈이 마주쳤다. 뛰어와 볼을 만지며 안으려 했다. 아무것도 모르고 있는 눈과 마주치니 마음이 좋지 않았다.

처음에는 아이가 징계를 받더라도 좋은 고등학교에 진학하지도 않을 거고 미래에 뭐 특별히 부정적 영향이나 불이익도 없을 것 같아 안 가려 했었다. 성적은 언제나 꼴찌였고 OMR 답안지 카드는 작은 동그라미 색칠 연습지에 불과했다. 그래도 여러 동그라미 중 하나에만 표시하라고 알려주던 기억이 났다. 그 동안 학교에서 알아서 잘 했겠거니 믿어 왔다. 자기를 벌주겠다는데도 혼자서 해맑게 앉아있는 아이를 징계한다고? 이런 걸 모를 리 없는 선생님들은 뭐 했을까? 장애아인데다 부모가 학교에 얼굴도 잘 안 보이고 늙은 할아버지만 오가시니 무시했나? 그래서 태영이 몸에 조그만 상처들이 없어지지도 않았나?

다들 미리 기다리고 있었다. 특수학급 선생님은 문 입구 바로 옆 구석에 있다가 눈이 마주쳤는데도 인사도 제대로 하지 못한다. 미안해하는 눈치다. 마음을 고쳐먹었다. 간사로 보이는 교사가 참석한 사람들을 소개해 주었다. 다들 멀쩡한 여성들이었고 호칭될 때 표정들이 가관이었다. 자기들이 아이 학교생활에 큰 영향을 줄 수 있는 위치에 있다는 것을 표현하려 거들먹거리는 것은 아닐 것인데… 갸우뚱 해졌다. 교감이 위원장이고 교사 몇이 위원, 그중에서 일반학급 담임도 처음 보았다. 간사가 학칙이랍시고 개요와 징계의 필요성에 대해 이야기했다. 옆자리 여학생 볼을 쓰다듬으며 '귀엽다. 예뻐'하고 뽀뽀를 하려 했는데 다른 여학생들이 '느꼈어? 좋아?'라 하며 놀렸다는 것이다. 이걸 누군가 이야기했고 교사에게 시정을 요구했다는 것이다. 태영이와 의사소통이 안되니 보호자를 부른 것이라고도 했다. 여러 갑들이 방금 도착한 을에게 물 한 잔 마실 틈도 주지 않고 본론으로 들어갔다.

프레임을 바꾸면?

곰곰이 듣기만 했다. 둘러보니 한 십여 명 되는 정상인들 같은 사람들이 자못 심각한 표정과 근엄한 자세, 걱정되는 눈빛으로 쳐다보고 있었다. 얼굴을 살펴보니 약간의 호기심도 가지고 있는 듯했다. 한마디 하라 한다. 판결 전에 변호 등을 하라는 순서인 것 같았다. '저 아빠가 무슨 말을 할까? 왜 우리들 얼굴을 둘러볼까? 아빠는 정상이네' 등등.

"제가 이렇게 많은 교사들을 가까이에서 본 적은 처음입니다. 선생님들은 늘 존경의 대상이었습니다. 요즘 교사들은 별로 좋지도 않은 대학 나와서 일 년에 두세 달은 유급 휴가 받고 실컷 놀면서 잘리거나 주어진 실적 낼 걱정도 없이 자기개발도 하지 않는다, 그러면서도 월급은 꼬박꼬박 받는다고 말하는 사람들을 비판했습니다. 그런 말을 하는 부류들을 불량학생 출신이지만 사회적으로 나름 성공한 사람이라고 생각했습니다. 저에게 선생님은 공부에 관심이 떨어질 때 꿈을 다시 일깨워 주셨고 삐딱해지려는 마음을 칭찬으로 어루만져 주셨습니다. 부모님이 돈이 없고 못 배우고 사회적 지위가 낮다고 함부로 하지도 않으셨습니다. 부모님은 낳아 주셨고 선생님은 키워주셨다고 해도 과언이 아닙니다. 행운이었습니다. 그러한 선생님들이 학교로 오라는 줄 알고 긴장된 마음으로 왔습니다.

제 장애를 가진 아이를 돌봐 주시느라 참 고생이 많으시겠다는 생각을 하며 저도 좀 특이한 병사들의 부모님을 부대로 오시게 해서 만나곤 했던 기억을 떠올리기도 했습니다. 안절부절못하는 그들을 보며 안쓰럽기도 했습니다. 가정교육을 이렇게 밖에 못한 딱한 사정들을 듣고 안타까워하기도 했습니다. 그들이 가고 나면 아이들을 불러 부모님의 마음을 이야기도 해주었습니다. 그리하는 이유는 작전이나 훈련과 더불어 병사들이 정상적인 군 복무를 하게 하는 것도 임무이기 때문입니다.

교사들의 임무? 직분은 무엇입니까? 지금 이 자리는 마치 코미디개그 프로그램 촬영하는 곳처럼 보입니다. 재미있습니다. 정신병원에서 머리 이상한 환자들이 하는 엉성한 역할극을 보는 듯합니다"
이런 수준의 교사들이 걱정스럽기도 했고 한심하기도 했다. 만약 이런 모습을 제 3자가 보고 있다면 무엇이라 할지 생각해 보라 했다.

정신지체아를 이런 사유로 징계한다고? 그래서 무엇을 얻을 것인지? 목적이 무엇인지? 생각해 보라 했다. 금치산자, 한정치산자라는 것을 아느냐며 설명해 주었다. 이런 선도위원회를 하는 것을 기자나 학교 외부들이 안다면 무엇이라 할지 생각해 보라 했다.

"여러분들에게 정신지체에 대해 진료받을 것을 권해드립니다. 원하시면 정신과 전문의나 상담사들을 소개해 드리겠습니다. 그리고 대한민국에 감사하십시오. 가르치라는 아이들 교육을 제대로 안 해도 월급 주는 것, 선배 선생님들에게 감사하십시오. 제가 훌륭하신 선생님들의 제자이기에 어쩔 수 없이 그냥 없었던 일로 하겠습니다. 오늘 불러주셔서 감사했습니다. 오랜만에 학교에도 오고 여러 교사들 수준을 가까이서 보게 되어 알찬 시간이었습니다."

끝으로 선도위원회 위원장인 교감을 포함한 교사들에게 물었다.

"오늘 좋은 날이죠? 운수 좋은 날이라고 들어 보셨죠? 사실은 시간 낭비하는 것 같아 참석 안하려 했습니다. 대신 장애인협회 관계자와 기자 친구들을 대신 보내려 했습니다. 그러다 문뜩 떠오른 생각이 있었습니다. 여러분들 증상이 더 악화될까 걱정되었습니다. 차마 자식을 맡긴 학부형으로서 도리가 아닌 듯하여 참았습니다. 모쪼록 늦지 않게 회복하시길 바랍니다."

이렇게 얘기하고 인사하고 나왔다. 돌아오는 길, 쓸데없는 말을 했다는 반성이 되었다. 미친 사람은 자신이 비정상이라는 것을 절대 인정하지 않는다는 것을 깜박한 것이다.

'미친놈이 미쳤다고 하는 것 봤냐?'라는 속담도 떠올랐다. 마치 외눈

박이 세상에 있다가 나온 기분이었다. 불쌍한 사람들인데….

교실을 나오는 아빠에게 천진난만하게 다가와 볼을 만지며 말한다.
'아빠! 가지 마! 아빠 미워!'

모든 학생의 공통점

학생(學生)은 학교에 다니면서 교육을 받는 사람을 뜻하는 말이다.

자신의 의지와는 무관하게 계획된 시간과 장소에 가서 수업에 집중해야 한다. 아무리 자유가 보장된 나라일지라도 이것만은 강제성이 따른다. 그것도 각종 법과 사회규범체계 등으로 강제되어 있기 때문에 그 누구라도 쉽사리 벗어나기 어렵다. 학교를 졸업하고 근 30년 만에 다시 학생 신분이 되었다. 물론 대학원(국방대학교 안보 보장대학원)이라 석박사 과정 학생들 보다 비교적 여유 있다. 같은 학교에 다니는 석사과정의 대위들, 합동 참모대학의 중령들이 보기에도 부러움의 대상이라고들 한다. 얼마 전까지는 그런 견해에 동의도 했었다.

부담 없는 과제가 있기는 해도 그동안 군 생활을 한 경륜과 노하우로 어렵지 않게 처리할 수 있는 수준이었다. 그런 와중에 갑자기 코로나바이러스가 나타났다. 학교에 나오지 말고 집에서 온라인 학습을 하라는 것이다.

이 얼마나 좋은 일인가? 올해 대학교 신입생 딸아이와 기숙사 문제로 이리저리 알아보며 한 주를 보내기도 했다. 한 번은 '아빠 학교 안 가세요?' '응! 아주 좋아. 모든 학생은 이유야 어찌 되든 학교 안 가는 게 최고잖아?' 녀석도 동의한다. 아주 오래전 말 잘 듣는 학생 때 습관이 조금 남았는지 학교에서 시키는 대로 사람들 많은 곳에 가지 않고 집안에 머물며 그동안 보고 싶었던 영화와 youtube 영상을 실컷 보았다. 어떤 날은 새벽까지 하고 싶은 걸 마음껏 하였다. 다음날 출근 안 한다는 자유가 이리 좋을지는 몰랐다. 그런데 갑자기 이상한 전파 사항이 전해졌다. 숙제를 해야 한다는 것이다. 정치, 안보, 국가와 관련되어 6가지의 리포트와 논문이나 정책 보고서 중 택일하여 주제 신청서를 제출하라는 것이다. 불과 얼마 전까지 있던 일선 부대와 비교해보면 이 정도는 감사한 상황이었다. 대략 2주 정도 여유 있는 기간에 딱히 부담스러운 양도 아니었다. 숙제를 받고 나니 예전 학교 다닐 때 생각도 났다. 집에 돌아오면 숙제부터 해놓고 놀았고 자기 전에는 내일 배울 것을 예습하고 가방을 미리 싸놓아야 편하게 누울 수 있었다.

이번에는 달랐다. 그동안 여유를 부린 탓인지 치열하고 구체적인 학업 목표가 없는 학생이라 그런지 자꾸 미루게 되었다. 날로 커지는 부담에도 불구하고 마지막 날까지도 하기 싫었다. 오전까지 제출해야 한다고 못 박는 후배에게 좀 늦게 낸다고 하려고까지 했다. 천만다행으로 누군가 오후 네시까지 연기하겠다고 하니 얼마나 반가웠는지 모른다. 오전 시간을 낭비했다. 학창 시절 공부 못하는 아이들과 똑같았다. 숙제 내용이 무엇인지? 다시 확인하고 자료 찾고 노트북 사용 준비하느라 집중하지 못했다. 마치 시험 앞두고 노트 빌려 정리만 하다가 공부는 안 하는 학생이 된 듯한 기분도 들었다. 그러다 오후가 되어 시작하려는데 남은 시간은 네 시간이다. 마치 시험 앞두고 걱정만 하다가 마지막 날 친구들과 모여 밤샘 벼락공부하려다 망치는 아이가 되어 있었다. 그리 시간을 허비했으면 집중이라도 해야 하는데 밤새우려면 배고프니 라면 하나 끓여 먹고 하자, 배부르니 좀 쉬었다 하자, 졸립네…

제출 시간을 연기했으면 좋겠다고 말도 안 되는 시까지 썼다.

벌써 숙제 내라니

봄은 숙제처럼 어김없이 찾아오고
여기저기 못 살겠다
커지는 아우성은 아직 그대로인데

삼월 오면 바이러스 갈 거란 볼멘소리
숙제 미루자는 투덜거리는 소리
선생보다 싫은 건 서두르라 재촉하는 소리
우리끼리 그만 쪼으고
학교 안 가는 즐거움에 흠뻑 젖어
세상사 잊어봄이 어떠한가

오늘이 숙제 내는 그날인가
네 시면 어떻고 열 시면 어떠한가
언젠가는 다 할 것인데

어젯밤도 역병 걱정 나라 걱정에
온 천지 욕먹는 건 코로나뿐
이보다 좋은 술안주가 무엇인고

한 잔 두 잔 따르다 새벽이 와 버렸으니

숙제는 또 언제 할까
친구끼리 그만하고 조금만 기다려줌세

나이 먹은 뇌는 아이와 다르지만
숙제 싫은 마음은 매한가지
정신 차릴 테니 오늘 밤만 기다려주시게

점심도 늦게 먹으며 나름 집중했다. 딸아이가 새것 샀다며 준 익숙하지 않았던 노트북 기능도 금세 익혔다. 비록 숙제하는데 딱 필요한 몇 가지이지만 '아직은 내가 살아있네'라 생각하니 겸연쩍은 웃음도 나왔다. 참 인간은 대단한 동물이다. 비록 마감 시간 5분 정도 전에 겨우 제출해 분임조에서 가장 늦은 꼴찌였지만 숙제 거두는 후배에게 피해는 주지 않았다며 자위까지 했다. 마감 시간이 다가오면서 얼마나 초조하고 스트레스가 컸던지 학창 시절도 생각나고 그런 친구들을 속으로 비웃으며 이해 못 하던 반성도 되었다. 그 친구들이 그립다. 시험기간에 성적 고민하는 모습에 '걱정할 시간에 공부해라', 시험 시간 몇 분 앞두고 커닝 페이퍼 만들며 답을 물어볼 때는 '야, 그 시간에 외우겠다. 게을러 가지고'라며 핀잔도 주었다. 그냥 빨리 말해~주라~'며 헤헤 거리던 그 모습들이 어제 일 같다. 다음 주도 수업이 없다면 코로나고 뭐고 간에 부산에 가 보아야겠다. 먹고살기 힘든 시절, 바이러스에 전염된다며 어디든 가지 말라는 소리가 발목을 잡는다. '학생들은 똑같다. 학교 안 가고 숙제 없고 친구들과 노는 게 최고다' 그런데 갑자기 그 시절 배운 것이 떠오른다. 학생의 본분을 잊고 싶다!

勸學文(주희, 송나라)

少年易老學難成(소년이로학난성)
나이를 먹기는 쉬우나 학문을 이루기는 어려우니

一寸光陰不可輕(일촌광음불가경)
한 순간의 짧은 시간도 가볍게 여기지 말지어다

未覺池塘春草夢(미각지당춘초몽)
연못의 봄풀은 아직 꿈에서 깨어나지 못했는데

階前梧葉已秋聲(계전오엽이추성)
섬돌에 떨어지는 오동 잎사귀는 가을을 알린다

왜 회의를 하는가

우리는 회의를 참 많이들 한다. 아침부터 퇴근할 때까지 주구장창 사람들 틈에 끼어서 아웅다웅 저마다의 생각을 말하고 설득하고 듣기도 하며 알리려고도 한다. 때로는 잘 몰라 지식을 얻거나 지혜를 얻으려 사람들을 불러 모은다. 심지어 기강을 바로 세우기 위해 장시간 회의하기도 한다.

이러한 집합과 대화만으로 진정한 회의가 되는 것인가?

왜 해야 하는가? 어떻게 해야 되는가?

본질이 무엇인지 알려면 뜻부터 알아야 한다. '會 모일 회, 議 의논할 의, 즉 모여서(會) 의논(議)'한다는 의미이다. 의역하면 '최소 둘 이상의 사람이 모여 어떤 사안에 대하여 의논하는 것'으로 모든 종류의 회의를 통칭하는 가장 포괄적인 용어이다. 의논한다는 것은 어떤 결정을 목표로 한다. 결정하지 못하거나 안 하는 것, 결론이 없는 것은 회의가 아니다. 과거 역사를 보더라도 인류에 영향을 미친 모든 결정은 어떤 절차를 거치던 회의라는 형식을 통해 결정되었다. 현재 인류 문명을 이루는 기독교도 주요 결정은 회의를 통해 결정되었다. 카르타고 공의회(Concilium Carthaginense)는 카르타고 지역에서 열린 일련의 지역 공의회이다. 4세기 말부터 5세기 초에 걸쳐 열린 이 회의를 통해 신약과 구약의 성경이 확정되어 선포되었다. 이것이 우리의 영혼과 관계된 것이라면 현재 우리나라와 관계된 회의들도 많이 있다.

얄타 회담이라고 들어 보았을 것이다. 1945년 2월 4일부터 11일까지 소련 흑해 연안에 있는 크림반도의 얄타(Yalta Conference)에서 미국·영국·소련의 수뇌자들이 모여 나치 독일의 패전과 그 관리에 대하여 의견을 나누었다. 결국 이 회의의 영향으로 한반도는 미, 소에 의해 분할된다. 이후 크고 작은 회의를 통해 38도 선이 그어졌다.

1945년 8월 10일과 11일 워싱턴에서 국무성, 전쟁성, 해군성이 참석하는 3성 조정위원회에서 소련의 참전과 일본의 항복 이후 북위 38도 선을 군사경계선을 설정하는 안을 마련하여 전쟁성에 보고하였다. 이 안은 육군성의 지시에 따라 딘 러스크(Dean Rusk) 대령과 찰스 본스틸(Charles H. Bonesteel) 대령이 마련한 것이다.

러스크 대령은 미국 의회 증언에서 이 안에 대해 '우리는 38도 선을 권고했다. 비록 그것도 소련이 동의하지 않을 경우 미군이 현실적으로 진주할 수 있는 것보다 훨씬 북쪽이기는 하지만 우리는 미군의 책임지역 안에 한국의 수도를 포함시키는 것이 중요하다고 생각했기 때문에 그렇게 했다'고 회고했다.

38도 선은 육군이 국무성에 제안한 것이며, 결국 국제적으로 동의되었다. '소련이 38도 선을 수락했다는 사실에 놀랐다. 왜냐하면, 그들이 한반도에서 우리의 군사적 위치를 고려한다면 더욱 남쪽으로 내려온 선을 주장하리라고 생각했기 때문이다.'라고 밝혔다. 미국이 소련의 한반도 남하 행동을 저지하기 위해 38도 선을 제안한 게 시작이었다.

현재까지 영향을 미치는 또 하나의 회의가 있다. 6·25전쟁 기간 중에도 판문점에서 오랜 회의를 했다. 역시 회의는 길수록 좋지 않다. 2년여 동안 회의를 했다. 지루한 회의의 대표적인 예이다. 지명부터가 거슬린다. 판문점(板門店)이란 지명은 피난하는 선조를 위해 임진강에 널빤지로 다리를 만든 것에서 유래해 '널문리'를 한자로 고친 것이다. 6·25전쟁을 멈추기 위해 이곳에서 1951년부터 시작해 마침내 1953년 7월 27일 정전(停戰) 협정이 체결되었다. 그 후 유엔군 사령부와 북한군·중국군이 협정의 이행을 위해 이곳을 공동경비구역(JSA)으로 만들었다. 한반도를 가르는 군사분계선은 판문점의 땅과 건물, 그 안의 회담장 탁자까지도 남과 북으로 나누고 있다.

회담의 정식 명칭은 '국제연합군 총사령관을 일방으로 하고 조선인민군 최고사령관 및 중국 인민지원군 사령원을 다른 일방으로 하는 한국 군사 정전에 관한 협정'이다 1953년 인도가 한국전쟁의 휴전협정(armistice) 체결을 제안하였다. 결국 회의는 결론으로 중국군, 북한군, 유엔군 사령관만의 서명으로 끝을 맺는다. 우리는 뭐 했는지 궁금하다.

이상의 회의들은 좋든 나쁘든 결과가 있었다. 그러고 보면 끝난 후 '회의를 왜 했지?'라는 의문을 참석자 누군가가 갖는다면 잘못된 회의가 되는 것이다. 회의로 포장된 교육, 잔소리, 내용과 관계없는 어거지 떼거지의 집합, 많은 사람을 불러 장시간 이야기하면 본인의 일을 다 했다는 착각 등과 주관자가 본인의 권위를 나타내기 위해 그냥 모으는 것이리라. 뭔가 잘못된 것이다.

회의의 종류도 다양하다. 미팅, 티타임, 스탠딩 회의, 콘퍼런스, 컨벤션, 포럼, 심포지엄, 세미나, 워크숍, 패널토의, 전시회, 토론회, 간담회, 좌담회 등이 있으며, 참석자 수, 발표 유형, 청중 수, 형식(형식적 또는 비형식적)에 따라 분류된다.

특히 군에서는 '보고로 시작해서 보고로 끝난다'라는 말과 '회의로 시작해서 회의로 끝난다'라는 말이 있다. 전자는 임관 신고로 군 복무를 시작해서 전역 신고로 민간인으로 돌아가기 때문이며, 후자는 아침 상황 보고로 일과를 시작해서 오후 일일결산을 끝으로 부대 일과 끝나기 때문이다. 그리고 그 시작과 끝 중간에 각종 회의가 포진해 있다. 포상심의위원회, 징계위원회 등 각종 심의, 전투력 보존회의, 신상 결산위원회, ○○○대토론회, 평가회의, 협조회의, 화상회의 등 업무의 목적이 보고와 회의를 위한 것처럼 보이기도 한다. 이러한 너무나도 많은 회의를 그려보다가 불현듯 지금 우리의 회의 모습이 궁금해졌다. 재미있는 회의 모습들이 떠올랐다. 회의를 의사결정에 이르는 과정이나 절차쯤으로 여기는 것에서 시작한 왜곡된 현상들이 한둘이 아니다.

6하 원칙을 기준으로 해서 사례를 살펴보자.

(언제) 회의가 많다. 동 시간대 한 사람이 두세 곳에 가야 할 때도 있다. 이런 집단은 회의만 하다 끝난다. 더불어 시간이 자주 변경된다. 회의가 겹치니 시간을 조정하고, 그러다 또 갑자기 시간이 변경되는 일이 발생한다. 어떤 경우에는 갑자기 생기기도 한다. 여러 곳에서 많은 숫자가 참석할 때는 정도가 덜하지만 근처에서 모일 때는 급변한다.
주로 연기되는 경우가 70~80% 정도 될 것 같다. 또한 주관자가 이런저런 이유로 늦을 경우 주로 늦어지고, 주관 부서에서 유인물 등을 준비하느라 늦어지기도 한다.

    Korean time이 군에도 적용되는 것이다. 늦게 오는 사람을 기다리고, 왜 늦었느냐며 질타하느라 시간을 낭비한다. 이건 다행, 먼저 온 사람들이 대신 질타를 받기도 한다. 정작 회의는 길지 않다. 참 심각한 지경이다. 회의는 하는데 실제 일의 진척은 느리다. 이렇게 비효율적인 조직은 도태하게 되어 있다. 어릴 때 우리 귀에 낯익은 기업들 중 사라진 기업들이 그런 종류의 문화를 버리지 못해 사라진 것이다. '혹 공룡도 회의하다가 사라지지는 않았을까?' 하는 생각을 하니 실웃음이 나온다.

    (어디서) 회의 장소는 공식적으로 회의실이다. 그러나 그 회의를 위해 여기저기서 사전 미팅이 열린다. 회의를 위한 회의가 여러 장소에서 거의 동시에 열린다. 작은 규모의 부대는 간부 연구실, 지휘 통제실, 지휘관실 등에서 주로 한다. 작은 부대는 건물 표준 규격에 회의실이 포함되어 있지 않기 때문이다. 이것은 말단으로 갈수록 현장 행동화를 해야 한다는 나름대로의 철학이 숨어 있는 것이다. 사실 회의실이 많은 조직치고 잘 되는 조직 있을까? 한때 ○○측에서 사무실을 리모델링해서 회의실을 만들겠다며 그 귀한 세금을 쏟아붓는 것이 유행처럼 시행될 때가 있었다. 더욱 기막힌 것은 회의실 이름을 ○○○장군실 등으로 호국 영웅들의 이름을 따서 정했다는 것이다. 그분들이 아셨다면 땅속에서 뛰어나와 '내 이름 떼어 달라' 했을 것이다.

    (누가) 사전적 정의로 회의가 이루어지는 인원수는 최소 2인 이상이다. 그렇다고 둘이 만나 이야기하는 것을 회의라 하지 않는다. 최소 3

명 이상은 되어야지 통상 회의라 한다. 참석자들의 관계는 여느 관계와 비슷하다. 평등하거나 상하관계가 있거나이다. 군이라는 조직 특성상 대등한 관계보다는 주로 상하 위계가 있거나 주관자가 그중에 반드시 포함된다. 나머지는 주로 듣는 입장이다. 이러한 관계로 쌍방향 의사소통이 어렵다. 그래서 회의하는 것만 보아도 평소 조직 분위기를 알 수 있다.

또한 마구잡이식 참석 강요에 대한 우려를 해소하기 위해 참석 대상의 시간당 임금을 계산해 시작 전 공지하는 경우도 있다. 참 딱한 일이다. 이것의 근본 취지는 회의 주제와 필수적으로 관계된 최소의 사람만 참석시키자는 것이고 주관자가 최종 결정해야 하는 것이다. 그런데 어찌 된 일인지 군에 들어와 이상하게 왜곡되었다. 참석자들에게 이 회의에 얼마나 많은 금전적 가치가 투여되었는지 알림으로써 적극적인 토의나 의견 제시를 유도할 수도 있겠으나… 책을 읽어도 생각을 안 하니… 아니면 대충 읽는 척하는 건지… 안타까울 따름이다.

(무엇을) 회의를 좋아하는 주관자는 안 해도 될 회의를 한다. 가끔은 중첩되는 회의, 많은 회의를 정리하기 위해 회의를 한다. 그러니 실제 일하는 시간은 없다. 말단 실무자들은 그렇다 치더라도 중간 관리자들은 실무자들을 지도할 시간이 없다 한다. 어리석은 사람이다.
아랫사람들은 윗사람이 관심 가지고 좋아하는 것에 집중하기 때문에 일어나는 현사임을 간과하는 둔한 사람이다.

(어떻게) 말하면 될 것을 텔레파시를 보낸다. 마치 독심술을 해 보라는 것 같기도 한다. 이런 생각을 갖고 있는 주관자는 참석자들을 시험

을 치르는 학생으로 만든다. '답정너'라고 요즘 유행하는 단어가 있다. 그 뜻은 "답은 이미 정해져 있다. 너는 대답만 하면 된다"이다. 이런 분위기면 학생은 답을 내는데 끊임없이 실패할 것이고 결국 손쉬운 방법을 택할 것이다. 출제자 의도를 파악해 정해진 그 답을 하게 된다. 물론 결국에는 모두가 의도만을 파악하려 할 것이다. 이때 중요한 것은 파악하는데 걸리는 시간과 순서일 뿐이다.

주변에서 자주 접하는 사례를 살펴보자. 주로 윗사람들이 존중과 배려의 형태로 아랫사람들에게 써먹는다. 회식이나 식사하러 갈 때 "누구누구. 뭐 먹고 싶어?" 하고 물어봐서 원하는 대답이 나오지 않으면 다음 사람에게 똑같은 질문을 한다. 원하는 메뉴가 나올 때까지 계속한다. 회의에서도 이런 식의 진행이 된다. 그래서 주관자의 의도에 맞는 답을 찾지 못한 경우, 대부분은 입을 다문다. 이럴 때 등장하는 또 하나의 테크닉! 의견을 내라고 지명하는 것이다. 의견을 묻는데 답을 모르면 어떻게 하는가? 눈을 안 마주치기 위해 고개를 숙이거나 무엇인가를 쓰는 척한다. 하기 싫은 일을 누가 할 거냐 물을 때 보이는 반응과 동일하다. 코미디, 개그 콘서트 같다. 아주 진중한 분위기로 하는 웃기는 짓이다.

(왜) 회의를 왜 하는가? 무엇인가 의견을 모으기 위해서이다. 그러나 그렇지 않은 경우도 비일비재하다. 회의 종료 후 결론이나 방향이 없는 것이다. 회의 후 정해지는 것이 없다. 이 무슨 에너지 낭비인가? 그래도 이 정도는 다행이다. 간혹 참석자 간에 의견이 충돌하거나 결론에 도달하지 못해 다음에 다시 하자는 경우도 있다. 6·25전쟁 정전회담이나 과거 남북회담도 아닌데 회의를 위한 회의가 될 때도 있다.

이래서는 안 된다. 회의 잘 해야 한다. 잊어서는 안 되는 것이 있다. '아무리 좋은 결과를 낳은 회의라도 안 하는 것보다는 못하다' 나폴레옹은 말했다. '적이 회의할 때 나는 기동한다' 중국의 장개석 군대가 몇 십 배 이상 월등한 군사력을 가지고도 공산당군에 패전한 이유 중 하나로 장시간의 의미 없는 회의를 꼽는 이도 있다. 회의를 많이 하거나 오래 하는 부대를 '장개석 군대'라며 비아냥거린다. 회의하는 것을 일하는 것으로 착각하는 사람들은 반성해야 할 것이다.

세계 첨단의 기업들, 구글, 테슬라, 아마존, 페이스북 등의 IT 기업들은 빠른 환경 변화에 적응해 살아남기 위해 회의를 하더라도 최소한의 필수인원만 모아 짧게 한다. '시간은 돈이다'에서 '시간은 생명이다'를 행동으로 실천하고 있는 것이다. 사람을 모을 때는 신중해야 한다. 그들의 귀한 시간은 다시 돌이킬 수 없는 인생의 일부분이며 참석하는 동안 육체는 자유가 없이 구속된 상태이기 때문이다. 이처럼 회의를 잘 해야 하는 이유는 수도 없이 많이 있다.

회의, 잘할 수 없거든 하지 말자. 최고로 좋은 회의는 안 하는 것이다.

군인에게 진급이란

모든 군인에게는 계급이 있다. 현역을 포함해 전역하거나 퇴역한 모든 군 출신, 군인이거나 군인이었던 사람에게 계급은 죽어서도 따라다닌다. 이에 대한 예우도 계급별로 차등이 있으니 군복을 입고 있는 한 진급은 군인에게 초미의 관심 사항일 수밖에 없다. 특히, 직업군인에게 있어 진급(進級), 즉 계급이 올라간다는 것은 군내에서는 말할 것도 없고 사회적 시각에서도 큰 의미를 갖는다. 계급이 오를수록 권한과 혜택, 군 내외의 인식 현격한 차이가 발생하기 때문이다. 이는 군인 본인만이 아니라 아내, 자녀, 부모에게도 영향을 미친다. 특히, 현역들 사이에서는 진급이 본인의 노력에 대한 보상으로 인식되기도 한다. 이처럼 여러 이유 때문인지 진급은 거의 모든 군인들의 꿈이자 희망이기도 하다. 혹 장군 계급장의 모양이 별인 이유가 여기에 있나 생각해 보기도 했다. 계급이 올라가면 권한이 그만큼 커진다. 물론 책임도 비례해서 무거워진다. 그러나 보통의 사람들이 그러하듯이 어떤 직위나 자리에 주어지는 책임보다는 그 권한이 눈 앞에 먼저 보이니 진급을 더 갈망할 수 밖에 없을 것이다. 인지상정이라 해야 할까?

반대말로는 강등이 있다. 극히 드물긴 하지만 특별한 비위나 아주 큰 결함이 있는 경우 징계에 의해 결정된다. 군 인사법상에는 '진급 최저 근속 기간과 계급별 최저 복무 기간을 각각 마치고 상위의 직책을 감당할 능력이 있다고 인정되는 사람은 한 단계씩 진급시킨다.'라고 명시되어 있다. 세부적인 절차나 방법이 법률로 정해져 있다. 이렇게 군인본분과 거리가 있는 자격조건을 만들어 놓은 이유도 분명히 있을 것이다. 분명한 것은 전시에는 이런 것들이 지켜지지는 않을성싶다. 싸워서 이기는 사람을 진급시키고 더 큰 책임과 권한을 주어 더 큰 승리를 얻게 해야 되기 때문일 것이다. 군인에게 최고의 덕은 싸워 이기는 것이다. 하지만 전쟁이 없는 평시에는 그에 맞는 군인을 진급시켜야 한다! 전쟁이 없을 거라는 담보만 있다면…

인사 관련 분야에서 주로 업무를 한 연유로 후배들에게 받고 싶지 않은 질문을 간혹 받는다. 어떻게 하면 진급이 잘 되는가? 무엇이라 대답할까? 언제부터인가 무서운 질문이 되었다. 이상만 말할 수도 그렇다고 현실만 말하기도 어렵다. 어떤 사례를 들어 설명하기는 더욱 조심스럽다. 차라리 이럴 때는 '나는 세상모르고 살았노라'하고 짧게 답하고 싶기도 하다. 30대까지만 해도 국가와 국민에 충성을 다하고 상관의 명령에 복종하고 부하를 내 몸처럼 아끼며 평시에 땀 한 방울이 전시에 피 한 방울과 같다 등등… 마음에서 우러나오는 말을 했었다. 아주 오랜 기간 동안 그렇게 말해 왔다. 하지만 요즘은 그런 질문을 받으면 답하지 않는다. 대신에 학교기관에 있을 때 교육 성적은 어땠나? 윗사람과 관계는 어떠했나? 지나 온 경력은? 동기들은 어떤가? 부대 내에 진급 대상자들은 어떻게 구성되어 있고 지휘관은 누구인가? 등 질문으로 대답을 대신한다. 이제 장교들의 진급 발표 시즌이다. 이런 시기에는 여기저기서 격려의 자리가 마련된다. 진급자 명단에 이름이 나오기를 기다리는 당사자의 기다림과 그동안의 인내에 대한 위로 차원의 목적을 가진 자리들이다. 진급 발표가 있는 날이면 동작동 국립묘지와 대

전 현충원도 시끄러워진다고 하는 웃지 못할 이야기들이 있다. 죽어서도 진급자 명단에 자신의 이름이 있는지? 누구는 어떻게 해서 진급이 되었다느니, 누구는 뭐 때문에 안되었다느니… 눈 감은 자들도 관심을 갖는다고 했다.

하물며 살아있는 당사자들이야 두말해 무엇할까? 진급 발표를 앞두고 진급 결과를 기다리며 초조한 마음을 달래려 마신다는 초조주, 진급이 확실하다는 '확신주', 미리 축하해 준다는 '축하주' 등 다양한 이름의 술자리가 만들어진다. 상급자와 선배들이 만들어 준 자리에서 마셔 보기 했고, 사주기도 했다. 그 술 한 잔 속에 담긴 알코올의 힘을 빌려 기다림을 잊으려 했던 기억도 있다. 하지만 분위기에 싸여 휩쓸렸던 거지, 단 한 번도 이런 식으로 기다림의 초조함을 이겨내려 한 적이 없다.

실제 진급 결과 발표일이 되면 부대와 관사 분위기는 평소보다 서늘해지고 아주 조용해진다. 진급에 비선 된 사람들을 배려(?) 하는 것인지는 모르겠지만 집 밖으로 즐거움이나 기쁨을 나누는 소리가 나오지 않는다. 분명 누군가는 진급이 되었을 것인데도 말이다. 그저 이럴 때는 모두에게 전해주고 싶은 이야기가 있다.
'이 또한 지나가리라'.

중령까지는 당연히 진급 선발이 될 것이라는 확신에 초조함이나 기다림 같은 것은 없었다. 그러나 군 조직에서 성공했다는 말을 듣는 '대령' 진급부터는 달랐다. 처음에는 아직 때가 아니란 것을 알아서인지 초조하지도 않았고 당연히 기대하지도 않았다. 두 번째는 당연히 확신이 있었으나 비선 되면서 혼자 양주를 두 병이나 마신 적도 있었다. 소주 한 병 정도가 주량인데도 그 울분과 불의에 대한 분노를 안주 삼아 독한 술을 벌컥벌컥 마시기도 했다. 군인을 직업으로 선택한 후회와 인생에 대해 깊은 사색도 해 보았다. 중령 계급에서 6개월 단위로 하는 정기평가에서 단 한 번도 A를 받지 않은 적이 없었는데…

평소에 군의 인사 시스템을 믿고 본분에 충실하며 달려오기만 했는데… 설마 그런 장난을 하다니… 전역을 해야겠다는 생각도 했다. 뻔히 시스템을 알고 있는데… 조직에 맞서는 것은 쉽지 않은 일, 하지만 잘못된 것을 바로 잡지는 못해도 그 당사자들에게 치명적인 대가를 치르게 할 부분이 보이기 시작했다.

그들도 미안했던지 비선 된 사람의 사무실을 세 번이나 찾아왔다.
나를 만나지 못하자 일과시간임에도 불구하고 과장에게 보내달라고 부탁까지 하였다. 옛 어른들 말씀은 틀린 게 없다. '도둑이 제 발 저린다'라는 속담 그대로였다. 그들은 교만하고 방심했다. 잘못한 것이 드러날까 걱정이 되었거나 아니면 미안했던지 위로한답시고 빈틈을 보인 것이다.

어떻게 할까 고민하다 보니 여러가지 옛 생각이 났다. 중·고등학교 시절 졸린 눈을 비비며 새벽 첫 버스를 타고 등교하던 일, 그 무더운 여름날 쏟아지는 땀을 훔치며 시간을 정해 놓고 풀던 모의고사 문제, 십여 명의 친구들과 시험 보러 간 그 부산의 중앙중학교, 1차 시험부터 합격할 거라며 득의양양했던 부끄러운 자화상, 영어 작문 문제 'touched'가 의미하는 것은 무엇입니까? What do you mean by-touched?, 그 성적에 서울대를 가지 않고 왜 사관학교를 가려 하느냐는 담임 선생님과 첫사랑의 아쉬워 하는 표정들….

　사관 학교 입교 후에 느꼈던 말도 안 되는 불합리한 생도생활, 럭비를 하다 다쳤다는 말에 서울까지 면회 온 여자 친구를 돌려보내기도 했다. 돌아가는 친구의 뒷모습을 바라보며 군인의 길을 선택한 것을 잠시 후회하기도 했다. 기억에서 벗어나 현실로 돌아와 보면 미래에 대한 불안과 불확실성으로 인내해야 했던 그 시간들은 솔직히 버텨내기에는 버거웠다. 부모님의 기대, 강한 척하느라 의연한 척했던…

　술에 의지해 정리되지 않은 생각의 어수선함에 빠지기도 했다. 전역할 준비가 안 되었으니 한 1년 한직에서 시간을 갖고 전직 교육 후 전역할까? 그러려면 다음 보직은 어디로 가야 하나? 명예진급을 신청할까? 부모님께는 뭐라 말씀드릴까? 주변 친구나 지인들에게는 뭐라 이야기할까? 등등 (명예진급이란 진급신고와 동시에 전역 신고를 하는 것으로 각종 급여는 전 계급, 예우는 진급된 계급에 따르며, 진급할 계급은 대령, 중령, 원사이다)

　내가 어쩌다 여기까지 왔나? 앞으로 진급한 후배들에게 어찌 경례할까? 온갖 생각들로 머리가 복잡하기도 했다. 3차 진급 시기가 다가올 무렵에는 마음을 비우고 담담히 선발만 되면 좋겠다, 안되면 앞으로 어떻게 할 것인가를 고민하며 잠들기도 했다. 군복을 동경하던 그 시절의 마음으로 돌아가 타이트한 사관학교 커리큘럼과 한여름 무더위와 눈도 못 뜰 만큼 따가운 햇볕 아래서 유격 PT 체조를 하던 그 시절로 돌아가 보기도 했다. 그런 생각의 건너에서는 육군 대위가 목표였던 초심이 떠오르기도 했다. 대위로 전역한 고등학교 교련 선생님의 반듯한 자세와 똑 부러지는 말투 등, 국민학교 졸업식 때 단상에서 표창을 수여하던 예비군 중대장 아저씨도, 선생님이 편애하던 친구의 아버지도 대위이거나 대위로 전역하신 분들이었다.

군 생활의 첫 목표가 대위였으니 이미 초과 달성했음에도 그 갈증은 더욱 커졌다. 마치 단테가 신곡(La Divina Commedia)에서 비유한 그 늑대란 놈이 내 영혼에 들어와 있었던 것처럼.

톨스토이의 단편 '사람에게는 얼마만큼의 땅이 필요한가?(How Much Land Does a Man Need?)'라는 소설의 주인공이 된 듯하였다. 불교에도 그 욕심을 경계하는 내용이 있으니 동서양을 떠나 탐욕에 대한 시각은 거의 동일한 것 같다. 하루 종일 자기가 걸은 만큼의 땅을 준다는 계약에 따라 어떤 사람이 땅을 조금이라도 더 얻기 위해 사력을 다해 되돌아오자마자 죽는다는 것이다. 그는 결국 반 평 정도의 땅에 묻혔다. 이와 비슷한 교훈은 소설이나 책 말고도 어디서든지 흔하게 볼 수 있다. 우리 주변에 배울 것이 너무나 많음을 실감한다. 비 오는 날 나뭇잎을 보면 저마다의 크기로 물방울을 잠시 안고 있다가 어느 정도 차면 비워 버린다. 그렇지 않으면 잎은 찢어지거나 줄기가 꺾이게 될 수 밖에 없다. 이런 욕심, 욕망은 정말 바닷물과 같아서 마시면 마실수록 갈증이 더해지니 버려야 하는데… 이미 갖고 있는 것을 소중히 여기는 데서 행복이 시작한다는 사실을 그때는 몰랐다.

사관학교 시절을 포함해 군 복무 33년차 대령, 지금도 많이 왔다. 이제는 진급이라는 목표만 바라보며 더 쥐려고 버둥거리고 싶지 않다. 보이지 않고 잡히진 않을지라도 단지 살짝이나마 느낄 수 있는 선하고 사람 냄새나는 향기로운 군인이 되고 싶다.

정리정돈

인생에도 정리 정돈이 필요하다. 삶의 반환점(?)이라 여겨지는 시기에 도달했으니 이제 정리를 시작할 때이다. 머리 나쁜, 정확히는 공부 못하는 학생들이 시험 앞두고 노트 정리만 하다 시간 낭비한다는데…

사전에는 정리란 '흐트러지고 혼란스러운 상태에 있는 것을 한데 모으거나 치워서 질서 있는 상태가 되게 함'이라고 쓰여있다. 이제부터는 문제가 되거나 불필요한 것을 줄이거나 없애서 말끔하게 바로잡아야 할 때이다. 조선의 선비가 글을 쓰기 전 먹을 갈고 종이를 반드시 접어 정리하듯 이제 인생을 제대로 살기 위해 무엇인가를 정리할 필요성을 느낀다. 우선은 필요 없는 것을 버려야 하겠지! 당장 없어도 되는 것은 누구에게 주거나 버리거나… 그러기 위해서는 필요한 것, 불필요한 것을 구분해야 할 것이다. 언제인가는 쓸 것 같다는 생각, 버리기 아깝다는 생각에 불편한 물건들이 쌓인다. 이사를 자주 하는 직업이라 가끔은 이사 갈 때가 되어서야 지난번 이사 때에도 풀지 않은 채 그대로인, 무엇이 들어 있는지도 모르는 박스를 본 적도 여러 번이다. 버리기, 내려 놓기란 정말 쉽지 않다.

정리의 또 다른 뜻은 '사람과의 관계를 지속하지 아니하고 끝내는 것도' 명시되어 있다. 아마도 사람 정리가 가장 중요하다는 의식을 사전을 집필할 정도의 지식인, 오래전부터 내려온 선인들의 삶의 지혜가 함축된 것으로 보인다.

정돈은 '어지럽게 흩어진 것을 규모 있게 고쳐 놓거나 가지런히 바로잡아 정리하는 것'이라 한다. 정리해서 남긴 것들 중에 필요한 것을 바로 꺼낼 수 있도록 구분하고 사용하기 쉬운 장소에 두어야 할 것이다. 개똥도 약에 쓰려면 안 보인다 했다. 핸드폰에 저장된 번호가 3,000여 개이다. 정확히 확인해보니 3,642개이다. 언제인가는 모르겠지만 업무 때문에 저장해 둔 번호, 인사 상담해 주면서 서운해할까 봐 저장한 것, 근무지를 옮길 때마다 같이했던 새로운 사람들 때문이기도 할 것이다. 연락처를 검색하다 보면 이름도 기억나지 않고 누구인지도 모르는 번호, 1년 이상 한 번도 통화하지 않는 번호, 다시 통화하고 싶지 않은 번호, 경조사 때 돈 내라 날아오는 카톡 고지서(?)의 주인공 등 각양각색이다. 또 어떻게 알았는지 국민학교, 중·고교 친구라며 이름, 얼굴도 기억나지 않는 이상한 전화도 온다. 물론 이름도 없이 전화번호만 뜬다. 처음엔 반갑지만 끝맺을 때는 광고 전화보다 몇 배는 기분이 좋지 않게 만드는 사람들, 뒤끝이 좋지 않다. 언제부터인가 숫자만 뜨는 전화는 받지 않는 습관이 생겼다.

이런 걸 정리의 시작이라 해야 할까? 정돈이라 해야 할까?

정리 정돈을 하더라도 가지고 갈 것, 잊지 말아야 할 고마움은 고이 간직해야 할 것이다. 버리지 말자! 오래 묵힐수록 정겹고 깊이가 더해지는 맛도 있으니… 참 어렵다. 그래도 해야 한다. 정리 정돈!

그리해야 편해지는 것을…

정리하련다! 정돈하련다!

에필로그

존경받는 군인이 드물다!
누구의 잘못인가?
우리나라 국민의 군인에 대한 인식은 어떠한가?
20여 년 후배에게서 들은 이야기이다.
'생도 때나 초급장교 때 민간인 친구들을 만나면, 항상 하는 말은 군바리를 왜 하냐?, 젊어서 고생하네!, 그 힘든 곳을 왜 가냐?, 헛수고하네! 등 비하하고 하대합니다.'
정도의 차이는 있겠지만 저자도 심심찮게 들은 이야기이다.

미국은 어떨까? 군인들 사이에서도 부러움의 대상이 되는 일화들이 있다. 비행기 일등석 좌석을 군복 입은 사람에게 양보했다는 뉴스, 비행기, 카페 같은 곳에서 군복 입은 군인이 있으면, 'Thank you for your service'라며 존경과 감사의 마음을 표하고 순서를 양보하는 것이 당연하다고 한다. 우리는 왜 이런 일을 볼 수 없을까?

선후배 군인끼리는 어떠한가? 예비역 선배를 보는 현역의 시각은 어떠한가? 대부분의 현역은 예비역에 대해 존경하기는커녕 좋아하지 않는다. 심지어 귀찮아하기도 한다. 왜 이럴까? 답은 쉽고 간단하다. 군인의 본분을 다하지 않았기 때문이다. 그렇다면 어떻게 하는 것이 군인의 본분을 다하는 것일까? 짧은 세 가지 답으로 충분하다.

군인이 아니어도 대답할 수 있는 상식이다.

'싸워 이긴다. 싸움을 준비한다. 상관에 복종한다. 부하를 자식이나 동생처럼 아낀다.' 등

이를 실천한 많은 이가 있음을 어렵지 않게 찾을 수도 있다. 인터넷 공간에서 부정적 군 관련 기사에도 불구하고 옛 상관은 그렇지 않았고 존경한다는 댓글을 심심치 않게 발견한다. 이를 군대 전체로 확대하면 어떨까? 부정적인 방향으로 쏠린다. 과거 군사독재에 대한 반감, 자신의 의사와 무관하게 징집된 영향도 있을 것이다. 하지만 그보다 큰 이유는 군 간부의 삶을 잘 알지 못하고 그들에게 보이는 일부 피상적인 것에 근거한 선입견, 오해와 편견이 더 크게 작용하지 않았을까?

초급 장교들에게서조차도 그런 모습을 발견할 수 있다. 장기복무자 선발을 위한 면접에서 왜 직업군인을 하려고 하는가? 계기가 있었는가?라는 질문에 '부대에 처음 전입 왔을 때 부대 역사관에서 역대 사단장님들의 군복 입은 사진을 보고 가슴이 뛰었습니다. 전쟁 영화에서처럼 멋지게 전투지휘를 해 보고 싶었습니다. 국민의 생명과 재산을 지키는 숭고한 희생을 하고 싶습니다.' 등 다들 패기 있게 대답했던 것 같다. 추가 질문을 하고 싶었으나 시간 관계상 마음속으로 삭이고 평가만 했다.

그 사단장이 어떤 사람인지 아는가? 그 중에는 추문의 주인공, 지휘계통과 법을 무시한 하극상, 부하의 인격을 짓밟은 갑질이 따르는 이들도 있었다. 그런 면은 보지 않은 것인지? 모른 척하는 것인지?

그 초급장교 중 일부는 안타까워 보였다. 책임의 무거움, 그 과정 속에 숨은 가족의 희생과 인내, 인간적 갈등과 고민은 보지 못한 채 권한만을 쫓는 것처럼 보이는 착각이기를 바랐다. 밤하늘의 별빛만 동경하는 순수함과 무지 때문일 것이다.

군에 대해 많은 말들을 한다. 그럴 이유도 충분하다. 대한민국은 현재까지 6·25전쟁 이후 70년째 지구상에서 가장 밀도 높게 군사력이 대치 중이다. 성인 남성은 어떤 형태로든 국방의 의무를 수행해야 한다. 여러 명의 대통령이 군 출신이다. 이쯤 되면 우리 국민은 군대를 잘 이해하고 사랑하고 아끼는 문화가 형성되어 있어야 한다. 마치 밤하늘에서 가장 빛나는 별 같은 존재로 보아야 하는데 현실은 그렇지 않다. 이상과 현실처럼 괴리가 있는 것이다. 인간이 밤하늘을 보기 시작하면서 갖기 시작한 동경과 환상이 1960년대 탐사 이후 하나둘 벗겨지며 실체를 알아가는 것같이 군도 이제 그리되어야 할 때가 되었다고 생각된다. 가식, 위선, 포장으로 감추어진 모습을 벗어야 하고 벗겨야 할 때이다.

새벽에는 동쪽, 저녁에는 서쪽 하늘에서 유난히 밝게 빛나는 별이 금성(샛별)이다. 실제 모습은 어떨까? 최근에 와서야 그 모습이 발견되기 시작했다. 그렇게 밝고 아름답게 빛나는 것은 실제의 표면이 아니라, 뒤덮고 있는 짙은 황산 구름의 반사이다. 표면은 온실가스로 인해 500도에 달하며, 두터운 대기압은 지구의 90배에 이른다. 우리가 보는 샛별, 미의 여신 비너스(Venus)와는 엄청난 차이가 있는 셈이다.

이 글을 쓰면서 태양, 달에 이어 세 번째로 빛나는 금성이 자꾸 떠올랐다. 우리 국민들이 군을 얼마나 사랑하고 밤하늘 샛별처럼 동경하는지 다시 깨달을 수도 있었다. 그러면서 그 빛 속에 감춰진 뜨거운 온도와 무거운 대기압이 군 내부에서 군인본분을 실천하기 위해 간부들이 겪는 스트레스와 자꾸 오버랩 되었다.

밤하늘의 가장 빛나는 별의 진정한 모습을 가로막는 짙은 구름을 걷어낸다면 더욱 빛나게 되지 않을까 하는 마음으로 출간하게 되었다. 이 책을 읽는 모든 이들이 좀 더 가까이에서 군인이기 전에 한 인간으로서의 삶을 이해하는 계기가 되었으면 한다.

군인도 잘모르는 군대 이야기

초판 1쇄 발행 2020년 9월 1일
초판 3쇄 발행 2022년 8월 16일
지은이 김경연
펴낸이 유수현
주 간 권형균
편집장 권형균
디자인 김윤효

펴낸곳 도서출판 청원
주소 서울시 영등포구 국회대로 800 여의도파라곤 511호
전화 02-6672-3030 **이메일** ggcs@ggcskorea.com
등록번호 제 2010-000175 호 **등록일자** 2010년 12월 9일

ISBN 978-89-967083-7-7

© 2021 김경연(저작권자와 맺은 특약에 따라 검인을 생략합니다)

- 이 책은 저작권법에 따라 보호받는 저작물이므로 무단전재 및 무단복제를 금지하며, 이 책 내용의 전부 또는 일부를 이용하려면 반드시 저작권자와 도서출판 청원의 서면동의를 받아야 합니다.
- 이 도서는 국립중앙도서관 출판시도서목록은 서지정보유통지원시스템 홈페이지(http://seoji.nl.go.kr)와 국가자료종합목록구축시스템(http://www.nl.go.kr)에서 이용하실 수 있습니다.
- 잘못된 책은 구입하신 서점에서 바꿔드립니다.
- 책값은 뒷표지에 있습니다.